GOLD
AUS
KIEW

GOLD
AUS
KIEW

170 MEISTERWERKE
AUS DER SCHATZKAMMER DER UKRAINE

EINE AUSSTELLUNG DES KUNSTHISTORISCHEN MUSEUMS WIEN

IMPRESSUM

Medieninhaber:
Kunsthistorisches Museum Wien, A-1010 Wien, Burgring 5
Generaldirektor HR Dr. Wilfried Seipel

Herausgeber:
Wilfried Seipel

Autoren der Katalogbeiträge:
M. Alram: 153, 154, 156–158, 160, 161, 163–167, 169–178, 180, 181
Ju. Belan: Kat.-Nr. 5, 6, 15–28, 50
S. A. Berezovaja: 29, 30, 35–38, 48–57, 69, 70
L. S. Kločko: 32–34
S. A. Koreckaja: 1–4, 7–14, 31, 39, 64, 65, 100–103
T. F. Šamina: 40–44, 46, 47, 58–63, 66–68
M. S. Strelec: 129–135
T. G. Degtjareva: 71–99, 104–128
Ž. G. Arustamjan: 136–146
B. B. Garbuz: 147–152, 155, 159, 162, 168, 179

Übersetzung der russischen Texte:
Mag. Gertrude Fischereder, Mag. Andrea Herzog,
Mag. Andrea Wisböck-Suppan, Dr. Olga Postnikova

Karten und Illustrationen:
P. Kornienko, M. Rejter, M. V. Rusjaeva

Photos und grafische Gestaltung:
Atelier Kräftner, Wien

Gesamtherstellung: Druckerei G. Grasl, Bad Vöslau

Reproduktion und Bildbearbeitung: Reproteam Graz

Papier: Leykam Magnomatt chlorfrei 150g

Kurztitel:
Gold aus Kiew. Ausstellungskatalog des Kunsthistorischen Museums, Wien 1993
ISBN 3-900 325-29-4

Die Ausstellung wird vom teilrechtsfähigen Kunsthistorischen Museum Wien vom 6. 6. bis 1. 8. 1993 veranstaltet.

Die Durchführung der Ausstellung wurde durch Zuschüsse folgender Sponsoren ermöglicht: Austrian Airlines, Die Erste, Österreichische Lotterien, Siemens Kulturprogramm.

Konzeption, Objektauswahl und wissenschaftliche Leitung:
Wilfried Seipel

Ausstellungssekretariat, Organisation und Öffentlichkeitsarbeit:
Christian Hölzl, Annita Kroath-Mader

Vorbereitung in Kiew:
S. M. Čajkovskij
Mitarbeit: Ž. G. Arustamjan, Ju. A. Belan, S. A. Berezovaja, B. B. Garbuz, T. G. Degtjareva-Kapnik, L. S. Kločko, S. A. Koreckaja, E. P. Podvysozkaja, E. V. Starčenko, M. S. Strelec, V. M. Chardaev, T. F. Šamina

Ausstellungsgestaltung und Ausstellungsgrafik:
Atelier Kräftner, Wien

Tischlerarbeiten und Vitrinenbau:
Tischlerei Göbel, Fladnitz auf der Teichalm

Transporte:
Kunsttrans Wien

Ausstellungsaufbau:
Artex Wien, Sebastian Westermeier

Tapeziererarbeiten:
Andrea Goberitz

Restauratorische Betreuung:
Irene Engelhardt

Leihgeber:
Ukrainisches Nationalmuseum, Kiev
Museum der Historischen Kostbarkeiten der Ukraine, Kiev
Kunsthistorisches Museum Wien, Münzkabinett

INHALT

ZUM GELEIT

Als im Sommer 1991 im Kunsthistorischen Museum die von Hunderttausenden besuchte Sonderausstellung „Das Gold aus dem Kreml" gezeigt wurde, zeichneten sich bereits große historische und politische Veränderungen in den Ländern der Sowjetunion ab. Die bald darauf wiedergewonnene nationale Selbständigkeit der Ukraine führte nicht nur zu einem Neuansatz der zwischenstaatlichen Beziehungen, sondern auch zu einem verstärkten Austausch kultureller Aktivitäten. So kam es im Sommer 1992 zu einem erstmaligen und intensiven Kontaktgespräch zwischen Vertretern der Bundesmuseen und ihren ukrainischen Kollegen in Kiew. Es ist sehr erfreulich, daß sich aus diesen Gesprächen alsbald zwei große Ausstellungsprojekte herauskristallisierten, von denen das erste – die in diesem Katalogbuch vorgestellte Ausstellung „Gold aus Kiew – 170 Meisterwerke aus der Schatzkammer der Ukraine" – im Sommer 1993 realisiert werden kann, das zweite – „Jüdisches Kultgerät aus den Synagogen Kiews" – noch im Herbst dieses Jahres gezeigt wird.
Auch wenn Teile der im berühmten Höhlenkloster von Kiew aufbewahrten kulturhistorisch und kunstgeschichtlich so bedeutsamen Sammlungen des „Museums der Historischen Kostbarkeiten" bereits vor einiger Zeit außerhalb der Ukraine präsentiert worden sind, so ist es in Wien das erstemal, daß nicht nur die so umfangreiche Skythensammlung, sondern auch die Zeugnisse der mittelalterlichen, spätmittelalterlichen und barocken Kunst der Ukraine in dieser Vielfalt und Qualität in einer Ausstellung zusammen präsentiert werden. Gemeinsam mit der Eremitage in St. Petersburg birgt die Schatzkammer der Ukraine im Höhlenkloster von Kiew die wertvollsten Goldschätze aus jener Frühzeit der europäischen Geschichte, die für die Herausbildung eines eigenständigen Kunststils einerseits, aber auch für den Austausch und die gegenseitige Beeinflussung griechischer und skythischer Nomadenvölker so bedeutsam gewesen ist. Nicht weniger wichtig waren jene Jahrhunderte, die letztlich im gerne als „Mittelalter" bezeichneten Zeitraum der Ukraine jene erste nationale Selbständigkeit geboten haben, die unter dem Begriff des Reiches der Alten Rus' in die Geschichte eingegangen ist. Zur Verdeutlichung der historischen Zusammenhänge und kunstgeschichtlichen Traditionen zwischen der Ukraine und dem übrigen Europa wurden in diese Ausstellung einige Objekte ukrainischer Goldschmiede des 17. und 18. Jahrhunderts aufgenommen, die eigenständige Kunsttraditionen ebenso wie von außen kommende Übernahmen und Beeinflussungen veranschaulichen.
Das Kunsthistorische Museum freut sich, diese hervorragende Ausstellung in Wien zeigen zu können. Trotz einer verhältnismäßig kurzen Vorbereitungszeit ist es gelungen, im Zusammenwirken mit den Kollegen des Museums für Historische Kostbarkeiten eine Objektauswahl zu treffen, die alle unsere Erwartungen erfüllt hat. Aus diesem Grunde möchte ich vor allem dem Direktor des Ukrainischen Nationalmuseums, Igor V. Kardash, und seinem Kollegen, dem Direktor des Museums der Historischen Kostbarkeiten, Sergei M. Čajkovskij, sowie allen ihren Mitarbeiterinnen und Mitarbeitern herzlich danken. Außerdem danke ich Dr. Helmut Jungwirth, dem Direktor des Münzkabinetts des Kunsthistorischen

Museums, für die Überlassung wichtiger ergänzender Leihgaben sowie seinem Mitarbeiter Dr. Michael Alram für deren wissenschaftliche Bearbeitung und die Bereitstellung der Texte.
Diese Ausstellung wäre nicht zustandegekommen, hätte nicht Dr. Hans Kräftner, unterstützt von Dr. Christian Hölzl innerhalb kürzester Zeit jene phantastischen Fotoaufnahmen vor Ort realisiert, die die Grundlage des Katalogbuches darstellen. Es ist wohl das erstemal, daß die ukrainischen Meisterwerke in dieser Fülle und Qualität publiziert werden. Alle Autoren, die an dem Zustandekommen dieses Kataloges gearbeitet haben, aber auch den Übersetzerinnen sei hier nochmals für ihre Mühewaltung gedankt. Wir sind übezeugt, daß mit dieser Ausstellung und dem hier vorgelegten Katalogbuch die Kenntnis der ukrainischen Geschichte einem weiten europäischen Besucherkreis nahegebracht werden kann.
Zu danken habe ich auch meinen Mitarbeiterinnen und Mitarbeitern im Hause, die für die Umsetzung dieser Ausstellung verantwortlich waren. An erster Stelle sei hier mein Assistent Dr. Christian Hölzl, der Leiter der Abteilung Ausstellungswesen am Kunsthistorischen Museum, erwähnt sowie Frau Mag. Annita Kroath-Mader, die wieder in bewährter Weise die Öffentlichkeitsarbeit übernommen hat. Dem Atelier Dr. Kräftner sei für die Ausstellungsgestaltung gedankt, die ganz bewußt den Schatzkammercharakter dieser Sonderschau in den Vordergrund rückt.
Eine Realisierung dieser Ausstellung wäre ohne das kulturpolitische Engagement unseres Vizekanzlers und Bundesministers für Wissenschaft und Forschung, Dr. Erhard Busek, nicht möglich gewesen. Ausgehend von seiner grundsätzlichen Bereitschaft, über die politischen Grenzen hinaus zu einem intensiven Kulturaustausch zu kommen, fügt sich diese Ausstellung ganz in jenes grenzüberschreitende Kulturkonzept, dessen Verwirklichung zum besseren gegenseitigen Verständnis beitragen möge.

Dr. Wilfried Seipel
Generaldirektor des Kunsthistorischen Museums

VORWORT

Das „Museum für Historische Kostbarkeiten" im Höhlenkloster von Kiew wird gerne als die „Schatzkammer der Ukraine" benannt, eine Bezeichnung, die dem Wert der dort aufbewahrten Sammlungen entspricht, die aufgrund der umfassenden Forschungs- und Ausstellungstätigkeit des Museums heute in der ganzen Welt besonderes Ansehen genießen. Die Sammlungen enthalten Meisterwerke von unschätzbarem Wert, Kunstwerke, die nicht nur das Kulturgut unseres Volkes darstellen, sondern zum Weltkulturerbe der ganzen Menschheit gehören.
Die Geschichte des Museums und seiner Sammlungen ist nicht viel älter als dreißig Jahre. Dennoch konnte in dieser Zeit eine eindrucksvolle Gestaltung der Schauräume erreicht werden und auf diese Weise ein Spektrum wesentlicher Bereiche kultureller-künstlerischer Tätigkeiten veranschaulicht werden, wie etwa die der hochwertigen künstlerischen Metallverarbeitung.
So freut es uns, daß im Rahmen der Ausstellung „Gold aus Kiew – 170 Meisterwerke aus der Schatzkammer der Ukraine" im Kunsthistorischen Museum Wien erstmals die bedeutendsten Exponate unseres Museums in Wien ausgestellt werden, einer Stadt, deren Kulturtradition weltberühmt ist. Wir sind überzeugt, daß diese Ausstellung das Interesse eines großen Besucherkreises finden wird. Wenn es oft auch schwierig sein mag, für eine Ausstellung außerhalb des Museums eine charakteristische Auswahl von Kunstwerken zu treffen, so sind wir überzeugt, daß mit den hier gezeigten 170 Objekten eine gelungene Zusammenstellung gefunden worden ist. So wurden aus den vielen tausend Goldschmiedearbeiten nicht nur die bedeutendsten ausgewählt, sondern vor allem jene, die im Gesamtkontext der Sammlung ein vollständiges Bild vom Kunstschaffen der Ukraine über einen Zeitraum von rund zwei Jahrtausenden zu geben vermögen.
Die ältesten Exponate der Ausstellung sind Kunstwerke im „polychromen Stil", die eindrucksvoll veranschaulichen, auf welcher Höhe sich das Kunsthandwerk bei den sagenumwobenen Kimmeriern befunden hat. Die Kimmerier sind der erste Stamm, der uns vom Namen her in der Ukraine bekannt ist. In historischen Quellen werden sie oft im Zusammenhang mit bedeutenden Ereignissen des Altertums erwähnt, wie beim Untergang von Staaten oder der Zerstörung von Städten. Die archäologischen Funde dieser Zeit sind äußerst selten, sodaß jeder Fund und damit jedes hier ausgestellte Exponat ein unschätzbar wertvolles Dokument der betreffenden Epoche darstellt.
Der Großteil der Ausstellung freilich ist der Kultur der Skythen und der antiken Städte des nördlichen Schwarzmeergebietes gewidmet. In der Ukraine werden bereits seit mehr als 200 Jahren archäologische Grabungen durchgeführt. Sie förderten zahlreiche Beispiele höchst qualitätvoller dekorativer Kunst zutage, die, vor über 2500 Jahren entstanden, durch die Vollkommenheit ihrer Form, aber auch durch die technologische Fertigkeit beeindrucken. Zu den bedeutendsten Kunstwerken zählen Schmuck, Gewänder, Waffen und Pferdezaumzeuge aus skythischen Bestattungen. In der Ausstellung sind Objekte zu sehen, die in der Blütezeit der Skythen entstanden sind, im 4. Jahrhundert v. Chr. Sie lassen jene cha-

rakteristischen künstlerischen Stilrichtungen erkennen, die sich aus der Verschmelzung der Kulturen der autochthonen Stämme mit jenen der eingewanderten nomadischen Skythen und der angesiedelten Hellenen gebildet haben. So werden den Besuchern der Ausstellung vor allem hervorragende Arbeiten von Künstlern der griechischen Kolonien interessant erscheinen: Ohrgehänge, Halsketten, Halsreifen und vor allem das berühmte „Pektorale“, das nicht umsonst als Jahrhundertfund bezeichnet wird. Es entspricht nicht nur unseren ästhetischen Vorstellungen, sondern verbirgt wohl auch verschlüsselte „Texte“ und Botschaften, die die Weltanschauung der Skythen widerspiegeln.

Ein interessantes Kapitel in der Geschichte der Goldschmiedekunst begann Anfang des ersten nachchristlichen Jahrhunderts. Auch die Stämme, die sich zur Zeit der Völkerwanderung in bunter Reihe ablösten, hinterließen charakteristische Spuren ihres Aufenthalts. So wurden in ihren Bestattungen Gegenstände gefunden, die über die Kontakte zwischen den Völkern Auskunft geben und von dem technologischen Höchststand bei der Fertigung dieser Grabbeigaben Beweis ablegen.

Ein Teil der Ausstellung wird dem Besucherkreis einen Einblick in die Tradition jener Goldschmiedekunst geben, die im Reich der Alten Rus’ weite Verbreitung gefunden hat. Die altrussischen Meister verliehen dem künstlerischen Erbe von Byzanz eine neue Form und schufen so Kunstwerke, die mit Meisterwerken von Weltrang zu vergleichen sind. Besonders ragen dabei Gegenstände hervor, die in feinster Cloisonnétechnik gearbeitet sind. Leuchtend-kräftige, nicht verblassende Farben sind Ausdruck der Alterslosigkeit echter Kunst.

Dies kann auch vom Schaffen der ukrainischen Goldschmiede des 17. und 18. Jahrhunderts gesagt werden. Selbst in Zeiten größter Verwüstungen blieb das menschliche Streben nach dem Schönen und Wahren bestehen. Bei sakralen Kunstgegenständen, Kreuzen, Monstranzen, Opferschalen und so weiter beeindrucken die Ornamentalkompositionen aus Blumen und Früchten. Ihre üppige und farbenprächtige Gestaltung veranschaulicht, wie sehr sich die Meister von der Natur inspirieren ließen.

Zum Abschluß sei nochmals betont, daß diese Ausstellung die charakteristischen Kunstwerke fast jeder Entwicklungsstufe der ukrainischen Goldschmiedekunst zeigt. Der unvergängliche Ruhm ihrer Schöpfer läßt uns die Schönheit dieser Welt tiefer erkennen und die großartigen Arbeiten der alten Meister wahrlich schätzen.

S. M. Čajkowskij
Direktor des Museums für Historische Kostbarkeiten

LJUBOW KLOČKO

DAS NÖRDLICHE SCHWARZMEERGEBIET IM 1. JAHRTAUSEND VOR CHRISTUS

NACH ARCHÄOLOGISCHEM MATERIAL UND BESCHREIBUNGEN VON HERODOT

Auf dem Gebiet der Ukraine sind viele Gedenkstätten des Altertums erhalten geblieben. Zu den interessantesten gehören die Kurgane, Erdaufschüttungen auf Gräbern.

Diese imposanten „Pyramiden der Steppe", wie sie von Gelehrten, Dichtern und Reisenden genannt werden, sind ein charakteristisches Merkmal der ukrainischen Landschaft, vor allem der Steppengebiete. Sie haben seit jeher großen Eindruck auf die Menschen gemacht, weshalb sie mit zahlreichen Legenden und Geheimnissen bedacht wurden.

Vor 230 Jahren wurde der erste Kurgan entdeckt – Litaja Mogila –, in die Geschichte der Archäologie ist er noch mit einer anderen Bezeichnung eingegangen, nämlich als Kurgan von Mel'gunov. Damit begann die Erforschung jener Stämme, die uns ihre Spuren in Erdhügelgräbern hinterließen.

Im Laufe von zwei Jahrhunderten haben Archäologen tausende Kurgane erforscht, von denen uns jeder einzelne dem Leben der verschiedenen Stämme näherbringt.

Im 1. Jahrtausend v. Chr. wurde im nördlichen Schwarzmeergebiet von Kimmeriern und Skythen ein besonders eindrucksvolles Kapitel der Geschichte geschrieben. Die Namen dieser Stämme, „Kimmerier" und „Skythen", entstammen schriftlichen Überlieferungen, die uns das Bild einer Vielzahl von grausamen kriegerischen Stämmen vermitteln.

Die Kimmerier zählen zu den ältesten Völkern, die uns mit Namen bekannt sind. Sie lebten in Europa, nördlich des Schwarzen Meeres und der Donau. Die erste Erwähnung der Kimmerier finden wir bei Homer in der „Odyssee" und der „Ilias", spätere Erwähnungen finden sich in assyrischen Keilschrifttexten aus dem 8. Jahrhundert v. Chr. Besonders interessant ist der Bericht des „Vaters der Geschichtsschreibung", des griechischen Historikers Herodot aus dem 5. Jahrhundert v. Chr. Aus all diesen Schriften lassen sich jedoch nur vage Linien erkennen, anhand derer ein Gesamtbild der Ereignisse rund um die legendären Kimmerier und Skythen im 1. Jahrtausend v. Chr. entsteht.

So schreibt Herodot unter anderem, daß das gesamte nordpontische Steppengebiet, das zu seiner Zeit von den Skythen besetzt war, früher im Besitz der Kimmerier war. „Die nomadischen Skythen, die in Asien wohnten, hatten sich, von den Massageten im Krieg bedrängt, … nach dem kimmerischen Land aufgemacht." Und da das Heer der Angreifer der Wehrkraft der ansässigen Bevölkerung bei weitem überlegen war, beschloß das Volk, sein Land kampflos zu verlassen, „den Königen habe es dagegen gut geschienen, wenn sie gefallen seien, in ihrem Land zu ruhen und nicht zusammen mit dem Volk zu fliehen. Als ihnen dies richtig geschienen, hätten sie sich voneinander getrennt und, an Zahl gleich stark, gegeneinander gekämpft. Alle, die im Bruderkampf gefallen seien, habe das Volk der Kimmerier am Fluß Tyras begraben – ihr Grab ist noch zu sehen.“ (Herodot IV, 11; Karte 1).

Um 670 v. Chr. fielen die Kimmerier in Kleinasien ein. Sie vernichteten das Königreich der Phrygier, zerstörten und plünderten die Hauptstadt Gordion. Im Jahre 652 v. Chr. eroberten sie die Sarden, raubten die griechischen Städte der Ägäisküste und Kleinasiens aus. Um 630 wurden die kimmerischen Heerscharen von den Assyrern, die Verstärkung von den Skythen bekommen hatten, aufgehalten und geschlagen. Um das 6. Jahrhundert v. Chr. verschwindet der Name der Kimmerier von der historischen Landkarte.

Aus archäologischen Untersuchungen geht hervor, daß die „kimmerische“ Periode in der Geschichte der Südukraine Ende des 11. – Anfang des 12. Jahrhunderts v. Chr. beginnt. Die Grabmale im Steppengebiet sind bis heute jedoch noch wenig erforscht. Man nimmt an, daß die Kimmerier in erster Linie Nomaden waren. Bei Ausgrabungen fand man Erdhügelgräber, in denen sie bestattet wurden. Die Bevölkerung der Waldsteppe war seßhaft und betrieb Ackerbau. Von besonderem Interesse sind ihre Siedlungen und Grabstätten, in denen man Gegenstände fand, die von Experten als Musterbeispiele kimmerischer Kultur bezeichnet werden. Besonders auffallend sind die vielfältigen, für die damalige Zeit hochentwickelten Waffen: Schwerter, Lanzen, Streithämmer, Pfeile und Bogen. Es ist erwiesen, daß in den Köchern 30 bis 50 Pfeile Platz hatten. Das läßt auf eine besondere Rolle der Bogen schließen, die auf Abbildungen relativ klein und dennoch mächtig dargestellt sind; sie waren für den Kampf zu Pferde bestimmt. Das Bild des Kriegers, hoch zu Roß, der, mit einem Schwert bewaffnet, den Bogen spannt, wurde in antiken Vasenmalereien verewigt (Abb. 2).

Der Krieg gab vielen Handwerkszweigen Impulse: Von den hohen Anforderungen an die Eisenwaffen kam man zur hohen Kunst der Metallverarbeitung. Die Schmiede verstanden es, ihren Arbeiten selbst schwierigste Formen zu verleihen.

Viele Gegenstände sind aus Bronze, meist in Gußtechnik, gefertigt. Besondere Meisterschaft erforderte das Gießen von Teilen eines Pferdezaumzeugs: der Gebißstange, des Trensenknebels und der Glöckchen. Einige Exemplare sind wahre Meisterwerke der Gießtechnik nach einem Wachsmodell. Die Form der Zaumzeuge läßt darauf schließen, daß sie sowohl zum Satteln von Reitpferden als auch zum Vorspannen von Wagenpferden verwendet wurden.

In den Grabstätten der Kimmerier wurde auch Goldschmuck gefunden. In der Ausstellung sind Beispiele der Goldschmiedekunst zu sehen, die im Polychromstil gearbeitet sind: ein Goldblech mit gekerbten Golddrahtringen und einer weißen Fayencepaste versehen (Kat.-Nr. 6), oder ein Gegenstand, den man als „Nadel“ bezeichnen könnte. Nach einer anderen Interpretation handelt es sich um die Nachahmung einer Prunkstreitaxt, die als Standessymbol galt. Sie ist mit blauer Fayence verziert (Kat.-Nr. 5).

Die Kultur des Volkes, das diese Gedenkstätten und Gegenstände hinterließ, geht bis in die späte Bronzezeit zurück.

Vom 10. bis zum 11. Jahrhundert v. Chr. traten in den Steppen am linken Ufer des Dnjepr Stämme auf, die von den Archäologen als erste Welle asiatischer Nomaden bezeichnet werden. Sie führten unter anderem neue Dolchformen, Pfeilspitzen und Gebißstangen ein. Doch allmählich ging dieser östliche Impuls in der neuen Umgebung verloren, obwohl einige Phänomene bis in die skythische Zeit erhalten blieben.

Abb. 1 (S. 14): Teil eines originalen Grabbefundes einer skythischen Bestattung mit Fußknochen und Goldbesatzstücken der ursprünglichen Bekleidung

Abb. 2 (rechts oben und unten): Darstellung von Kriegern der Kimmerier während der Vorderasien-Feldzüge von einem Sarkophag aus Klazomen (oben) und einer italischen Vase (unten). Zeichnung: M. Rejter

Offensichtlich wiesen Sprache, Kleidung, Waffenwahl und Pferdezaumzeug der ansässigen Bevölkerung und der eingewanderten „Urskythen“ große Ähnlichkeiten auf. Dies findet auch in vielen Schriftquellen Niederschlag: In der Zeit der Vorderasienzüge wurden sie von den Völkern aus dem Nahen Osten namentlich nicht unterschieden.

Es stellt sich die Frage, ob diese legendären Stämme eine ethnische Gemeinschaft bildeten. Wohl kaum. Denn kein Volk des Altertums, das kein eigenes Staatswesen hatte, konnte derart weitreichende Kriegszüge in so gewaltigem Ausmaß führen. Es scheint sich vielmehr um Streifzüge oder Wanderungen von Nomadenstämmen zu handeln, die ganze ethnische Gemeinschaften und versprengte Truppenteile mit sich rissen. Den Kern dieser Invasion bildete jedoch ein Volk, das den Namen Kimmerier trug, einen Namen, der in der altgriechischen Überlieferung eng mit der Bevölkerung der Nordküste des Schwarzen Meeres in Verbindung gebracht wird.

Im 7. vorchristlichen Jahrhundert ergoß sich eine neue Welle asiatischer Nomaden in das nördliche Schwarzmeergebiet. Sie sind uns aus der Geschichte als Skythen bekannt. Erneut greifen wir zum Bericht Herodots, um die Ereignisse mit seinen Augen zu sehen.

Die Skythen stürmten den Kimmeriern nach, die versuchten, ihnen über den Kaukasus zu entkommen. „Sie waren nämlich auf der Verfolgung der Kimmerier in Asien eingebrochen und hatten der Herrschaft der Meder ein Ende bereitet.“ (Herodot IV, 1). Dies war der Beginn ihrer Vorderasienzüge, die bis ins 6. Jahrhundert v. Chr. andauerten.

Unter dem Oberbefehl von Išpakaj verbündeten sich die Skythen mit den Assyrern im Kampf gegen das Land der Mannäer. Bald darauf wurden jedoch die eben noch verfeindeten Mannäer ihre Verbündeten gegen die Assyrer. Auch das Reich Urartu kam durch sie zu Fall. Dank ihrer unübertroffenen Bogenschützen und kühnen Krieger drangen sie bis nach Syrien vor, wo sich der ägyptische Pharao Psammetich mit Geschenken freikaufte. 28 Jahre – von 652 bis 625 v. Chr. – währte die Herrschaft der Skythen in Kleinasien, eine Zeit, die von Raubzügen, Ausbeutung und Verwüstung geprägt war. Dem wurde ein Ende gesetzt, als „Kyaxares und die Meder die Mehrzahl von ihnen töteten, nachdem sie sie gastlich bewirtet und trunken gemacht hatten.“ (Herodot I, 106).

Von der verlorenen Schlacht kehrten die Skythen „in ihr Land“ zurück (Herodot, IV, 1). Damit sind wohl auch die Steppengebiete des Nordkaukasus und des Schwarzmeergebietes gemeint. Der Norden des Kaukasus, der den Skythen bei ihren Kriegszügen nach Kleinasien als Landbrücke gedient hatte, wurde nun zum Zentrum ihrer Macht. Davon zeugen heute noch zahlreiche Kurgane, die in Reichtum und Ausmaß der Grabmale einzigartig sind.

Ein anderer Teil der Skythen kehrte in „seine Länder“ im Schwarzmeergebiet zurück. In einigen Kurganen, darunter auch im bereits erwähnten Kurgan von Mel'gunov, wurden bemerkenswerte Trophäen der „Vorderasienzüge“ entdeckt: Goldschmiedearbeiten östlicher Herkunft. Offensichtlich handelte es sich um das Grab eines angesehenen Kriegers der berühmten Heerzüge.

Ende des 7. – Anfang des 6. Jahrhunderts v. Chr. wurden die Waldsteppengebiete der Dnjepr-Region – wohl gewaltsam – in das skythische Reich eingegliedert. Sie waren von Stämmen bewohnt, die Ackerbau betrieben. Herodot erzählt, daß die Skythen bei ihrer Rückkehr aus Asien im Schwarzmeergebiet „einen nicht geringeren Kampf zu führen hatten, als den, den sie mit den Medern ausgefochten hatten. (Herodot IV, 1).

Nun standen ihnen die gemeinsamen Kinder, die ihrer Sklaven und Frauen gegenüber, die sie in der Zeit ihrer Kriegszüge zu Hause zurückgelassen hatten. „... als sie ihre eigene Abstammung erfuhren, stellten sie sich denen, die von den Medern zurückkamen entgegen.“ (Herodot, IV, 3). Es gelang den Skythen nicht, auf dem Schlachtfeld die Oberhand zu gewinnen. Und so beschlossen sie, Lanze und Bogen fallenzulassen und stattdessen die Reitpeitsche in die Hand zu nehmen. Denn „solange sie uns in unseren Waffen sahen, glaubten sie, uns gleich zu sein und von Gleichen abzustammen. Wenn sie aber sehen, daß wir Peitschen statt Waffen haben, wird ihnen klar werden, daß sie unsere Sklaven sind. Wenn sie das erkannt haben, werden sie keinen Widerstand mehr leisten.“ (Herodot IV, 3). Und es geschah so, wie es die Skythen sich gedacht hatten: „Jene erschraken darüber, vergaßen den Kampf und flohen.“ (Herodot, IV, 3).

In diesem kurzen Abschnitt werden wahrscheinlich Ereignisse dargestellt, die mit der skythischen Eroberung weiter Teile des nördlichen Schwarzmeergebiets zusammenhängen.

Beinahe zur selben Zeit wie die Skythen trafen im Schwarzmeergebiet Einwanderer aus Griechenland und Kleinasien ein – die Ionier. Sie gründeten eine Kolonie an der Küste des Schwarzen Meeres. Viele waren durch die Umstände im damaligen Hellas zur Zeit der Perserkriege gezwungen, ihre Heimat zu verlassen: die einen wollten fruchtbaren Boden finden, die anderen suchten nach Möglichkeiten Handel zu betreiben.

Da die Küstengebiete von der seßhaften Bevölkerung nicht bewohnt wurden, konnten sich die Hellenen rasch und ungehindert ein großes Gebiet zu eigen machen. Nachdem sie Kolonialstädte mit so klangvollen Namen wie Olbia (die Glückliche), Phäodosia und Pantikapaion gegründet hatten, begannen sie, rege Kontakte mit ihren Nachbarn, den „Barbaren“ – so nannten die Griechen alle anderen nichtgriechischen Völker – aufzunehmen.

Die griechischen Einwanderer brachten ihrer eigene Kultur mit, die alle Lebensbereiche der Kolonialstädte durchdrang. Es entwickelten sich Wissenschaft, Kunst und Handwerk. Wie sich im weiteren zeigte, vollzog sich im nördlichen Schwarzmeergebiet ein kultureller Austausch zwischen vielen Völkern, die sich in diesem Raum angesiedelt hatten. Diese Entwicklung gipfelte in der Schaffung einer reichen und einzigartigen Kultur, in der die Traditionen von Griechen, Skythen und anderen Völkern eng miteinander verbunden waren.

Das starke Interesse der Griechen an ihren Nachbarn ermöglicht es uns, die Skythen aus ihrer Sicht zu betrachten. Im 5. Jahrhundert v. Chr. hielt sich auch Herodot in Olbia auf. Er ist den Skythen wohl begegnet, um ihre Legenden anzuhören und sie über ihre Bräuche zu fragen.

Dem Bericht Herodots und archäologischem Material nach erstreckte sich das Skythenreich von der Donau bis zum Don. Die nördliche Grenze läßt sich nur schwer anhand der Ausgrabungen von skythischen Grabmälern etwa auf der Höhe von Kiev nachvollziehen. In der Nähe von Olbia lebten die Kallipiden oder Hellenoskythen, weiter nördlich die Alizonen. Beide hatten die skythische Lebensweise übernommen, bauten jedoch auch Getreide und Hirse an, pflanzten Zwiebeln, Knoblauch und Linsen. Die Bevölkerung des Dnjepr-Dnjestr-Zwischenstromlandes waren Pflüger-Skythen, die vom Getreideanbau lebten (Karte 2).

„Wenn man den Borysthenes (so benannten die Griechen den Dnjepr) überschreitet, liegt zunächst dem Meer Hylaia. Geht man von dort landeinwärts, so wohnen dort skythische Bauern." (Borystheniten genannt) (Herodot IV, 18).

Östlich der Ackerbau-Skythen hatten sich die Nomaden-Skythen angesiedelt. „Diese Nomaden bewohnen das Gebiet, das sich ... bis zum Gerrhosfluß erstreckt" (Herodot IV, 19). Es ist wissenschaftlich unklar und bleibt ein Geheimnis Herodots, um welchen Fluß es sich handelt. Dies ist jedoch von Bedeutung für die Bestimmung der Lage der „Heimat der tapfersten und volkreichsten Skythen, die glauben, die anderen seien ihre Sklaven". Dem Bericht Herodots nach bildete der Gerrhos die Grenze zwischen den Nomaden-Skythen und den Königs-Skythen. Einige Wissenschafter vermuten, daß sich das Landgebiet der Nomaden-Skythen in den Steppen der Dnjeprregion befand, während im Osten, bis zur Maiotissee (Azowsches Meer) die Königs-Skythen beheimatet waren.

Die Skythen sind iranischsprachige Stämme. Jenes Areal, in dem eine iranischsprachige Einheit entstand, liegt zwischen dem mittleren Wolgagebiet, dem Don dem nördlichen Uralgebiet und dem Gebiet jenseits des Uralgebirges. Von hier nahmen auch die iranischsprachigen Stämme ihren Ausgang, die sich in Medien, Parthien, Persien und Zentralasien bis an die Grenzen Chinas ansiedelten. Das Aufscheinen der Skythen im nördlichen Schwarzmeergebiet im 7. vorchristlichen Jahrhundert war einer der Ausläufer jener Strömungen, die die iranischsprachigen Stämme nach Osteuropa zurückbrachten. Allgmein lassen sich diese komplizierten Wanderbewegungen so gliedern: Die Nomaden-Skythen und die Ackerbau-Skythen sind dem nördlichen Zweig der iranischen Völker zuzuordnen, während die Pflüger-Skythen wohl Urslawen waren.

Mit der Entstehung Skythiens, eines riesigen Reiches, begann ein neues Kapitel in der Geschichte all jener Stämme, die unter seine Herrschaft kamen, sowie der ihnen benachbarten Stämme. Mit den Griechen unterhielten sie friedliche Beziehungen, die durch Verträge geregelt waren.

Bei Herodot finden wir detaillierte Naturbeschreibungen: Üppige Wiesen und wasserreiche Flüsse prägten die Landschaft. Der Borysthenes – der Dnjepr – „bespült die schönsten und für das Vieh gesündesten Weideflächen. Er hat entschieden die weitaus besten und meisten Fische, führt das angenehmste Trinkwasser, strömt klar neben schmutzigen Gewässern und zeigt die besten Saaten an seinen Ufern. Wo keine

bebauten Felder stehen, wächst hohes Gras. An seiner Mündung setzt sich von selbst reichlich Salz ab. Er liefert große Flußfische ohne Gräten zum Einsalzen, die man Antakaier nennt, und hat noch viele andere Vorzüge." (Herodot IV, 53).
Die Nomaden-Skythen, die im Steppengebiet der heutigen Ukraine angesiedelt waren, betrieben Schaf- und Pferdezucht. Mit ihren Herden wanderten sie auf der Suche nach Weideplätzen übers Land. Diese Nomadenart war organisiert und zog in regelmäßigen Abständen, je nach Saison, in meridionaler Richtung – von Nord nach Süd.
„Keiner, den sie verfolgen, entkommt ihnen, und keiner kann sie einholen, wenn sie sich nicht einholen lassen wollen. Muß nicht ein Volk unüberwindlich und unnahbar sein, das weder Städte noch Burgen baut, seine Häuser mit sich führt, Pfeile vom Pferde herab schießt, nicht vom Ackerbau, sondern von der Viehzucht lebt und auf Wagen wohnt?" (Herodot IV, 46).
Wie man sieht, eine ausführliche Beschreibung. Über jene, die vom Pflügen lebten, schrieb Herodot nicht so viel. Warum wohl? Vielleicht weil er dachte „Der Pontos Euxeinos, zu dem Dareios ins Feld zog, hat von allen Ländern, außer dem skythischen, die rohesten Völker." (Herodot IV, 46).
Aus archäologischen Untersuchungen ist jedoch erwiesen, daß die von ackerbautreibenden Stämmen bewohnten Gebiete wirtschaftlich und kulturell entwickelt waren. Hier befanden sich befestigte Anlagen und Siedlungen, in denen metallenes Gerät erzeugt wurde: Werkzeug, Waffen und Schmuckwerk. Mit den griechischen Kolonien und den westlichen Nachbarn wurde reger Handel betrieben. Von der Waldsteppe am rechten Ufer des Dnjepr führte man über die Kolonien eine große Menge Getreide nach Griechenland aus – auch das zeugt von einer wirtschaftlichen Entwicklung.
Die Ackerbau-Skythen' und die Nomaden lebten in einem Staat. Nicht ohne Grund betonte Herodot, daß ein Teil der Skythen die anderen als Sklaven betrachtete, als ihre Untergebenen, die ihnen tributpflichtig waren.
„Der Vater der Geschichtsschreibung" berichtet von den Skythen deshalb so genau, weil es diesem Volk gelang, den persischen Großkönig Dareios zu besiegen. Dieses herausragende Ereignis in der Geschichte der Skythen blieb lange Zeit im Bewußtsein der Menschen haften. Dareios I., der Sohn des Hystaspes, überschritt den Hellespont und drang in Skythien ein. Die Skythen hatten eine besondere Taktik der Kriegsführung entwickelt. Die Perser wollten die Skythen in offener Schlacht schlagen, doch diese wichen einer direkten Konfrontation mit dem Feind aus, zogen sich bis tief in das Land zurück, das sie eigenhändig verwüsteten und zermürbten den Feind durch Angriffe kleiner Kampfgruppen. Dareios, der den Skythen auf der Spur war, erkannte bald die List der „Partisanentaktik". Nachdem er bis zum Rha (Wolga) vorgedrungen war, mußte sich Dareios geschlagen geben und schmählich aus Skythien fliehen.
Die Skythen führten ständig Krieg. Häufig zogen sie gegen das Volk der Sinder (im Kuban'-Gebiet): „Das Meer und der ganze Kimmerische Bosporus gefrieren, und über das Eis hin ziehen die … Skythen in Scharen." (Herodot, IV, 28).
Im Jahre 496 v. Chr. führten sie einen Streifzug, der sie über die Donau bis in die thrakische Chersonesos ans Marmara-Meer führte.
Noch während der Vorderasienzüge gab es einen Staat der Skythen. Doch infolge dieser Ereignisse bestand Skythien danach aus einigen großen Stammesgemeinschaften, die einzeln von Königen regiert wurden. In seinem Bericht vom skythisch-persischen Krieg nennt Herodot die Namen dreier Könige, wobei Idanthyrsos unter ihnen die Oberhoheit hatte. Etwa im 4. vorchristlichen Jahrhundert wurde die

Macht geeint, wie dies aus Überlieferungen über König Ateas hervorgeht. In den Schriften des römischen Historikers Strabon wird Ateas als jener Herrscher erwähnt, der „die Hauptzahl dieser Barbaren anzuführen schien." In jener Zeit erstarkte Skythien ungemein. Vom Aufblühen des Staates zeugt die Einführung einer Goldmünze, von der sich einige Exemplare bis heute erhalten haben. Auf dem Geldstück war ein Reiter mit einem Bogen dargestellt und der Name Ateas' eingeprägt. Dies war das Symbol der Staatseinheit und eigentümliche Machterklärung zugleich.

König Ateas war bestrebt, die Grenzen seines Landes auszuweiten. Die Macht der Skythen erstreckte sich bis in Gebiete jenseits der Donau, in der thrakische Stämme beheimatet waren. Der unbeschränkten Skythenherrschaft jenseits der Donau boten die Makedonier Einhalt – die im nordöstlichen Teil der Balkanhalbinsel einen Staat gegründet hatten. Im Jahre 339 v. Chr. wurden die Skythen, vom 90 Jahre alten König Ateas angeführt, von den Makedoniern geschlagen, deren Heerführer Philipp II., der Vater des vielgerühmten Alexander des Großen war. König Ateas kam ums Leben. Doch dies sollte nicht der letzte Kampf zwischen Skythen und Makedoniern sein. Im Jahre 331 v. Chr. fiel der Statthalter Alexanders des Großen, Zopyrion, mit einer großen Heerschar in Olbia ein. Die Stadt hielt dem Sturm jedoch stand, und die dreißigtausend Mann starke Armee Zopyrions wurde von den Skythen zerschlagen. Im Jahre 292 v. Chr. verbündeten sich die Skythen mit thrakischen Stämmen der Geten und weihten die Heere des Thrakerkönigs Lysimachos dem Untergang.

Doch im 3. vorchristlichen Jahrhundert wurde die Macht der Skythen entscheidend geschmälert. Dies ist wohl auf mehrere Gründe zurückzuführen, der Hauptgrund waren jedoch ökologische und klimatische Veränderungen, die sich auf das Leben in der Steppe auswirkten. Die Wissenschafter sprechen von einer „Austrocknung" der Steppe. Die Bevölkerung zog in wirtschaftlich ertragreichere Gebiete – in den Süden, in das untere Dnjeprgebiet. Ende des 3. Jahrhunderts v. Chr. zerfällt das skythische Großreich, dessen Gebiet sich nun auf die Krim und das untere Dnjeprgebiet beschränkt. Das Zentrum ihres neuen Staates war die Stadt Neapolis Scythica, in deren Nähe sich heute die Stadt Simferopol befindet. Auch ein Gebiet in der Nähe der Dobrudscha jenseits der Donau blieb unter der Herrschaft der Skythen.

In schriftlichen Überlieferungen werden die Skythen auch noch nach ihrer Machteinbuße mit Namen erwähnt. Bis zum 3. Jahrhundert n. Chr., als Skythien endgültig von den Goten eingenommen wurde, erfährt man nichts von ihrem Schicksal.

Die beinahe tausendjährige Geschichte Skythiens hat ihre Spuren nicht nur in Form von konkreten Gegenständen hinterlassen, sie hat auch viele kulturelle Erscheinungen geprägt.

Wir kommen nun nochmals auf die Kurgane zurück. Ausgrabungen haben gezeigt, daß die Bezeichnung „Pyramiden der Steppe", die ihnen von Dichtern und Reisenden verliehen wurde, nicht nur als poetischer Vergleich mit den Gräbern der ägyptischen Pharaonen zu sehen ist, sondern vielmehr als Anspielung auf deren auffälligste Besonderheit: Die Kurgane sind ebenso komplexe und arbeitsaufwendige Anlagen wie die ägyptischen Grabstätten. Sie wurden aus Lehm- oder Erdwällen errichtet, deren abfallende Seiten mit feuchtem Lehm gefestigt wurden. Jeder Kurgan weist in seiner Gestaltung Besonderheiten auf: Bei manchen wurde die Oberfläche mit einem „Panzer" aus Steinen bekleidet, bei anderen wiederum wurde der Boden mit Kalksteinplatten ausgelegt.

Von der Höhe der „Steppenpyramiden" läßt sich genau der Status des Bestatteten zu Lebzeiten bestimmen. Einige Aufschüttungen sind bis zu 20 Meter hoch. Diese Kurgane hat man vorerst als „Königsgräber" bezeichnet. Ihre Errichtung konnte oft nur in zwei oder sogar drei Arbeitsgängen erfolgen. Dank einer bewährten Forschungsmethode kann man Besonderheiten der Grabanlagen sowie verschiedene strukturelle Einzelheiten genau untersuchen. Mit einem Bagger wird eine Aufschüttung in Gräben geteilt, wobei in den Zwischenräumen bestimmte Abschnitte offengelassen werden. Sie geben Aufschluß über die Phasen bei der Errichtunge der Kurgane.

Daß die Bevölkerung der Skythen verschiedener ethnischer Abstammung war, geht unter anderem auch aus den Grabbräuchen hervor. In der Waldsteppenzone wurden die Verstorbenen in Holzkammergräbern bestattet. In der Grabgrube wurden in den Ecken Pfähle eingerammt, Wände und Boden mit Brettern verkleidet. Die Decke wurde durch ein oder zwei Balkenreihen abgestützt.

Die nomadisierenden Steppen-Skythen begruben ihre Toten in unterirdischen Katakomben: Erst hoben sie eine Einstiegsgrube aus, danach richteten sie in einer der Wände eine höhlenartige Katakombe ein. Dies ist jedoch nur eine allgemeine Beschreibung – tatsächlich gleicht keine Bestattung der anderen (Abb. 3).

Die Katakomben in den Königs-Kurganen sind riesige unterirdische Anlagen mit einer tiefen Einstiegsgrube mit Stufen, dem Eingang in den Dromos – einem winzigen Gang – und schließlich der Grabkammer – mit einer Höhe bis zu 2,5 Meter –, in deren Wänden Nischen eingerichtet waren. Konstruktion und Sachkenntnis der alten Baumeister sind höchst erstaunlich.

Es ist ein unbeschreibliches Gefühl für einen Archäologen, wenn er nach mühsamer Kleinarbeit in eine Grabkammer hinabsteigt. Und obwohl noch viele Forschungsphasen bevorstehen, wird es durch diesen ersten Schritt in die Katakombe möglich, sich in die „Zeit der Skythen“ hineinzuversetzen. Auf dem Boden liegt der Leichnam des Verstorbenen in Festtracht, neben ihm die angemessenen Grabbeigaben. Frauen wurden Geschirr, Spinnrad und Spindeln beigegeben. Bei den Männern waren es hauptsächlich Waffen: Schwert, Wurfspieß, Lanze, Köcher und Pfeile. Oft wurde ein Krieger auch mit seinem Pferd samt Pferdeschmuck bestattet (Abb. 4).

Alle Grabbeigaben wurden nach den Besitzverhältnissen und der gesellschaftlichen Stellung eines Menschen gewählt. In ihnen spiegeln sich Moral, religiöse und ästhetische Anschauungen. Jeder einzelne Gegenstand ist ein wichtiges Dokument dieser Zeit, in ihm ist die Lebensgeschichte der Skythen erfaßt.

Über die Grabbräuche der Skythen schreibt Herodot: „Nach dem Tod eines Königs heben sie eine große viereckige Grube aus. Sodann legt man die Leiche auf einen Wagen. Der Leib ist vorher mit Wachs überzogen, der Bauch geöffnet und gereinigt und mit gestoßenem Safran und Räucherwerk, Eppich- und Dillsamen gefüllt und wieder zugenäht worden. Die Leiche wird dann zu einem anderen Volk gefahren.“ Alle Stämme, die den Skythen untertan sind, dürfen Abschied von ihrem König nehmen und ihr Leid kundtun: „Jeder schneidet ein Stück von seinem Ohr ab, schert seine Haare, macht einen Schnitt rund um den Oberarm ...“ Das Grab befindet sich im Land der Gerrher, „dem fernsten Stamm ihres Machtbereichs“. Mit dem König wird auch ein Teil seines Gefolges begraben: „...sie erwürgen eine Nebenfrau des Königs und begraben sie, ebenso den Weinschenk, Koch, Stallmeister, Diener, Nachrichtenbringer, Pferde, ferner die Erstlinge alles anderen Viehes und goldene Schalen. Darauf türmen sie einen hohen Grabhügel auf.“ (Herodot, IV, 71).

Bis heute haben die Archäologen keine Antwort auf die Frage, wo sich die Königsnekropole, das Land der Gerrher, befindet. Denn die in den Steppengebieten erforschten „Königs“-Kurgane stammen aus dem 4. Jahrhundert v. Chr. Wo befinden sich aber die Königsgräber, die noch vor dieser Zeit entstanden?

Es wurden Herodot zwei Legenden über den Ursprung der Skythen erzählt, eine skythische und eine hel-

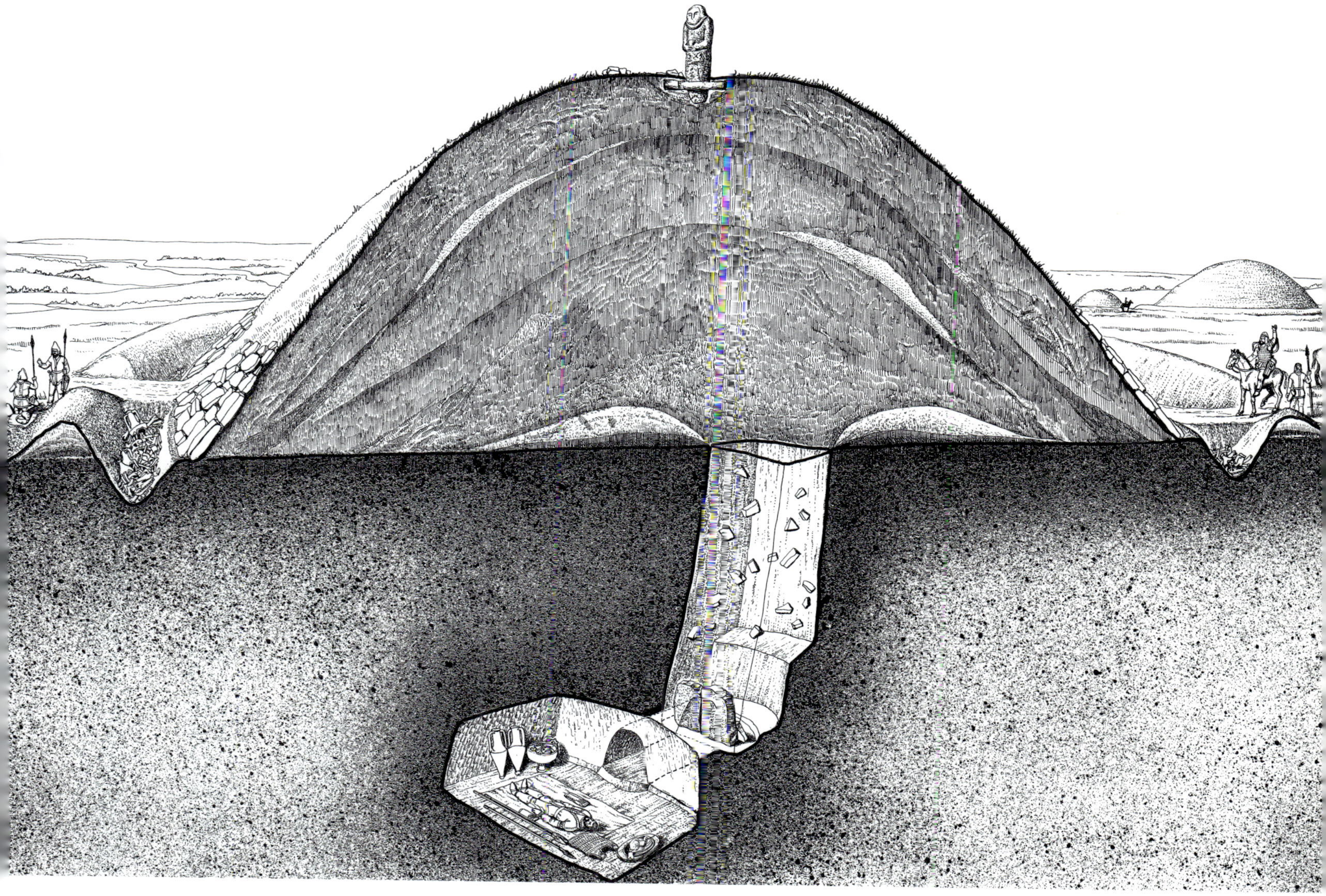

Abb. 3: Schematische Darstellung einer skythischen Begräbnisstätte (Kurgan), Schnitt durch den Kurgan und Gesamtrekonstruktion des Grabes (Zeichnung: P. Kornienko)

lenische. „Wie die Skythen erzählen, ist ihr Volk das jüngste von allen und auf folgende Weise entstanden: Der erste Mensch in diesem noch öden Lande hieß Targitaos. Die Eltern dieses Targitaos … waren Zeus und eine Tochter des Stromes Borysthenes. Von dieser Abstammung soll also Targitaos sein. Er hatte drei Söhne: Lipoxais, Arpoxais und als jüngsten Kolaxais. Zur Zeit ihrer Herrschaft fielen goldene Geräte vom Himmel in das Land der Skythen: ein Pflug, ein Joch, ein Beil und eine Schale. Der Älteste sah dies zuerst und trat heran, um die Geräte aufzuheben. Das Gold aber brannte, als er näherkam. Als er weglief, kam der Zweite; auch da wurde das Gold feurig. Das brennende Gold verjagte sie also. Als aber der Dritte, der Jüngste, herzutrat, erlosch es. Er brachte es in sein Haus. Da überließen die älteren Brüder die gesamte Herrschaft dem Jüngsten nach gemeinsamem Beschlusse." (Herodot, IV, 5). Von Koloxais stammen die Könige ab. Er galt als heldenhafter Urahne. Es scheint sich bei den bis heute erhaltenen Steinskulpturen um Darstellungen seiner Person zu handeln: riesige Kalksteinstatuen, die einen bewaffneten Mann mit einem Trinkhorn in der Hand darstellen.

Einige Gegenstände – Becher, Trinkhorn und Streitaxt –, die unter den Grabbeigaben gefunden wurden, gehen möglicherweise auf diesen Ahnenkult zurück (Kat.-Nr. 24–27).

„Die Griechen aber am Schwarzen Meer berichten so: … Herakles kam in dieses damals noch unbewohnte Land, das jetzt die Skythen bewohnen … Als Winter und Eiseskälte ihn überfielen, zog er das Löwenfell über und schlief ein. Seine Pferde … verschwanden währenddessen durch göttliche Fügung. Als Herakles erwachte, suchte er die Pferde. Er durchstrich das ganze Land und gelangte schließlich in das sogenannte Hylaia. Dort fand er in einer Höhle ein Zwitterwesen, halb Schlange, halb Jungfrau. Der Oberkörper war der einer Frau, der Unterkörper der einer Schlange. … Sie erklärte, sie habe die Pferde selbst, werde sie aber nicht eher herausgeben, als bis er bei ihr geschlafen habe. Um diesen Preis schlief er bei ihr. … Schließlich gab sie die Pferde zurück und sagte: ‚Diese Stuten, die zu mir gekommen sind, habe ich für dich aufbewahrt. Du hast mir den Lohn für die Rettung gegeben: Ich habe drei Söhne von dir. Du mußt mir sagen, was ich mit ihnen machen soll, wenn sie erwachsen sind.' … Auf ihre Frage soll er geantwortet haben: ‚Wenn du siehst, daß die Söhne erwachsen sind, so dürftest du nicht fehlgehen, wenn du folgendes tust: Wen von ihnen du diesen Bogen hier so spannen und mit diesem Gürtel sich so gürten siehst, den laß dieses Land bewohnen.' Sie gab ihren heranwachsenden Söhnen Namen: Den einen nannte sie Agathyrsos, den zweiten Gelonos, den jüngsten Skythes. … Skythes vollbrachte den Auftrag und blieb im Lande. Von diesem Skythes, dem Sohn des Herakles, stammen sämtliche Könige der Skythen ab." (Herodot, IV, 10)

Einzelne Episoden der Legende sind in großartigen Arbeiten griechischer Goldschmiede festgehalten: auf einer Goldplatte, einem Gorytbeschlag (Kat.-Nr. 20), einem Gefäß aus Silber (Kat.-Nr. 24). Auch der Göttin Api wurde in der Kunst des nördlichen Schwarzmeergebiets Gestalt gegeben. Meist wurde sie auf Goldschmuck verewigt (Kat.-Nr. 49).

Erzeugnisse aus Edelmetall, die man in den Bestattungen fand, beeindrucken vor allem durch ihre kunstfertige Verarbeitung. Sie sind ein „Fenster" in die Welt der Skythen, da wir durch sie viele wertvolle Informationen erhalten. Goldschmuck ließen die Skythen in den Werkstätten der griechischen Kolonien anfertigen. Besonders hochentwickelt war die Goldschmiedekunst in Pantikapaion und Olbia. Im 4. vor-

Abb. 4: Teil eines originalen Grabbefundes einer skythischen Bestattung mit Grabbeigaben

christlichen Jahrhundert kamen verschiedene Strömungen in der darstellenden Kunst und der Gestaltung von Schmuckwerk auf.

Kehren wir nun aber nochmals zu den Anfängen der Geschichte der Skythen im nördlichen Schwarzmeergebiet zurück. Die eingewanderten Stämme der Nomaden-Skythen, die Viehzucht betrieben, führten hier eigene Kulturelemente ein, die sogenannte „skythische Triade“: Waffen, Pferdezaum und Tierstil. Der „Tierstil“ ist im allgemeinen eine Darstellung von Tieren in bestimmten Stellungen: mit untergeschlagenen Beinen oder gebeugtem Kopf. Wobei die alten Meister die Fertigkeit besaßen, in einer Komposition Realismus und Schematik, Detail und Gesamtheit zu verbinden. Ungeachtet der Statik der sogenannten „Opferhaltung“ – auf diese Weise waren die Beine der Opfertiere gefesselt – wurde der Eindruck von Bewegung vermittelt.

Die frühen Motive in der skythischen Kunst finden sich überall im eurasischen Raum: Hirsch, Pferd und Raubkatze. Aus der Kunst der Waldsteppenzone kamen noch weitere Motive von Elch, Bär und Wolf hinzu. Unter dem Einfluß der altorientalischen Kunst floß in den skythischen Tierstil das Motiv des Greifen und anderer Untiere ein.

Wie die Bilder zu deuten sind, ist bis heute noch unklar. In einer Erklärung werden die Tierdarstellungen als Inkarnationen oder Verkörperungen verschiedener Götter und Helden angesehen. Ein Gott konnte jedoch verschiedene Gestalten annehmen: Der Sonnengott konnte zum Beispiel in der Gestalt eines Hirsches, Pferdes oder Elches erscheinen.

Bemerkenswert ist, daß sich bereits in früher Zeit unter den Motiven, die die Skythen für die Gestaltung verschiedener Gegenstände verwendeten, das Bild des Greifen befindet. Dieses Fabelwesen, das den Körper eines Löwen, Kopf und Flügel eines Adlers hat, tritt schon im 2. Jahrtausend v. Chr. in der kretisch-mykenischen Kultur in Erscheinung. Von den Skythen wurde es wahrscheinlich in der Zeit ihrer Vorderasienfeldzüge aufgegriffen. Das Bild des Greifen war mit verschiedenen Begriffen belegt. In der Vorstellung der Skythen verband er die himmlische Oberwelt mit der irdischen Unterwelt. Zudem wurden dem Greifen noch magische Kräfte und geheime Künste nachgesagt (Kat.-Nr. 42).

In der frühskythischen Kunst treten auch geometrische Muster in Erscheinung: konzentrische Kreise und aus Scheiben gebildete Dreiecke. Es handelt sich dabei um alte Sonnensymbole. Die Bedeutung des Dreiecks geht jedoch noch tiefer. In vielen Völkern war es Symbol der drei Elemente: Erde, Wasser und Luft. Außerdem war ein Dreieck mit der Spitze nach unten Symbol des weiblichen Prinzips, mit der Spitze nach oben das des männlichen Prinzips.

Zunehmend werden auch antike Kunsttraditionen in die Tiermotive und geometrischen Muster aufgenommen. Aus der griechischen Kunst übernehmen die Skythen die Motive des Ebers und des Löwen (Kat.-Nr. 41, 28), auch Pflanzenornamente und menschliche Darstellungen kommen zum Vorschein.

Seit damals hatten die Götter der Skythen Menschengestalt. Noch einmal kommen wir auf Herodot zurück, zu jener Passage, in der er die Namen der skythischen Götter anführt und sie mit den griechischen vergleicht.

„Sie verehren nur diese Götter allein: Vor allen Histia, dann Zeus und Ge; Ge ist bei ihnen die Gemahlin des Zeus, ferner noch Apollon, Aphrodite Urania, Herakles und Ares. Alle Skythenstämme verehren

Abb. 5: Teil eines originalen Grabbefundes einer skythischen Bestattung mit Teilen des Gewandbesatzes

Abb. 6: Berittener Skythe nach einer Goldplatte (Kurgan Kul'-Oba, Ausgrabung 1830). Zeichnung: P. Kornienko

diese Götter; die sogenannten Königsskythen opfern auch noch dem Poseidon. Histia heißt auf skythisch Tabiti, Zeus meiner Meinung nach ganz richtig Papaios, Ge heißt Api, Apollon Oitosyros, Aphrodite Urania Argimpasa, Poseidon Thagimasadas. Götterbilder, Altäre und Tempel pflegen sie außer für Ares nicht zu errichten; für diesen allerdings sind solche gebräuchlich." (Herodot, IV, 59)

Von allen Göttern und Göttinnen ist das Aussehen einer einzigen Göttin – Api – bekannt. Sie hatte Schlangenfüße und Flügel (Kat.-Nr. 49). Über die übrigen Götter gibt zum Teil die griechische Ikonographie Aufschluß. Aphrodite Urania kann man an ihrem Spiegel erkennen. Unter den Goldblechen mit Reliefdarstellungen stechen einige rechteckige Platten hervor, auf denen in einem Rahmen folgende Szene abgebildet ist: Eine Frau in üppiger Tracht sitzt auf einem Schemel, in der Hand hält sie einen Spiegel. Vor ihr steht ein Skythe mit Rhyton, das er soeben zum Mund führt. Man nimmt an, daß es sich in diesem Sujet um eine Darstellung der Göttin Argimpasa handelt, deren wichtigstes Attribut offensichtlich – gleich dem der Aphrodite – der Spiegel war. Argimpasa galt als die Beschützerin der Königsskythen. Die eben erwähnte Komposition veranschaulicht die skythische Vorstellung vom göttlichen Schutz der königlichen Macht. Diese Szene wurde „Anbetung" genannt (Kat.-Nr. 46).

Die Goldbleche waren mit Mustern, Bildern und Motiven versehen, die Symbole des Fruchtbarkeitskultes waren. Dieser war der wichtigste Glaube der Völker im Altertum. Das ist nicht weiter verwunderlich, denn um den Fortbestand der Gesellschaft zu sichern, mußte man für Nachwuchs sorgen und nach Wohlstand streben – den Früchten der Arbeit aus Ackerbau und Viehzucht. Dazu sollten Mühen und Gebete verhelfen. Alle Pflanzen-, Tier- und Menschendarstellungen dienten demnach für Beschwörungen und Gebete.

Der Großteil der Golderzeugnisse war für Männer- und Frauenschmuck vorgesehen. Die skythische Festtracht war reich ausgestattet. Kopfputz, Kleidung und Schuhe waren mit Gold bestickt. Anhand von Bildern und archäologischen Funden konnten sämtliche Bestandteile rekonstruiert werden.

In den Toreutik-Denkmälern sind die Darstellungen von Männern besonders ausdrucksvoll wiedergege-

Abb. 7: Rekonstruktion skythischer Männertrachten. Zeichnung: P. Kornienko

ben. Dies sind vielgepriesene Kunstwerke, die die heldenhaften Züge und die Tapferkeit dieser Männer hervorheben. Ihre Kleidung ist bis ins Detail wiedergegeben, mit markierten Nähten, die noch durch Verzierungen betont werden. Leibröcke und Hosen wurden wahrscheinlich aus Leder und Stoff genäht. Sie sind enganliegend und auffallend bequem, einfach und rationell in der Fertigung (Abb. 7).

Eine Männerfesttracht bestand zudem noch aus abnehmbaren Schmuckteilen: Halsreifen und Fingerringen. Das verwendete Material sowie die Qualität der Goldschmiedearbeiten spiegelten die Besitzverhältnisse des Auftraggebers wider. Ein Halsreif zum Beispiel, mit gemeißelten Löwenköpfen als Endstücke und Emaildekor, deutet auf die Zugehörigkeit zur aristokratischen Oberschicht hin (Kat.-Nr. 28).

Eines der hervorragendsten Kunstwerke der Goldschmiede von Pantikapaion ist das Pektorale (Kat.-Nr. 59), ein Brustschmuck und Symbol der königlichen Macht. Es hatte möglicherweise auch sakrale Funktionen, die dem König vorbehalten waren, wie dies in der antiken Gesellschaft üblich war.

Die weibliche Tracht wurde in der bildenden Kunst ebenso wiedergegeben, jedoch um vieles schematischer (Kat.-Nr. 46, 51). Aufgrund von archäologischem Fundmaterial konnte man aber auch hier mehr Klarheit über die Bedeutung der verschiedenen Details und Besonderheiten der Tracht gewinnen. Nach genauer Analyse aller Quellen entsteht ein Bild der skythischen Frau in üppiger Tracht – einer effektvollen Kombination aus teuren Stoffen und Goldschmuck. Die Symbolik der Tracht geht aus den Formen und Verzierungen der Kopfbedeckung hervor – Bändern, Hauben und Schleierumhängen. Am symbolträchtigsten sind die Hauben. Sie waren hoch und „fest", da sie Ornamente zur Schau stellen sollten, die Zeichen der Fruchtbarkeitsgötter darstellten. Zwei Formen waren charakteristisch, die zylindrische (Kat.-Nr. 33) und die konische (Kat.-Nr. 32). Sie verweisen auf die gesellschaftliche Rolle und den Familienstand der Trägerin.

Die sonstige Frauentracht waren Chalat, Kleider und Leibröcke, wobei der Chalat – ein weiter mantelartiger Umhang mit Pelzverbrämung und überlangen Ärmeln – die vornehme Herkunft einer Frau unterstrich.

Eine scharfe Silhouette des Kleides wurde durch den sogenannten Tunikaschnitt aus zwei oder drei Stoffbahnen erreicht. Anders als der Chalat war diese Schnittvariante bequem und praktisch, wirkte aber dennoch festlich und betonte die Proportionen des Körpers.

Das begehrteste Schmuckstück der Skythinnen waren die Ohrringe. Bemerkenswert sind die sogenannten „Kalačiki", abgeleitet von einer besonderen Form eines Weißbrotgebäcks. Diese sehr alte Form stammte aus dem Osten und war in Kleinasien und Griechenland weit verbreitet. In Skythien wurden sie entsprechend den im Land herrschenden ästhetischen Vorstellungen umgestaltet: Ohrgehänge in Form kleiner Entlein, die als Fruchtbarkeitssymbole Teil der Tracht junger Frauen waren (Kat.-Nr. 48).

Halsschmuck: – Halsreifen (Kat.-Nr. 38) und Halsketten (Kat.-Nr. 48) ergänzten die Symbolik der Tracht, da in ihrer Gestaltung Motive des Fruchtbarkeitskults überwiegen: etwa aneinandergereihte Goldperlen in Form von Früchten mit Mondanhängern (Kat.-Nr. 37).

Handschmuck (Armbänder und Ringe) waren hauptsächlich Zeichen des Schutzes. Anfertigungen in Gold zeugten von der gesellschaftlichen Herkunft der Besitzer (Kat.-Nr. 55–58).

Auch nach dem Niedergang des großen Skythenreichs wurde in den antiken Zentren, die für ihre Kunstwerke berühmt waren, die Erzeugung von verschiedenartigem Schmuckwerk weitergeführt. Seine Abnehmer kamen sowohl aus den griechischen Städten (Kat.-Nr. 69–70) wie auch aus den Reihen der Barbaren (Kat.-Nr. 60–63).

Ende des zweiten vorchristlichen Jahrhunderts beginnt eine Massenbewegung der sarmatischen Stämme in die Steppengebiete am Schwarzen Meer. Sie brachten neue Traditionen und ästhetische Anschauungen mit sich. Besonders beliebt war die Kombination von Türkisen mit Gold (Kat.-Nr. 60), die ein neues Kapitel in der Kulturgeschichte des nördlichen Schwarzmeergebietes einleitete (Karte 3).

Einige Objekte der Ausstellung zeigen auch diese wichtige Entwicklungsphase der angewandten Kunst im Altertum. In ihnen verbinden sich materielle Errungenschaften und geistige Werte der Gesellschaft dieser Zeit.

Und so schließen wir Herodots „Melpomene". Wir haben versucht, die Welt der Skythen aus den Augen des „Vaters der Geschichtsschreibung" vorzustellen und seine Erzählungen archäologischen Funden gegenüberzustellen. Das Ergebnis ist ein anschauliches Bild der Vergangenheit.

LITERATUR

M. I. Artamonov, Sokrovišča skifskich kurganov.-Praga, Leningrad 1966.

S. S. Bessonova, Religioznye predstavlenija skifov.-Kiev 1983.

Gerodot, Istorija: V 9-ti knigach.-Moskva 1971.

B. M. Grakov, Skify.-Moskva 1971.

V. A. Il'inskaja, Terenožkin, A. I. Skifija VII–IV vv. do n. e.-Kiev 1983. 379.

O. M. Leskov, Skarby kurganov Chersonščyny.-Kiev 1974.

B. M. Movzolevs'kij, Tovsta Mogila.-Kiev 1979.

B. M. Mozolevs'kij, Skifs'kij step.-Kiev 1983.

A. V. Simonenko, Lobaj, B. I. Sarmaty Severo-Zapadnogo Pričernomor'ja. I v. n. e.-Kiev 1991.

S. A. Skorij, Kurgan Perepjaticha.-Kiev 1990.

E. V.Černenko, Skifskie lučniki.-Kiev 1981.

DN CONSTANTIVS

B. GARBUZ

ANTIKE MÜNZEN

Die griechischen Poleis, die südlichen Nachbarn der Nomadenvölker und gleichzeitig deren ständige Handelspartner, konnten sich einer eigenen Münzprägung rühmen. Die Herstellung einer Münze aus Gold, Silber oder Kupfer muß sozusagen als eine Form der Toreutik, der künstlerischen Metallbearbeitung, angesehen werden. Angesichts des allgemeinen außergewöhnlich hohen künstlerischen und kulturellen Niveaus der alten Griechen gehörte sogar ein so nützlichkeitsbezogenes Gebiet wie das Münzwesen zur angewandten Kunst. Künstlerisch betrachtet stellt eine Münze ein etwas eigentümliches Miniaturrelief dar, das dem Genre und der Herstellungstechnik nach eine größere Nähe zu gemeißelten Steinen, Siegeln oder kleinen Goldplatten, die meist zur Verzierung der Paradekleidung der Skythen dienten, aufweist.

Über eigene Münzstätten verfügten die Poleis Tyras, Olbia, Chersonesos und Pantikapaion, wovon letztere 480 v. Chr. Hauptstadt des großen Bosporanischen Reiches wurde.

In den Schatzfunden im Süden der Ukraine stößt man sogar auf Münzen, die importiert wurden, in erster Linie auf sogenannte „Kyzikos-Münzen“ , Münzen aus Elektron, die vom 6. bis zum 4. Jahrhundert v. Chr. in der Stadt Kyzikos an der Propontis geprägt wurden.

Beinahe dreihundert Jahre lang wurden die Kyzikos-Münzen im Geldverkehr zwischen den einzelnen Poleis in Kleinasien, in Griechenland und im nördlichen Schwarzmeerraum – hier in erster Linie in Olbia – verwendet. In Olbia dienten sie als Grundzahlungsmittel bei großen Handelsgeschäften und wurden erst durch die Einführung der Goldmünzen des Alexander des Großen von diesem Markt verdrängt.

Auf der Ausstellung ist ein Schatzfund zu sehen, der auf dem Gebiet des alten Olbia, des heutigen Dorfes Parutino, Obl. Nikolaevsk, entdeckt wurde.

Die Kyzikos-Münzen aus diesem Hort stammen aus dem 5. Jahrhundert v. Chr. Sie sind aus Elektron, einer natürlich vorkommenden, jedoch schon bald künstlich hergestellten Gold-Silber-Legierung. Die Technik ihrer Herstellung war verhältnismäßig einfach: ein erwärmter bohnenförmiger Metallbarren wurde auf eine amboßartige Stanzform gelegt, in die schon die erwünschte Prägung eingeschnitten worden war, und von oben mit einer mit Stiften versehenen Stange, auf die mit einem Hammer eingeschlagen wurde, nach unten gepreßt. Aus diesem Grund ist das Gepräge der Münzen, die wie die Kyzikos-Münzen zur archaischen Münzprägung gezählt werden, nur auf einer Seite vorhanden. Auf der zweiten Seite sind nur die Abdrücke der Stifte, das sogenannte „quadratum incusum“, zu sehen. Ein für alle Elektronmünzen aus Kyzikos zutreffendes Charakteristikum ist die Darstellung des Emblems dieser Stadt, des Thunfisches. Gebunden an die Zeit ihrer Herstellung unterscheiden sich die einzelnen Kyzikos-Münzen in den zusätzlichen Darstellungen, die aber nicht selten in sujet- und motivbezogener Hinsicht stark an das Sinnbild des Thunfisches gebunden sind.

Auf drei Kyzikos-Münzen aus unserer Sammlung beispielsweise wird ein Thunfisch von einem Adler, einem Löwen und einem Greifen zerfleischt (Kat.-Nr. 147, 149, 151); auf der vierten ist über dem Thunfisch der Kopf eines Ziegenbockes zu sehen (Kat.-Nr. 148); und auf der letzten ist eine Szene aus dem altgriechischen Mythos dargestellt: der in einen Stier verwandelte Zeus trägt die von ihm entführte Europa auf dem Rücken (Kat.-Nr. 150).

Auf dem Gebiet von Olbia wurde auch ein goldener Stater aus der Stadt Lampsakos in Mysien gefunden, eine sogenannte „Lampsakos-Münze" mit der Darstellung eines phantastischen Flügelwesens (Kat.-Nr. 152).

Bei den Münzen von Kyzikos und Lampsakos handelt es sich um sogenannte Importmünzen, die für die bei großen Geschäften und im Außenhandel anfallenden Zahlungen vorgesehen waren.

Noch im 6. Jahrhundert v. Chr. legte Olbia den Grundstein für ein eigenes Münzwesen, das sich durch seine große Eigentümlichkeit auszeichnete. Im Gegensatz zu anderen Münzprägungszentren, wo die Münzen aus Gold oder Silber hergestellt wurden, bildete in Olbia ein billiges Metall die Grundlage für die Geldwirtschaft, – Kupfer und seine Legierungen. Olbia gilt als die einzige griechische Polis, in der man sich bei der Herstellung der massiven Bronzemünzen mit einem Gewicht von 100 g des Gußverfahrens bediente.

Auf der einen Seite dieser im 5. und im 4. Jahrhundert v. Chr. hergestellten Münzen ist als Apotropaion (= Abwehr von Unheil) die Gorgo von vorne zu sehen; auf der anderen Seite sind ein Adler und ein Delphin dargestellt (Kat.-Nr. 159, 160).

Um das dritte Jahrhundert wurden die großen gegossenen Münzen von kleineren mit der Darstellung des Flußgottes Borysthenes (heute: Dnepr) versehenen, den sogenannten „Borysthenes"-Münzen, verdrängt. Die Profilansicht des Hauptes des Borysthenes, der als bärtiger Mann dargestellt wird, zeichnet sich durch ihre hohe Ausdruckskraft aus (Kat.-Nr. 162, 163).

Pantikapaion, das heutige Kerč, beginnt im 6. Jahrhundert v. Chr. mit einer eigenen Münzprägung. Als Entstehungszeit der goldenen Statere, auf denen das Haupt eines Satyrs auf der einen Seite und ein auf einer Kornähre stehender Greif, dessen Kopf der eines Löwen ist und der in seinem Maul einen Wurfspieß trägt, auf der anderen Seite dargestellt sind, wird das 4. Jahrhundert v. Chr. angegeben.

Einer dieser Statere wurde schon im Altertum bei der Herstellung eines Fingerrings (Kat.-Nr. 155), der im Zuge der Ausgrabung einer skythischen Bestattung im Obl. Dnepropetrovsk zum Vorschein kam, verwendet. Einige Forscher sehen in der Darstellung des Satyrs auf den Münzen von Pantikapaion die thrazische Gottheit der Naturgewalten. Denn wie auch bei Gottheiten niederen Ranges, die die Urgewalt der Natur verkörpern, ist auch das Gesicht des Satyrs auf dem Stater von Pantikapaion grob und verunstaltet gezeichnet. Das „Porträt" des Satyrs wirkt sehr realistisch und erreicht ein hohes Maß an Expressivität. Die charakteristische Gestalt des Gesichtes wird in allen Einzelheiten wiedergegeben: der zottige Bart, der in die Stirn hereinhängende Haarschopf, die tiefen Falten auf der Stirn und an den Schläfen, der beulenförmige Auswuchs an der Nasenwurzel, die absichtlich gezeichnete Stumpfnase. Das Haupt des Satyrs schmückt ein Kranz aus Efeu, wodurch er dem Kreis um den Dionysos-Kult zuzuordnen ist.

Der Gönner des Satyrs, Dionysos, Gott der Vegetation, der Fruchtbarkeit und Beschützer des Weinanbaus und der Weinbereitung, ist auf einem Obolus von Pantikapaion aus dem 1. Jahrhundert v. Chr. in der Gestalt eines schönen Jünglings mit weichen, beinahe weiblichen, Gesichtszügen und einem Kranz aus Efeu (Kat.-Nr. 168) dargestellt.

Als einzigartiges Beispiel für die Kunst der Münzprägung der Zeit des Spätrömischen Reiches gilt ein goldenes Medaillon mit einem Durchmesser von 55 mm (Kat.-Nr. 179, Abb. 8, S. 32).

Als Medaillone werden in der Numismatik Münzen bezeichnet, die zu Gedenk- oder Stiftungszwecken verwendet werden, und deren Gewichtsnorm die gewöhnlichen Geldeinheiten manchmal um ein Vielfaches überschreitet. Im Römischen Reich gab es Goldmedaillone seit der Zeit des Augustus. Sie wurden anläßlich großer Ereignisse erzeugt und für Schenkungen als Zeichen des kaiserlichen Wohlwollens verwendet.

In der Regel wurden sie höchsten militärischen und zivilen Würdenträgern verliehen; die größten allerdings waren zur Besänftigung der Anführer der Barbarenstämme, die immer wieder an die nordöstlichen Grenzen des Imperiums heranrückten, bestimmt.

In die angrenzenden Gebiete und in erster Linie in die Ukraine gelangten die goldenen Medaillone mit höchster Wahrscheinlichkeit im Zuge der Handelsbeziehungen.

Bei dem erwähnten Medaillon handelt es sich um das größte jemals auf ukrainischen Boden gefundene römische Medaillon. Das Sujet auf dem Revers ist eng mit dem Thema der Nomaden verbunden. Der Medaillon wurde von Kaiser Constantius II. anläßlich des Sieges der römischen Heere im Jahre 358 n. Chr. über die aufrührerischen Stämme der Sarmaten, die sich im 1.–4. Jahrhundert am mittleren und niederen Lauf der Donau angesiedelt hatten, in Auftrag gegeben. Auf dem Medaillon sehen wir den siegreichen Kaiser in seiner Rüstung, der den besiegten Sarmaten, dessen Hände am Rücken zusammengebunden sind, mit der rechten Hand an den Haaren zieht. Rechts oben schmückt die Siegesgöttin Victoria das Haupt des Kaisers. Die Darstellung des gefangenen Sarmaten ist überaus realistisch gestaltet: sowohl die Gesichtszüge als auch die Schnittform der Kleidung und die Frisur sind bis ins kleinste Detail gezeichnet. Die Kleidung des Gefangenen entspricht der für die Skythen und Sarmaten charakteristischen Tracht: der überhängende Leibrock und die Pluderhosen.

Abb. 8 (S. 32): Kaiser Constantius II. (337–361 n. Chr.) auf einer Goldmünze aus Verchirnja, Obl. Žitomir (Kat.-Nr. 179)

LITERATUR

V. Antonovič, Opisanie monet i medalej, chranjaščichsja v numizmatičeskom musee Universiteta sv. Vladimira / Monety drevnego mira.-Kiev 1896. – Vyp. I.

A. N. Zograf, Antičnye monety / MIAS. - 1951. – Nr. 16

VLADIMIR MICHAJLOVIČ CHARDAEV

DENKMÄLER DER GOLDSCHMIEDEKUNST DES MITTELALTERS

4.–14. JAHRHUNDERT
NOMADEN, ALTSLAWEN, KIEVER RUS'

Ein besonderes Merkmal unserer Zeit ist das erhöhte Interesse an der Goldschmiedekunst. Und das ist kein Zufall, denn die Goldschmiedekunst ist jener Bereich, der die tief verwurzelten Vorstellungen der Menschen von Schönheit und Ästhetik sowie die bedeutendsten ethischen Gesetze und Lebensregeln immer sehr frei und unmittelbar reflektiert hat.

Dieser Artikel des Ausstellungskataloges bietet dem Leser anhand der bedeutendsten Schmuckgegenstände des Museums einen kurzen Abriß der politischen Geschichte und erläutert die Besonderheiten der mittelalterlichen Goldschmiedekunst der Ukraine des 4.–14. Jahrhunderts.

Die Sammlung umfaßt wunderbare Schmuckgegenstände aus Gold und Silber, die die Künstler mit Hilfe höchst komplizierter Techniken der Edelmetallverarbeitung fertigten; sie sind mit filigranen, gravierten, getriebenen Ornamenten und Niello verziert, vergoldet, mit färbigem Email cloisonné und inkrustierten Edelsteinen geschmückt. Diese Erzeugnisse dienten als Schmuck der Paradekleidung, der Bewaffnung und des Pferdegeschirrs; sie fanden auch bei kultischen Ritualen und im Alltag Verwendung. Sie wurden von den Archäologen sowohl in nomadischen Bestattungen, als auch in altslawischen und altrussischen Horten geborgen (Karte 4). Die von den Goldschmiedemeistern der verschiedenen Stämme und Völker gefertigten Denkmäler der Goldschmiedekunst waren im riesigen Steppengebiet von der Wolga bis zur Donau sowie in der Waldsteppe und Waldzone der Ukraine, im beschriebenen Zeitraum weit verbreitet.

Diese Regionen wurden seit Menschengedenken von Völkern besiedelt, welche sich durch ihre ethnische Zusammensetzung, ihre Sprache, ihren materiellen und kulturellen Entwicklungsstand u. ä. voneinander unterschieden.

In der Waldsteppe und Waldzone lebten seßhafte, altslawische ackerbautreibende Stämme. Die südukrainischen Steppen (das nördliche Schwarzmeergebiet) waren der Lebensraum einer Vielzahl verschiedener viehzuchttreibender Nomadenstämme. Der historische Entwicklungsprozeß der Nomaden und der Ackerbauern verlief parallel. Wenn man die Beziehungen zwischen diesen Kulturen analysiert, muß darauf hingewiesen werden, daß diese sehr komplex waren und sich in der Regel auf zwei Ebenen entwickelten: auf der kriegerischen und auf der friedlichen Ebene. Den ständigen Kontakten zwischen

diesen beiden Welten ist es zu verdanken, daß in verschiedenen Lebensbereichen, sowohl in sozioökonomischer als auch in politischer Hinsicht, ein ständiger Prozeß der gegenseitigen Beeinflussung zwischen der Kultur der Nomaden und der Akerbauern stattfand.
Ergänzend dazu ist zu sagen, daß im Leben der Nomaden und Ostslawen die Beziehungen zum Oströmischen Reich – zu Byzanz – eine enorme Rolle spielten.
Die stürmischen Ereignisse in Osteuropa seit der großen Völkerwanderung bis zum Einfall der Horden Dschingis-Khans und Batus beeinflußten entscheidend die mittelalterliche Geschichte ganz Europas.
Diese Ereignisse kann man mit Vorbehalt in zwei Etappen gliedern. Die erste Etappe hängt mit der Invasion der Hunnen in den europäischen Steppen zusammen; mit dem Zerfall des Weströmischen Reiches; mit der Entstehung von Khanaten – das sind Staaten des nomadischen und halbnomadischen Typs – in Europa und Asien, z. B. des türkischen, awarischen und chazarischen Khanats; mit der Ansiedelung der Altslawen in Regionen Mitteleuropas und auf dem Balkan, mit ihrem hartknäckigen Kampf gegen Byzanz; mit dem Erscheinen der Ostslawen in der Geschichte, ihrer Konsolidierung und der Bildung großer Stammesbündnisse, wovon eines der Vorläufer des ersten ostslawischen Staates war. Die erwähnten Prozesse fanden alle im 4.–8. Jahrhundert statt.
Das 9.–14. Jahrhundert ist die zweite Etappe der mittelalterlichen Geschichte Osteuropas. Sie hängt mit der Entstehung und Blütezeit des ersten altrussischen Staates, der Kiever Rus', zusammen; mit dem Erscheinen der nomadisierenden Pečenegen in den Steppen des Schwarzmeergebietes; mit der Schwächung und schließlich der Zerstörung des chazarischen Khanats; mit der Herrschaft der Polovzer in den Steppen; mit dem Einfall der Mongolo-Tataren und der Entstehung des Staates der Goldenen Horde.

Abb. 9 (S. 36): Hunnenschwert, 4.–5. Jh. n. Chr. (Kat.-Nr. 71)

DIE SÜDUKRAINISCHEN STEPPEN IM 4.–14. JAHRHUNDERT

DIE HUNNEN 4.–5. JAHRHUNDERT

Die Geschichte der Hunnen wurzelt tief im Altertum. Sie ist untrennbar verbunden mit der Geschichte eines mächtigen Bündnisses nomadischer Stämme, welche in der 2. Hälfte des 1. Jahrtausends v. Chr. das Gebiet des heutigen Nordchina besiedelten und aus chinesischen Quellen unter der Bezeichnung Hsiung-nu bekannt sind (Karte 5).

Die nomadischen Hsiung-nu fielen ständig in die nördlichen Gebiete des alten China ein. Zum Schutz vor ihren Überfällen begannen die Chinesen Ende des 4. Jahrhunderts v. Chr. mit dem Bau der großen Mauer entlang ihrer nördlichen Grenze. Allmählich verdrängten die Chinesen die Steppenstämme in den Norden jenseits der Wüste Gobi, in die Steppengebiete der heutigen Mongolei. Gegen das 3. Jahrhundert v. Chr. entstand nach Eroberungskriegen mit Nachbarvölkern in dem neuen Gebiet das starke Hunnenreich, zu welchem Stämme Südsibiriens, Transbaikaliens, der Mongolei und der Mandschurei gehörten.

Gegen Ende des 1. Jahrhunderts n. Chr. zerfällt das Reich der Hsiung-nu infolge ununterbrochener Kriege und innerer Widersprüche in zwei Teile, einen nördlichen und einen südlichen. Die Nomaden des Südens gelangen unter die Herrschaft der chinesischen Kaiser, und die nördlichen Hunnen verlassen im Jahr 93 ihre Länder und beginnen den „großen" Feldzug in den Westen. Die Hsiung-nu hatten in Mittelasien über 200 Jahre lang geherrscht. In dieser Zeit war es zu Auseinandersetzungen mit den örtlichen iranischsprachigen Stämmen der Saken, Massageten, Issedonen, mit den Stämmen der alten Türken, Ugrer und anderen Völkern gekommen. Ein Teil dieser Stämme wurde vernichtet und vertrieben, ein Teil assimiliert. Daher waren die aus der mongolischen Steppe stammenden Hsiung-nu ein Volk, welches sich durch ethnische und kulturelle Merkmale von seinen Vorfahren unterschied. Wichtigste Sprache dieses Konglomerats von Stämmen wurde die Turksprache.

Im Jahr 375 machte sich eine riesige Horde verschiedener asiatischer Stämme, deren Stoßtruppe die Hsiung-nu waren, welche in Europa die Bezeichnung Hunnen erhielten, neuerlich auf ihren Weg gegen Westen. Die Hunnen erzwangen den Übergang über Wolga und Don und drangen in die Steppen des nördlichen Schwarzmeergebiets ein. Damals beherrschten zwei Stammesbündnisse das nördliche Schwarzmeergebiet: die germanischen Goten und die iranischsprachigen Sarmaten. In einer grausamen Schlacht gegen diese Völker trugen die Hunnen den Sieg davon. Sie verbündeten sich mit einem Teil der Goten und Sarmaten und blieben bis zum Jahr 420 in den Steppen Osteuropas, um für einen neuen Feldzug Kraft zu schöpfen. Danach überschritten sie die Donau und drangen bis an die Grenzen Westeuropas vor, wobei sie alles auf ihrem Weg plünderten und zerstörten. Im Jahr 434 belagerten die Hunnen

Konstantinopel, da sie jedoch ein hohes Lösegeld erhielten, hoben sie die Belagerung der Hauptstadt des byzantinischen Reiches auf und ließen sich endgültig im Steppengebiet der mittleren Donau (Pannonien) nieder.
445 wird Attila oberster Heerführer der Hunnen. Seine Regierungszeit ist die Zeit der größten Aktivität des neuen Nomadenreiches in Europa. Das Hunnenreich führt verheerende Kriege mit den Nachbarländern und versetzt diese Völker in Angst und Schrecken. Provinzen des Weströmischen und Oströmischen Reiches wurden verwüstet. Die Hunnen gelangten bei ihren Kriegszügen bis an den Rhein, nach Straßburg und Orleans. Konstantinopel bedrohten sie mehrere Male. Das verläßliche Hinterland des Hunnenreiches war das nördliche Schwarzmeergebiet. Nomadenstämme, die mit dem Hunnenheer in dieses Gebiet gekommen und nach dem Aufbruch der Hauptstreitkräfte dort geblieben waren, bildeten die unerschöpfliche Kampfreserve des Reiches.
Im Jahr 450 unternahmen die Hunnen den großen Kriegszug gegen Gallien. Auf den Katalaunischen Feldern (in der Nähe von Paris) fand eine der größten Schlachten in der Geschichte des Altertums statt. In dieser Schlacht gegen die Hunnen kämpften die vereinten Kräfte der Römer, Gallier und germanischer Stämme, welche sich in Gallien auf dem Gebiet des Weströmischen Reiches niedergelassen hatten. Keine der Seiten konnte einen endgültigen Sieg erringen. Auf Befehl Attilas drehten die Hunnen jedoch um und kehrten nach Pannonien zurück. Im Jahr 454 zerfällt das Nomadenreich wegen des Todes Attilas.
Der Einfall der Hunnenhorden veränderte die Landschaft Südosteuropas grundlegend. Außerdem gab er den Anstoß zur großen Völkerwanderung. Im Steppengürtel nahmen turksprachige Stämme die beherrschende Stellung ein, nachdem sie die alte iranischsprachige Bevölkerung – die Skythen und Sarmaten – vernichtet, vertrieben und assimiliert hatten.
Die Zentren der antiken Kultur, die griechischen Kolonien des nördlichen Schwarzmeergebietes, welche zu byzantinischen Provinzen geworden waren, wurden von den Barbaren in den ersten Jahren der Hunnenexpansion fast zur Gänze zerstört.
Nicht weniger bedeutende Veränderungen vollzogen sich in der Waldsteppenzone. Die altslawischen Stämme wurden vernichtend geschlagen und waren gezwungen, sich in die Wälder im Norden und Nordosten zurückzuziehen.
Aus archäologischen Funden und schriftlichen Quellen geht hervor, daß in der 2. Hälfte des 4. bis 1. Hälfte des 5. Jahrhunderts auf dem gesamten Gebiet der südukrainischen Steppen eine neue Nomadenkultur der Epoche der Völkerwanderung entsteht. Sie stand mit dem Eindringen der Hunnen in das nördliche Schwarzmeergebiet im Zusammenhang.
In der Goldschmiedekunst der Steppenvölker dieser Region fand der polychrome Stil der Hunnen weite Verbreitung. Seine wichtigsten Merkmale sind die Polychromie und der Charakter der Form, Zeichnung und Ornamentierung, die Verzierung der Gegenstände mit Halbedelsteinen rötlicher Färbung.
Die Schmuckstücke der Hunnen wurden in der Regel über einen Bronzekern gearbeitet, der mit Goldblech überzogen wurde. Sie lassen sich im wesentlichen in zwei Gruppen von Schmuckerzeugnissen einteilen.
Die erste Gruppe umfaßt Gegenstände mit bunten Steinen in aufgelöteten Fassungen auf goldenem Hintergrund und mit filigranen Ornamenten (Kat.-Nr. 71–73; Abb. 9).
Die zweite Gruppe umfaßt Gegenstände mit bunten Steinen zwischen aufgelöteten Stegen (Einzelfeldinkrustation), welche Fassungen in verschiedenen geometrischen Formen bilden (Kat.-Nr. 74, 75).

Die in der Ausstellung präsentierten Gegenstände sind prägnante Beispiele für den polychromen Stil der Hunnen.
Die Denkmäler der Goldschmiedekunst der Hunnen sind nicht als Kunstwerke eines Volkes zu sehen. Man kann an ihnen den Einfluß verschiedener Kulturen verfolgen: antike Traditionen, Elemente der Kunst der Goten und Sarmaten, und neue Merkmale, die von den Hunnen während ihrer Eroberungszüge eingebracht wurden.
Nach Meinung der Wissenschafter war die byzantinische Krim-Provinz Bosporus das Herstellungszentrum von Schmuckstücken im polychromen Stil.

DIE AWAREN
4.–7. JAHRHUNDERT

Nach dem Zerfall des Hunnenreiches konnten sich die zahlreichen, einander feindlich gesinnten Nomadenstämme des nördlichen Schwarzmeergebiets nach dem Verlust ihrer einheitlichen starken Macht nicht mehr zu einem mächtigen Stammesbündnis vereinigen und in der Steppe ein neues Reich gründen. Mitte des 4. Jahrhunderts drangen turksprachige Nomadengruppen aus Mittelasien, welche in Europa die Bezeichnung Awaren erhielten, über Wolga und Don in die südukrainischen Steppen ein (Karte 6). Einige ansässige Stämme traten dem Stammesverband der Awaren als Verbündete bei, weshalb diese noch viel stärker und zahlreicher wurden. Während ihres Aufenthalts im nördlichen Schwarzmeergebiet führten sie ständig Kriege mit ansässigen Nomaden und den altslawischen Stämmen, welche nach dem Abzug der Hunnen nach Westeuropa wieder ihre Gebiete eingenommen hatten. Ein Teil der altslawischen und anderer Stämme wurde gewaltsam an das Awarenbündnis angeschlossen.
Im Jahr 565 überschreiten die vereinigten Streitkräfte der Awaren die Donau und dringen in byzantinische Länder ein. Im Jahr 568 erringen sie die volle Herrschaft über das Steppengebiet an der mittleren Donau. Gegen Ende des 4. Jahrhunderts entstand hier ein kriegerischer Nomadenstaat aus ethnisch unterschiedlichen Gruppen, das awarische Khanat, dessen Kern die Awaren ausmachten. An der Spitze des Khanats stand Khan Bajan. Zeitgenossen schildern ihn als grausamen, aber talentierten Heerführer. Die politische Geschichte der Awaren der Donauperiode erinnert an jene der Hunnen. Es ist die Geschichte ununterbrochener Feldzüge und kriegerischer Auseinandersetzungen mit den Franken und mit Byzanz sowie der gnadenlosen Ausplünderung der besiegten Völker: der Südslawen, Gepiden und anderer. Im 7. Jahrhundert zerfällt das awarische Khanat allerdings unter den Angriffen der Franken und aufgrund innerer Zwiste; als militärisch-politische Macht hört es zu existieren auf.
Das Khanat existierte jedoch lange genug, um auf seinem Gebiet eine durchaus eigenständige Kultur entstehen zu lassen.
In den Steppen des nördlichen Schwarzmeergebiets wurde von den Archäologen eine geringe Anzahl von Denkmälern der materiellen und auch geistigen Kultur der Awaren geborgen und untersucht. Ihre

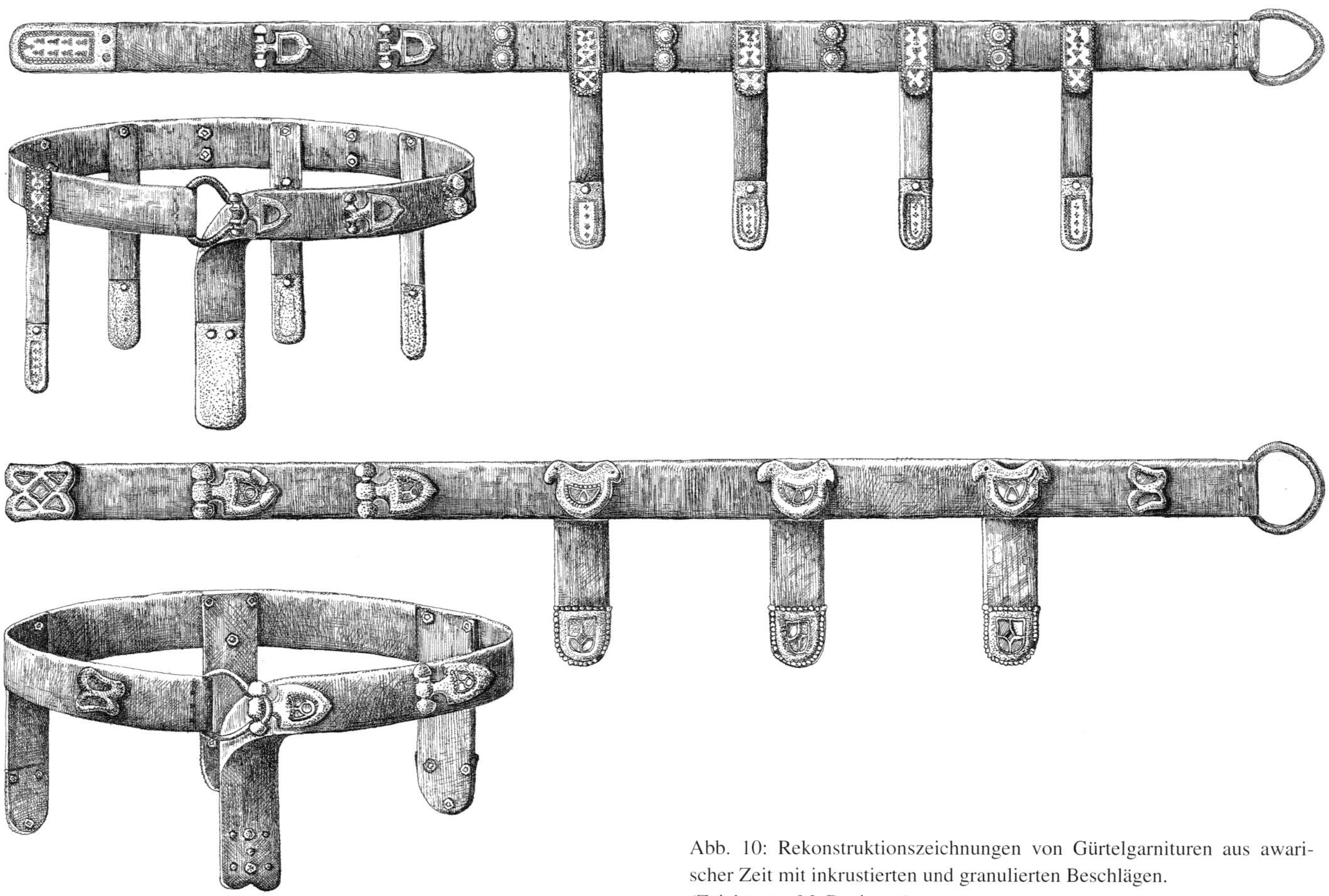

Abb. 10: Rekonstruktionszeichnungen von Gürtelgarnituren aus awarischer Zeit mit inkrustierten und granulierten Beschlägen.
(Zeichnung: M. Rusjaeva)

geringe Anzahl ist darauf zurückzuführen, daß sich die Awaren im nördlichen Schwarzmeergebiet, wo sie Kräfte für ihren Feldzug in den Westen sammelten, nicht lange aufhielten. Im Gebiet der mittleren Donau wurden von den Archäologen mehrere Gräber entdeckt, in welchen alltägliche Gebrauchsgegenstände, Bewaffnung und Schmuckgegenstände gefunden wurden.

Für die Bewaffnung der Awaren ist eine Reihe neuer Merkmale charakteristisch, welche Waffen aus früherer Zeit nicht aufwiesen. Der wichtigste Gegenstand der Bewaffnung der Nomaden war wie bisher Pfeil und Bogen, die awarischen Bögen waren jedoch viel größer und weitreichender. Die Speere werden auch länger und schwerer. An die Stelle der geraden, zweischneidigen Schwerter der Sarmaten und Hunnen tritt im 4.–7. Jahrhundert der lange, vorerst nur leicht gebogene, einschneidige Säbel, der für einen gleitenden Schlag bestimmt war. Aber alle diese neuen Formen der Kampfbewaffnung wurden praktisch erst durch die Erfindung und Anwendung der Steigbügel ermöglicht, welche dem Reiter auf dem Pferd besseren Halt gaben und im Nahkampf zu Pferd große Möglichkeiten eröffneten. Die Perfektionierung der Bewaffnung und die Erfindung neuer Formen war eine der Voraussetzungen für die schnellen Erfolge der Awaren, als sie in der Geschichte auftauchten.

Unter den Schmuckgegenständen aus awarischen Bestattungen im nördlichen Schwarzmeergebiet und besonders an der mittleren Donau sind oft heraldische Gürtelgarnituren aus gegossenen figürlichen Plat-

ten zu finden, die als Verzierung für Ledergürtel dienten. Solche Gürtel kamen im 4.–7. Jahrhundert bei den Steppenvölkern in Mode, und dienten den Zeitgenossen als Gradmesser des sozialen Status, des materiellen Wohlstands und der kriegerischen Verdienste (Abb. 10).
In den meisten Fällen wurden die Gürtelgarnituren aus Kupferplatten mit glatter Oberfläche erzeugt. In geringer Anzahl sind Garnituren aus Silberplatten bekannt, auf welche einfache geometrische Muster und Pflanzenornamente eingraviert wurden. Und ganz vereinzelt wurden Gürtelgarnituren geborgen, die zu den künstlerisch hochstehenden Werken der Goldschmiedekunst zählen.
In der Ausstellung werden zwei awarische Gürtelgarnituren dieses Typs gezeigt (Kat.-Nr. 76, 77). Die figürlichen Silberplatten sind kunstvoll mit Einzelfeldinkrustation und feiner Granulierung verziert. Aus der reichen Verzierung der Garnituren läßt sich schließen, daß die Gürtel Vertretern der höchsten Aristokratie gehörten.
Interessant ist, daß analoge Gürteltypen mit veränderten und weniger reich verzierten Garnituren auch heute bei einigen nordkaukasischen und mittelasiatischen Völkern vorkommen.

DIE CHAZAREN
7.–8. JAHRHUNDERT

Im 7.–8. Jahrhundert gehörten die Steppen des nördlichen Schwarzmeergebietes zu einem der mächtigsten Staaten des damaligen Europa, zum chazarischen Khanat, dessen Hauptstadt die Stadt Itil' (untere Wolga) war (Karte 7). Das chazarische Khanat war ein aus verschiedenen Stämmen zusammengesetzter Staat halbnomadischen Typs mit entwickelter Viehzucht, Handel und Handwerk. Das bedeutendste Volk dieses Staates waren die turksprachigen Chazaren. Eine wichtige Rolle bei der Stärkung der politischen und wirtschaftlichen Lage des Khanats spielten Kriegszüge, die Eroberung neuer Länder und politische Bündnisse mit Byzanz.
Im Jahr 680 begann ein langwieriger Krieg zwischen Chazaren und Arabern um die Vorherrschaft in Transkaukasien. Der verstärkte Ansturm der Chazaren auf Transkaukasien erfolgte nicht nur aufgrund ihrer eigenen Interessen, sondern auch weil Byzanz, in Kleinasien von den Arabern tödlich bedroht, sie dazu anstiftete. Schließlich errangen die Chazaren in diesem grausamen Krieg den Sieg. Wäre es anders gekommen, hätte die mittelalterliche Geschichte Osteuropas einen anderen Verlauf genommen, als wir ihn kennen. Die Verbreitung des Islam und damit der orientalischen Lebensweise kam nun für einige Jahrhunderte an der Schwelle Europas, beim Kaukasusgebirge, zum Stillstand. Die Chazaren versperrten den Arabern auf dem Kaukasus den Weg, so wie dies die Franken unter Karl Martell in den Pyrenäen getan hatten. Das chazarischen Khanat bewahrte Europa vor dem Eindringen zahlreicher ugro-türkischer Nomadenstämme aus dem Osten.
Nachdem das Chazarenreich seine Positionen im Kaukasus gestärkt hatte, dehnte es um die Mitte des 8. Jahrhunderts seinen Machtbereich auf die Länder ganz Südosteuropas vom Südural bis zur Donau aus,

auf die finno-ugrischen Völker und die Turkvölker des Wolgagebiets, sowie auf das im Norden an die Steppe anschließende Territorium, welches altslawischen Stämmen gehörte. Das war die politische, wirtschaftliche und kulturelle Blütezeit des Nomadenreiches.
Ende des 8. Jahrhunderts wurde das Heidentum im chazarischen Khanat von einer neuen Staatsreligion abgelöst, dem Judentum. Die jüdische Religion wurde im wesentlichen von den höchsten Gesellschaftsschichten, dem Khan und seiner Umgebung, angenommen. Die Führer der einzelnen Stämme nahmen die neue Religion nicht an und blieben Heiden. Infolge der religiös begründeten Widersprüche entbrannte ein etwa 100 Jahre währender Bürgerkrieg im Land, welcher zu einer deutlichen Schwächung des Khanats führte. Dies nutzten asiatische Nomaden, die Ungaro-Madjaren und Pečenegen. Ende des 9. Jahrhunderts drangen sie in das Gebiet der Chazaren ein, und engten deren Herrschaftsgebiet allmählich ein. Den letzten Schlag versetzte den Chazaren das Kiever Reich (Kiever Rus') in der zweiten Hälfte des 10. Jahrhunderts. Die Kriegszüge der Kiever Fürsten (965, 969) besiegelten das Ende des chazarischen Staates.
In der ganzen Geschichte der Chazaren spielte der Handel, bei welchem Import und Export eigentlich fast gleichbedeutend waren, eine große Rolle. Die Zölle, die von den durch das Gebiet des Khanat ziehenden Handelskarawanen eingehoben wurden, und die Tributzahlungen der unterworfenen Völker stärkten die Wirtschaft des Landes. Wie bereits erwähnt, übte das byzantinische Reich gewaltigen Einfluß auf alle Lebensbereiche der chazarischen Gesellschaft aus. Aus der Metropole und ihren Schwarzmeerprovinzen erhielten die Chazaren verschiedene Waren, u. a. auch eine große Anzahl von Schmuckgegenständen, welche auf Bestellung gefertigt wurden.
Zur Ausstellung von Schmuck der mittelalterlichen Nomaden gehören wertvolle Gegenstände aus zwei Bestattungen aus der Blütezeit des chazarischen Staats mit äußerst reichem Inventar. Durch seine Schönheit und komplizierte Verarbeitung fällt besonders ein Brustschmuck aus massivem Gold (Kat.-Nr. 81) auf. In einigen seiner im polychromen Stil gestalteten Details leben die Traditionen des byzantinischen Kunsthandwerks vergangener Zeiten weiter. Dies drückt sich in stilistischen Besonderheiten aus (in der Art der Oberflächenverzierung mit farbigen Einlagen aus Halbedelsteinen, den filigranen Ornamenten aus Goldfäden und Granulat), sowie in einzelnen Techniken der Befestigung der Steineinlagen in den aufgelöteten Fassungen.
Diese zwei äußerst reichen Grabstätten chazarischer Khane wurden von den Archäologen im Grenzgebiet zwischen Waldsteppe und Steppe gefunden. Sie wurden dort offensichtlich während chazarischer Kriegszüge gegen slawische Stämme angelegt.
Aus der Untersuchung dieser Grabanlagen schloß man, daß sie nach dem Ritual der Brandbestattung angelegt worden waren, welche im 7.–8. Jahrhundert für die Nomadenvölker des eurasischen Steppengürtels zwischem dem Vorgebirge der Altai und der Donau typisch war.

DIE PEČENEGEN, POLOVZER
10.–13. JAHRHUNDERT

Nach dem völligen Zerfall des chazarischen Khanats gerieten die ukrainischen Steppen unter die Herrschaft der Pečenegen (10. bis 1. Hälfte des 11. Jahrhunderts) , und danach unter die Herschaft der Polovzer (Mitte des 11. bis 1. Hälfte des 13. Jahrhunderts).
Die Verbände der Pečenegen tauchten zum ersten Mal Ende des 9. Jahrhunderts in den Steppen des nördlichen Schwarzmeergebiets auf. Gegen Beginn des 10. Jahrhunderts siedelten sie sich endgültig zwischen Don und Donau an. Die Urheimat der Pečenegen waren die mittelasiatischen Steppen nördlich des Aralsees (Karte 8).
Die Zeit der Pečenegenherrschaft im nördlichen Schwarzmeergebiet ist durch ihre zahllosen räuberischen Überfälle auf die byzantinischen Provinzen auf der Krim (Bosporus, Chersones), Bulgarien, Ungarn, die Kiever Rus', auf die Gebiete der Völker der Don- und Wolgagegend und des Nordkaukasus gekennzeichnet.
Im Jahr 1036 wurden die vereinigten Verbände der Pečenegen in der Nähe der Krim von russischen Truppen vernichtend geschlagen. Nach dieser Niederlage zogen sich die meisten Nomaden in den Westen jenseits der Donau zurück. Die zurückgebliebenen pečenegischen Einheiten traten teils in den Dienst der Kiever Fürsten, teils wurden sie von den eindringenden neuen Nomadenstämmen, den Polovzern, vernichtet.
Die ursprüngliche Heimat der Polovzer waren die nordkasachischen und sibirischen Steppen. Nachdem die Polovzer die restlichen Pečenegen überwunden hatten, beherrschten sie die osteuropäischen Steppen zwischen Wolga und Donau.
Die Polovzerhorden unternahmen 200 Jahre lang ständig Überfälle auf ihre Nachbarländer. Oft überschritten sie die Donau und drangen in Länder Mitteleuropas ein, vernichteten die südlichen Länder der Kiever Rus'.
Der altrussiche Staat konnte die Überfälle der Polovzer erfolgreich abwehren. Die Kiever Fürsten standen an der Spitze des Kampfes gegen die Nomaden, welcher ab Mitte des 11. Jahrhunderts bis Mitte des 13. Jahrhunderts dauerte. Mitte des 13. Jahrhunderts wurde das Staatsgebilde der Polovezer von den Mongolo-Tataren zerstört. Ein Teil der Polovzer trat dem mongolo-tatarischen Stammesbündnis bei.
Unter den zahlreichen Kurganen, welche die südukrainischen Steppen bedecken, fallen Gruppen relativ kleiner Gräbhügel auf, unter welchen sich die Gräber aus der Zeit der Pečenegen und Polovzer befanden. Eine größere Anzahl von pečenegischen und polovzischen Grabstätten findet sich außerdem als Nachbestattungen in großen Kurganen früherer Epochen (aus der Bronzezeit, der skythischen und sarmatischen Zeit). Häufigste Fundkategorie in den Gräbern dieser Nomaden bilden das Pferdegeschirr und eine große Anzahl verschiedenartiger Waffen.
In der Ausstellung ist ein höchst seltener Fund aus der Grabstätte eines vornehmen pečenegischen Heerführers, ein Zaumzeugschmuck (Kat.-Nr. 82), zu sehen. Es besteht aus figürlichen Silberplatten, welche die Lederteile des Zaumzeugs zierten (10. bis 1. Hälfte des 11. Jahrhunderts). Die Platten wurden gegossen, danach vergoldet und mit Niello verziert. Die Ursprünge dieser Herstellungstechnik und der Gestaltung des Ornaments in Form geflochtener Pflanzen und Bänder gehen auf Traditionen des östlichen Mit-

telmeerraums zurück, genauer gesagt auf die byzantinische Kunst des 9.–11. Jahrhunderts. Die Verbreitung von solchem Zaumzeugschmuck mit seinem ursprünglich byzantinischen Ornament bei den Pečenegen des nördlichen Schwarzmeergebietes wurde durch die direkten Kontakte der Nomaden mit der Bevölkerung der byzantinischen Krimprovinzen ermöglicht.
Aus der Zeit der Polovzer stammen die höchst interessanten Stücke aus dem Čingul'-Kurgan, welche in der Ausstellung präsentiert werden. Es handelt sich um ein einmaliges Räuchergefäß (Kat.-Nr. 86) westeuropäischer Erzeugung, welche mit großer handwerklicher und künstlerischer Meisterschaft hergestellt wurde, und um einen einmaligen altrussischen Eisenhelm (Kat.-Nr. 85), verziert mit einer dicken Goldschicht und einem Ornament am unteren Rand.

DIE MONGOLO-TATAREN, DIE GOLDENE HORDE 13.–14. JAHRHUNDERT

Zu Beginn des 13. Jahrhunderts entstand in Zentralasien der mächtige Nomadenstaat der Mongolen mit Dschingis-Khan an der Spitze. Nach der Bezeichnung eines ihrer Hauptstämme wurden die Mongolen auch Tataren genannt.
Ab 1206 eroberten die mongolo-tatarischen Verbände Nordchina, die Mandschurei, südostsibirische Gebiete, mittel- und südwestasiatische und osteuropäische Länder (Karte 9). Gegen 1242 standen die Nomadenheere unter der Führung Khan Batus (eines Enkels Dschingis-Khans) an den Grenzen Norditaliens und Deutschlands, nachdem sie viele asiatische und europäische Staaten unterworfen hatten. Seit der Zeit des denkwürdigen Hunneneinfalls hatte für Europa keine so reale Gefahr der Eroberung durch Steppennomaden bestanden. Ende des Jahres 1242, in dem für Europa kritischsten Moment, kehrte Khan Batu mit seinen Truppen nach Osten in die Steppen des Wolgagebietes zurück.
Infolge dieser Eroberungszüge entstanden innerhalb des von Dschingis-Khan gegründeten Reiches drei westliche Ulus, die eine Zeit lang vom Großkhan der Mongolen in der Hauptstadt Karakorum (Mongolei) abhängig waren, danach aber zu selbständigen Staaten wurden. Der größte westliche Ulus der Mongolo-Tataren war der Ulus Dschutschi (des ältesten Sohnes Dschingis-Khans), welcher Westsibirien, das Ural- und Wolgagebiet, den Nordkaukasus, die Krim, das nördliche Choresmien sowie die Länder der Polovzer und anderer Stämme und Völker umfaßte, die in den weiten Steppen zwischen Irtyš und Donau lebten. Der Ulus Dschutschi, welcher später die Bezeichnung Goldene Horde erhielt, wurde von Khan Batu 1243 erweitert. Seine Hauptstadt war Saraj (untere Wolga). Der altrussische Staat gehörte nicht zur Goldenen Horde, befand sich jedoch in starker Abhängigkeit und zahlte den Mongolenkhanen jährlich Tribut.
Während des 13. und in der ersten Hälfte des 14. Jahrhunderts war die Goldene Horde einer der mächtigsten Staaten Eurasiens. Sie bestand über 200 Jahre lang. Aufgrund innerer Konflikte und infolge des

Abb. 11: V. Šatalin hat mit diesem Aquarell einen der tragischsten Momente in der Geschichte Kievs dargestellt: Die Eroberung der Hauptstadt des altrussischen Staates durch die mongolo-tatarischen Horden des Khan Batu. Eines der berühmtesten Architekturdenkmäler Kievs, die Zehentkirche, eine Kirche der Gottesmutter aus dem 10. Jahrhundert, wurde dabei Opfer der Zerstörung. Khan Batu eroberte die Stadt Kiev am 6. Dezember des Jahres 1240. Auf dem Bild ist der letzte Augenblick der Verteidigung Kievs an der Stadtfestung bei der Zehentkirche dargestellt. In der Mitte ist der Heerführer Dmitrij abgebildet, der die Verteidigung der Stadt leitete. Im Hintergrund – die Silhouette der Zehentkirche.

Erstarkens des Moskauer Reichs zerfiel die Goldene Horde in einzelne Länder: in die Khanate von Kazan', Astrachan', Sibirien und die Krim.

Der Charakter der Kultur dieser riesigen, aus ethnisch verschiedenen Stämmen und Völkern bestehenden Verbandes wird durch die Besonderheiten des politischen, wirtschaftlichen und sozialen Lebens des Staates bedingt. Das kam in der Wechselwirkung zwischen der Kultur der Steppennomaden und der synkretistischen Kultur der Städte zum Ausdruck, in welchen neben den Mongolo-Tataren Polovzer, Bulgaren, Russen, finno-ugrische Völker aus dem Wolgagebiet und dem Ural, Auswanderer aus Westeuropa und Mittelasien, dem Iran, der Krim, dem Kaukasus, China, Indien usw. siedelten. Sie waren es, die die städtische Kultur schufen, deren Grundlage die Traditionen und künstlerischen Besonderheiten der seßhaften, hochentwickelten Zivilisationen der unterworfenen Völker bildete.

Unter den vielen Bereichen der kunsthandwerklichen Produktion wird der Goldschmiedekunst große Bedeutung beigemessen. In ihr kommen der Geschmack und die Vorstellungswelt der Oberschicht in der Steppe und den Städten am vollständigsten zum Ausdruck.

Die Ausstellung bietet die Möglichkeit, prägnante und interessante Beispiele der Juwelierkunst der Goldenen Horde kennenzulernen. Es handelt sich um eine silberne Schöpfschale (Kovš) und einen silbernen Kelch (Kat.-Nr. 87, 88). Das wichtigste Kennzeichen, welches den präsentierten Gegenständen gemeinsam ist, sind die Dekortechnik und die Sujetkompositionen. Die Darstellungen auf den Erzeugnissen sind in spezielle Zonen des Ornaments eingefügt, in Medaillons, Rosetten und Bordüren, die vergoldet wurden.

Die Analyse der Ornamentmotive zeigt, daß der Dekor der Schöpfschale und des Kelchs den Denkmälern der Goldschmiedekunst der Goldenen Horde sehr nahe steht, die Form des Gefäßes mit seinem Drachenkopfgriff ist jedoch chinesisch, und geht auf das 3.–4. Jahrhundert zurück. Aus dem Repertoire der chinesischen Kunst hat der Juwelier der Goldenen Horde auch die Lotusblüte entlehnt. Eine solche Blütenform wird von den Wissenschaftern als typisch für das erste Viertel des 14. Jahrhunderts eingestuft.

Gefäße mit Drachenkopfgriff sind nicht zahlreich. Bis vor kurzem waren nur 8 entsprechende Schöpfschalen bekannt, 7 davon wurden auf dem Gebiet der Ukraine und Rußlands gefunden, eines in China.

Bei der Lektüre der Katalogartikel über die skytho-sarmatische Kunst erfährt der Leser, daß die meisten künstlerisch hochstehenden Goldschmiedeerzeugnisse dieser Ausstellung in der Antike von griechischen Meistern gefertigt wurden, welche hauptsächlich in den griechischen Städten des nördlichen Schwarzmeergebietes lebten. In späteren Zeiten werden diese griechischen Kolonien Provinzen des Oströmischen Reiches Byzanz. Und diese byzantinischen Juweliere stellen nun im ständigen Kontakt mit den Steppenvölkern und im Auftrag der Vertreter der reichen Schichten der verschiedenen Nomadengesellschaften teure Gegenstände her.

Die byzantinische Kunst bewahrte die starken Traditionen der Antike, nahm aber auch verschiedene Elemente der Kunst des alten Orients auf. Sie war dazu berufen, in ihren Werken die Stärke und den Reichtum des Reiches zum Ausdruck zu bringen.

Ein erstklassiges Werk der byzantinischen Goldschmiedekunst ist die in der Stadt Černigov gefundene Schale zum Händewaschen (Kat.-Nr. 128). Die Schale ist mit gravierten und getriebenen Zeichnungen und Niello verziert und vergoldet. Die Außenseite der gewölbten, ovalen Medaillons ist mit Pflanzenornamenten und berittenen Kriegern geschmückt: einem byzantinischen Krieger mit einem Speer in der Hand, und einem bogenschießenden Polovzer. Der Boden der Schale ist mit einer interessanten Szene verziert, welche einen ein Musikinstrument spielenden Herrscher darstellt, und um ihn tanzende Vögel und wilde Tiere.

Schalen ähnlicher Form, jedoch nicht so reich geschmückt, finden sich ab Ende des 11. bis Anfang des 12. Jahrhunderts in geringer Anzahl auch in den Ländern des Mittleren Ostens, im Iran, in Afghanistan und Mittelasien.

DIE ALTEN OSTSLAWEN
6.–8. JAHRHUNDERT

Die zweite Hälfte des ersten Jahrtausends war in Europa eine Zeit großer historischer Veränderungen. Die Wanderbewegungen zahlreicher Stämme und ihr Kampf mit dem Römischen Reich in dessen westlichen Teil fanden ein Ende, während sie im Osten, im Grenzgebiet des byzantinischen Reiches, noch im 6. und 7. Jahrhundert andauerten. Diese Zeit war für die Geschichte der Slawen von großer Bedeutung, denn sie gewannen in Europa rasch an politischer Bedeutung.

Die älteste Periode der Geschichte der Slawen verliert sich in der fernen Vergangenheit. Nach zahlreichen wissenschaftlichen Angaben geht man davon aus, daß das ursprüngliche Siedlungsgebiet der altslawischen Stämme zwischen dem mittleren Dneprgebiet und dem Weichselbecken, oder möglicherweise dem Oderbecken lag. Vorherrschender Wirtschaftszweig war der Ackerbau, auf dessen Basis sich die Viehzucht entwickelte. Eine große Rolle im Wirtschaftsleben spielten auch Gewerbe wie die Jagd, der Fischfang und die Bienenzucht. Sie wurden durch die günstigen klimatischen Bedingungen ermöglicht.

Im 6.–7. Jahrhundert führten die Slawen gemeinsam mit anderen Stämmen einen langwierigen Kampf gegen das byzantinische Reich, welcher in der Wissenschaft die Bezeichnung Balkankriege erhielt. Die zahlreichen Kriegszüge der Slawen innerhalb des Reiches gingen Hand in Hand mit der Umsiedelung eines beträchtlichen Teils ihrer Bevölkerung auf die Balkanhalbinsel, welche sie fast vollständig einnahmen. Diese Stämme wanderten aus ihrer Urheimat nicht nur in südwestlicher Richtung, an die Donau oder auf den Balkan, sondern auch in westlicher – sie erreichten die Elbe; in nördlicher Richtung gelangten sie an den Finnischen Meerbusen, und in östlicher an den Oberlauf der Wolga.

Mit dieser verstreuten Ansiedelung der slawischen Stämme hängt die Entstehung der Ost-, West- und Südslawen zusammen, ein Prozeß, welcher in der zweiten Hälfte des ersten Jahrtausends abgeschlossen wurde.

Die ostslawischen Stämme nahmen ein Gebiet ein, welches im Norden durch den finnischen Meerbusen begrenzt war, im Osten durch den Oberlauf der Wolga und im Süden durch die von Nomaden besiedelten Steppen des nördlichen Schwarzmeergebiets.

Während der Migration der Slawen bildeten sich in Osteuropa sehr große Stammesbündnisse (Poljanen, Drevljanen, Severjanen, Dregovičen, Vjatičen, Radimičen, Slovenen, Uličen, Tivercen, Krivičen und viele mehr), später wurden sie zu militärisch-politischen Staatsgebilden. Von großer Bedeutung war in der Geschichte der Ostslawen das mittlere Dneprgebiet – das Land der Poljanen, der spätere Kern des altrussischen Staates, der Kiever Rus'. Die Poljanen waren das mächtigste Stammesbündnis, zu dem auch die benachbarten Stämme gehörten. Durch seine Lage an der Grenze der Waldsteppe spielte dieses Bündnis eine herausragende Rolle im Leben aller slawischen Stämme des Dnjeprgebiets: Einerseits hielt es in schwerem Kampf dem Ansturm der Steppennomaden – der Awaren, Bulgaren, Chazaren – stand, andererseits wurden hier die nötigen Voraussetzungen für eine intensive Entwicklung von Wirtschaft, Kultur und Kunst geschaffen.

Infolge der Entwicklung von Gewerbe und Handel entstehen in den Ländern der Ostslawen, insbesondere im mittleren Dnjeprgebiet, im 6.–8. Jahrhundert befestigte Anlagen (gorodišče), die Zentren des Handels und des Handwerks waren. Eine solche Siedlung wurde zum Zentrum des poljanischen Stammesbündnisses, Zentrum der Rus', und es ging daraus Kiev hervor.
In den Handels- und Handwerkssiedlungen waren die Metallurgie, das Schmiede- und das Goldschmiedehandwerk am höchsten entwickelt. Eine davon ist die Siedlung Char'evka, wo in Schatzfunden zahlreiche, von ostslawischen Meistern gefertigte Erzeugnisse der Goldschmiedekunst geborgen wurden. Die wichtigsten Techniken künstlerischer Metallbearbeitung waren der Flach- und der Hochguß und das Schmieden. Ebenfalls wurden die Techniken des Treibens, Stanzens und Prägens auf Matrizen angewandt. Einige Erzeugnisse wurden mit filigranen Ornamenten, Granulat und Pseudogranulat verziert. Zu den in dieser Zeit am weitesten verbreiteten Schmuckstücken gehören Ohrgehänge und strahlenförmige Verschlußfibeln (Kat.-Nr. 91, 92).
Aus Edelmetall wurden großartige Werke geschaffen, die nicht nur Ästhetik und Geschmack aller Schichten der Gesellschaft, sondern auch deren religiöse Vorstellungen eröffneten. Hervorragende Meisterwerke der Goldschmiedekunst des 6. Jahrhunderts sind die Gegenstände aus dem Schatzfund von Martynovka. Es sind Männer- und Pferdefigürchen (Kat.-Nr. 89, 90). Sie sind mit Hilfe von Wachsmodellen aus Silber gegossen und teilweise vergoldet.
Anhand der Gegenstände aus Horten des 6.–8. Jahrhunderts kann man den hohen Entwicklungsstand der Goldschmiedekunst der Ostslawen beurteilen, welche zur Grundlage der dekorativen angewandten Kunst der Kiever Rus' wurde.

DIE KIEVER RUS'
9.–13. JAHRHUNDERT

Wie bereits erwähnt, entstanden im 7. bis erste Hälfte des 9. Jahrhunderts in den ostslawischen Gebieten große, aus einigen Stammesbündnissen bestehende Staatsgebilde. Sie reflektierten den Staatsbildungsprozess bei den Ostslawen. In dieser Zeit entstanden neue Bedingungen. Sippen- und Stammesstrukturen lösten sich endgültig auf, wozu der hohe Entwicklungsstand der Wirtschaftsformen, des Ackerbaus und des Gewerbes, nicht unwesentlich beitrug. Die vielfältigen Handelsverbindungen mit dem arabischen Orient und Byzanz, die Notwendigkeit, das Heimatland vor den Überfällen der Steppennomaden zu schützen, und der allgemeine wirtschaftliche Aufschwung führten dazu, daß schon im letzten Viertel des 9. Jahrhunderts alle notwendigen Voraussetzungen für die Entstehung eines gemeinsamen ostslawischen Staates gegeben waren. Mit der Vereinigung der nördlichen (Novgorod) und der südlichen (Kiev) Länder, welche sich unter Fürst Oleg (882–911) vollzog, fand der Entstehnungprozeß des ersten altrussischen Staates, der Kiever Rus', seinen Abschluß. Hauptstadt wurde die Stadt Kiev, die um die Wende zwischen 5. und 6. Jahrhunderts entstanden war.

Nach der Vereinigung aller ostslawischen Stämme im Lauf des 10. Jahrhunderts wurde die Kiever Rus' zu einem der mächtigsten Staaten des damaligen Europa.

Höhepunkt der historischen Entwicklung der Kiever Rus' war die Herrschaft des Fürsten Vladimir Svjatoslavič (978–1015). Vladimir war ein talentierter Regent seiner Zeit. Seine ganze Tätigkeit zielte auf die Vereinigung und Stärkung des Staates ab. Im Jahr 988 konvertiert Vladimir zum Christentum, das allmählich Staatsreligion wird. Das Christentum löste heidnische Glaubensvorstellungen ab, und war für die Erweiterung und Stärkung der politischen, wirtschaftlichen und kulturellen Verbindungen der Kiever Rus' zu den verschiedenen Ländern Europas und des Orients, sowie für die Festigung der Beziehungen zwischen ihren einzelnen Ländern sehr förderlich. Überdies begünstigte die neue Religion eine weitreichende Verbreitung der Errungenschaften der hochentwickelten byzantinischen Kultur, was wiederum die Entwicklung der schon vorhandenen Schrift, Kunst und Kultur des Staates beschleunigte.

Nach dem Tod Vladimirs bestieg sein Sohn Jaroslav, vom Volk als „der Weise" bezeichnet, den Thron. Großfürst Jaroslav der Weise (1019–1054) setzte die Politik seines Vaters fort. Seine Regierungsjahre brachten einen neuen Aufschwung für die Kiever Rus' und ihre Hauptstadt. In dieser Zeit wurden die Grenzen des Staats in Richtung des Baltikums und der Karpaten weiter ausgedehnt. Unter Jaroslav war Kiew von mächtigen Verteidigungsanlagen umgeben, und es wurden monumentale Architekturdenkmäler errichtet: Kirchen, Kathedralen und Paläste. Die Stadt wird zum größten politischen, wirtschaftlichen und kulturellen Zentrum Osteuropas. Ausländische Kaufleute und Reisende verglichen die Schönheit und Pracht Kievs mit der Hauptstadt des Byzantinischen Reiches, der Stadt Konstantinopel.

Die Kiever Rus' unterhielt mit vielen Ländern freundschaftliche Beziehungen: mit Byzanz, Deutschland, Frankreich, Ungarn, Polen, Skandinavien, dem chazarischen Khanat, Wolgabulgarien usw.

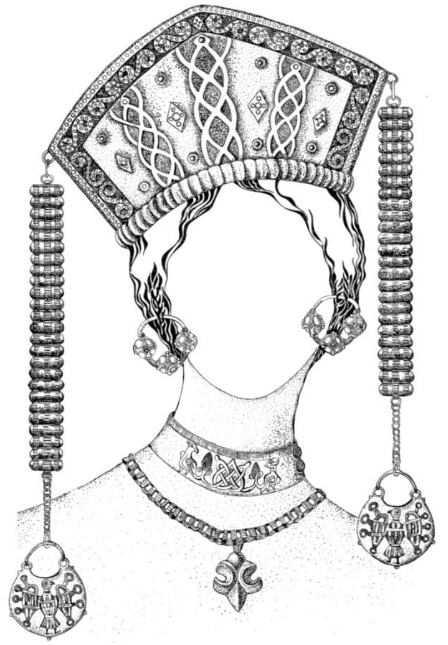

Abb. 13: Rekonstruktionszeichnung einer Festtracht einer Frau aus dem Fürstenhaus oder aus dem Bojarenkreis, 12.–13. Jahrhundert (Zeichnung: M. Rusjaeva)

Abb. 12: Rekonstruktionszeichnung einer Festtracht eines Fürsten des 12.–13. Jahrhunderts (Zeichnung: M. Rusjaeva)

Abb. 14: Goldener Kolt mit der Darstellung eines Hahns in Cloisonné-Email, 11.–13. Jahrhundert (Kat.-Nr. 114)

Während der Herrschaft Jaroslavs des Weisen wurde die Gefahr der pečenegischen Einfälle aus der Steppe gebannt. Im Jahr 1036 wurden sie in einer Schlacht bei Kiev endgültig vernichtend geschlagen. Ende des 11. Jahrhunderts trat der Enkel Jaroslavs des Weisen, der Fürst Vladimir Monomach, auf die politischen Bühne. Während seiner ganzen Regierungszeit versuchte er, die politische Einheit aller Länder des alten Rußland zu bewahren, organisierte gemeinsam mit anderen Fürsten erfolgreiche Kriegszüge gegen die Steppenverbände der Polovzer, deren Angriffe sich in jener Zeit verstärkten. In dieser Zeit wuchs das internationale Ansehen der Kiever Rus' rasch, und die Beziehungen zu den anderen Staaten wurden intensiviert.

Die originelle, eigenständige Kultur der Kiever Rus' spielte eine herausragende Rolle innerhalb der Entwicklung der Kultur der ganzen Welt. Zu ihren höchsten Errungenschaften zählen Architektur, Malerei, Literatur, die dekorative angewandte Kunst und eine ihrer Erscheinungsformen, die Goldschmiedekunst. Die Werke der altrussischen Goldschmiedekunst enthalten oft nicht nur wertvolle Informationen über die Entwicklungsgeschichte des Kunsthandwerks, sondern auch über die kulturellen Verbindungen und gegenseitigen Einflüsse, Traditionen und Geschmäcker aller Schichten der Gesellschaft. In kaum einem

anderen mittelalterlichen Land kreuzen sich so viele verschiedene kulturelle Einflüsse, wie in der Rus', welche am Schnittpunkt der Handelswege von Skandinavien nach Byzanz und vom Osten in den Westen lag. Importierte Erzeugnisse, insbesondere byzantinischen Ursprungs, werden nicht nur zu Gebrauchsgegenständen der reichen Schichten der Gesellschaft, sondern dienen auch als Vorbilder für das künstlerische Schaffen der altrussischen Goldschmiedemeister. Wie auch früher bildeten nationale Formen, Sujetkompositionen und Ornamente, welche den lokalen Traditionen und Bräuchen entsprachen, die Grundlage der Goldschmiedekunst der Kiever Rus'.

Große Bedeutung bei der Entwicklung der Goldschmiedekunst der Rus' hatten die Kiever Meister. Die Analyse der Gegenstände zeigt auf, daß die künstlerisch wertvollsten Werke in Kiev, dem Zentrum der Goldschmiedekunst des altrussischen Staates, gefertigt wurden.

Die Kiever Juweliere wandten bei der Herstellung ihrer Erzeugnisse all jene verschiedenen Techniken an, die in den fortschrittlichsten Ländern der Welt dieser Zeit bekannt waren: Granulat, Filigran, Guß, Treibtechnik, Schmieden, Gravierung, Prägen, Stanzen, Inkrustation, Niello auf Gold und Silber, sowie auch das färbige Email cloisonné, das Wunder der alten Goldschmiedekunst, das die Juweliere von Byzanz übernommen und sich angeeignet hatten.

Die großartigen Denkmäler altrussischer Kunst aus den Kiever Werkstätten erfreuten sich großer Nachfrage im In- und Ausland. Der Ruhm der Kiever Meister war so groß, daß noch im 12. Jahrhundert der Mönch des Paderborner Klosters Theophilus Presbyter in seinem Traktat voll Begeisterung über sie schrieb. In diesem Werk stellte er die Silber- und Goldschmiedemeister der Rus', was die Perfektion der Email- und Nielloerzeugnisse anlangte, an erste Stelle nach Byzanz.

Die einmaligen Exponate der Museumskollektion aus dem 11.–13. Jahrhundert zeichnen sich durch Formenvielfalt und künstlerisch hochstehende Verarbeitung aus (Abb. 12, 13, 14).

Zum Schmuck einer altrussischen Fürsten- oder Bojarentracht des 11.–13. Jahrhunderts, der Blütezeit der Goldschmiedekunst der Kiever Rus', gehören silberne Kolty mit Rjasny, silberne Armreifen mit Niello und tordierte Reifen mit flachgehämmerten Enden, gedrehte und geflochtene silberne Ketten und Halsschmuck, Ohrgehänge mit 3 Glasperlen, Halsreifen aus massivem Gold und eine Vielzahl anderer Schmuckstücke, die bis zum heutigen Tage durch die Schönheit ihrer Farben und die Perfektion der Formen und des Dekors das Auge erfreuen (Kat.-Nr. 104–106, 113–126, 129–135).

Einen besonderen Platz in der Sammlung des Museums nimmt eine Reihe von einmaligen Münzen ein, die auf dem Gebiet der Kiever Rus' im 9.–13. Jahrhundert im Umlauf waren. Hier ist zu bemerken, daß Geld in Osteuropa zum ersten Mal im 8. Jahrhundert auftrat. Seit damals benutzte die slawische Bevölkerung in großer Menge den silbernen arabischen Dirham. (Kat.-Nr. 93, 94). Er erfüllte die wichtigsten Funktionen des Geldes. Diese Münzen wurden auf dem großen Gebiet des arabischen Kalifats geprägt und gelangten im Lauf von über 2 Jahrhunderten hauptsächlich auf zwei Wegen in die ostslawischen Fürstentümer: aus Chazarien im Süden und aus Wolgabulgarien im Norden. Mitte des 10. Jahrhunderts war die Einfuhr des Dirham am intensivsten, Ende des 10. Jahrhunderts hörte sie fast auf.

Die ersten russischen Münzen wurden Ende des 10. Jahrhunderts bis Anfang des 11. Jahrhunderts (Kat.-Nr. 93, 94) erzeugt. Die geringe Anzahl altrussischer Münzfunde zeugt davon, daß sie nicht sehr lange geprägt wurden. Bis heute wurden etwa 300 Srebreniki geborgen. Die Kiever Münzen des 10.–11. Jahrhunderts sind hervorragende Denkmäler der einheimischen Kultur. Durch das Prägen von eigenen Münzen behauptete das Kiever Reich auf seine Art seine Souveränität. Dies wird durch die kunstvolle Aus-

führung der Münzen und ihre originellen, deklarativen Aufschriften unterstrichen. Ab Ende des 11. Jahrhunderts wird die Grivna zur wichtigsten Einheit des Geldverkehrs in der Rus'. Das sind Silberbarren, die im 12.–14. Jahrhundert in der Rus' verbreitet waren (Kat.-Nr. 107–112).
Abschließend kann gesagt werden, daß die Entwicklung der altrussischen Kultur den Einfall der Mongolo-Tataren unterbrochen hat. Aber die geistigen und kulturellen Errungenschaften der Kiever Rus' sind nicht untergegangen, sie sind zu jener unerschöpflichen Quelle geworden, welche die Grundlage für die schöpferischen Errungenschaften des ukrainischen, russischen und weißrussischen Volkes bildet.

LITERATUR

M. I. Artamonov, Istorija chazar.-Leningrad 1962
A. V. Bank, Prikladnoe iskusstvo Vizantii.-Moskva 1978
V. M. Vasilenko, Russkoe prikladnoe iskusstvo.-Moskva 1977
V. L. Egorov, Istoričeskaja geografija Zolotoj Ordy v XIII–XVI vv.-Moskva 1985
R. M. Mavrodina, Kievskaja Rus' i kočevniki.-Leningrad 1983
T. I. Makarova, Černevoe delo Drevnej Rusi. 1986
T. I. Makarova, Peregorodčatye emali Kievskoj Rusi.-Moskva 1975
A. V. Murav'ev, V. V. Samarkin, Istoričeskaja geografija epochi feodalisma (Zapadnaja Evropa i Rossija v V–XVII vv.).-Moskva 1973
N. V. Pigulevskaja, Bližnij Vostok. Vizantija. Slavjane.-Leningrad 1976
B. A. Rybakov, Jazyčestvo drevnich slavjan.-Moskva 1981
B. A. Rybakov, Jazyčestvo Drevnej Rusi.-Moskva 1987
B. A. Rybakov, Remeslo Drevnej Rusi.-Moskva 1948
T. M. Razina, Russkaja emal' i skan'.-Moskva 1961
P. P. Toločko, Drevnij Kiev.-Kiev 1983
Istorija Ukrainskoj SSR.-Kiev 1981, T. I.
Archeologija SSSR. Vostočnye slavjane v VI–XIII vv., 1982
Archeologija SSSR. Stepi Evrazii v epochu srednevekov'ja.-Moskva 1981
Drevnjaja Rus' i slavjane.-Moskva 1978
Kul'tura i iskusstvo Vizantii (tezisy dokladov na naučnoj konferencii).-Leningrad 1975
Zaseckaja I. P. Zolotye ukrašenija gunnskoj epochi.-Leningrad 1975

ŽANNA GAIKOVNA ARUSTAMJAN

WERKE DER GOLDSCHMIEDEKUNST DER UKRAINE

16. BIS 18. JAHRHUNDERT

Die Sammlung der goldenen und silbernen Kunstwerke ukrainischer Meister des 16. bis zum Beginn des 20. Jahrhunderts umfaßt einen Teil der interessantesten und bedeutendsten Werke der Goldschmiedekunst aus dem Museum für Historische Kostbarkeiten der Ukraine.

Die verschiedenartigen in der Sammlung vertretenen Exponate sowohl aus der weltlichen als auch aus der religiösen Kunst bestechen durch ihre vollkommene Ausführung und ihren eigentümlichen dekorativen Charakter.

Die Grundlagen für diese Sammlung entstammten dem Museum für Altertümer und Kunst (Muzej drevnostej i iskusstva), das 1904 in Kiever Museum für Kunst, Industrie und Wissenschaft (Kievskij chudožestvenno-promyšlennyj i naučnyj muzej) umbenannt wurde. Nach einer Umgestaltung im Jahre 1924 bekam es den Namen Allukrainisches T. G. Šewčenko Museum (Vseukrainskij muzej im. T. G. Šewčenko).

Nach der Revolution wurde der Museumsbestand durch eine Reihe von Kunstwerken aus Gold und Silber erweitert, die aus privaten Sammlungen, privaten Museen und auch aus den Sakristeien der Klöster und Kirchen der Ukraine stammten und zum Volkseigentum gemacht worden waren.

Einen besonderen Wert sowohl in künstlerischer als auch historischer Hinsicht stellten die Objekte aus den Sakristeien des Kiever Höhlenklosters und der Sophienkirche dar.

1969 wurde im Zuge der Eröffnung des Museums für Historische Kostbarkeiten der Ukraine, das zum Nationalen Historischen Museum der Ukraine(Nacional'nyi muzej istorii Ukrainy) gehört, die Abteilung für dekorativ-angewandte Kunst des 16.–19. Jahrhunderts mit einzigartigen Exponaten aus den bedeutendsten Museen Kievs, Dnepropetrovsks, Simferopols und vielen anderen Städten angereichert.

In der Ausstellung „Gold aus Kiev“ sind die Arbeiten der Meister der Gold- und Silberschmiedekunst des 16.–18. Jahrhunderts ausgestellt, die dem Besucher einen Einblick in die jahrhundertealte Tradition der Juwelierkunst der Ukraine gewähren.

Die gezeigten Werke legen Zeugnis über die nationale Eigenart einer Kultur ab, welche sich aufgrund der künstlerischen Errungenschaften der Kiever Rus' herausgebildet hatte.

Die Entwicklung der Goldschmiedekunst der Ukraine fiel mit jener schwierigen geschichtlichen Epoche zusammen, als die Ukraine noch kein eigenes Staatswesen hatte, Teile ukrainischen Bodens von den

Nachbarstaaten Litauen, Polen und Ungarn besetzt waren und das Land häufigen Überfällen seitens der türkischen und tatarischen Horden ausgesetzt war.
Das Streben des Volkes nach Freiheit und Unabhängigkeit und nach der Befreiung von den ausländischen Unterdrückern fand seinen Ausdruck im nationalen Befreiungskrieg von 1648–1654.
Die in diesem Krieg unter der Führung des Hetmans Bogdan Chmel'nickyi kämpfenden Kosakentrupps verbreiteten Furcht und Schrecken.
Eine starke Unterstützung erfuhr die nationale Befreiungsbewegung von seiten der orthodoxen Bruderschaften, die gegen die Union und gegen religiöse Unterjochung ankämpften. Sie wurden zu einer Bastion der progressiven Kräfte des ukrainischen Volkes. Unter ihrem Einfluß wurde das Volk in seinem nationalen Selbstbewußtsein bestärkt und mit den Ideen des Humanismus vertraut gemacht.
1654 endete der Krieg mit einem Sieg über Polen und es erfolgte die Wiedervereinigung der Ukraine mit Rußland.
Aber dieser langersehnte Friede brachte die ukrainische Erde noch lange nicht zur Ruhe. Im Anschluß an den russisch-polnischen Krieg der Jahre 1654–1667 erfolgte erneut eine Teilung der Ukraine: die linksufrige Ukraine und Kiev blieben bei Rußland, die rechtsufrige Ukraine wurde Polen zugeteilt.
Aufgrund des Protektorats Rußlands über die linksufrige Ukraine konnte sich diese über eine verhältnismäßig lange Zeitdauer (von 1648 bis 1764) ihre Autonomie, die sogenannte „getmanščina" (= Hetmanstaat), bewahren.
Der Entstehungsprozeß der ukrainischen Juwelierkunst des 14.–16. Jahrhunderts war von schwierigen, in der Geschichte des Landes begründeten Umständen begleitet. Eine große Bedeutung für die Entwicklung dieser Kunst hatten die damals aufkommenden Zunftzusammenschlüsse der Handwerker. Gemäß des Magdeburger Zunftrechtes bildeten sich auch in L'vov, Kiev, Černigov, Luck, Kamenec-Podol'skij und anderen Städten Zünfte der Gold- und Silberschmiede.
Bei einigen wenigen Exemplaren der Juwelierkunst, die zu dieser Zeit von Handwerkern hergestellt wurden, läßt sich der Einfluß der westeuropäischen Stile erkennen, welche in Verbindung mit der örtlichen volkstümlichen Tradition einen sehr eigentümlichen Stil entstehen ließen.
Die Werke des 16. Jahrhunderts spiegeln den sich damals abzeichnenden Übergang von der Gotik zur Renaissance wider. Die Meister, die sich Techniken wie des Gusses, der Gravierung oder der Vergoldung bedienen, trachten danach, die Objekte mit einem Muster aus Rankenwerk zu verzieren.
Von vollendeter Ausführung zeugt beispielsweise die erlesene Zeichnung auf dem Handgriff eines Altarkreuzes mit sieben Enden aus dem Jahre 1546. Diese Art von Kreuz erfreute sich in der Ukraine des 16.–17. Jahrhunderts großer Beliebtheit, galt es doch als Symbol für die Bewahrung des orthodoxen Glaubens (Kat.-Nr. 136).
Erwähnenswert ist weiters, daß viele Werke ukrainischer Meister dieser Zeit vom Pathos des nationalen Befreiungskampfes geprägt sind.
Mit ungewöhnlicher Hingabe und Liebe führten die Künstler die Szenen der „Passion Christi" und insbesondere der „Kreuzigung" aus. Bei der Verarbeitung dieser Sujets verstanden sie es, die Dramatik der dargestellten Ereignisse und den gesamten Umfang der Leiden der dargestellten Personen weiterzugeben.
In der zweiten Hälfte des 17. Jahrhunderts wurde die Gestaltung der Kirchengeräte stark von der weltlichen Kunst beeinflußt. In der Folge wandten sich die Meister der Silberschmiedekunst immer mehr und

mehr der realen Welt, die den Menschen umgab, zu. Sie lösten sich von der graphischen Darstellung der Heiligen. Aus ihren Bildern wich die frühere Askese; an ihre Stelle trat die Darstellung konkreter Eigenheiten, wie zum Beispiel der Gesichtszüge oder der Volkstrachten.
Charakteristisch für die Kunst dieser Zeit war, daß sich die Auftraggeber nun auch aus anderen gesellschaftlichen Schichten zusammensetzten.
Neben den Hetmanen, der führenden Schicht des Kosakentums, und den Vertretern der Kirche waren es immer mehr und mehr auch Vertreter des gemeinen Kosakentums, des Kleinbürgertums oder der Dorfgemeinden, die teure Juwelierarbeiten in Auftrag gaben.
Diese Tatsache trug wesentlich zum Aufschwung der Kultur bei, die nun volkstümlich gefärbt war.
Im Zusammenhang mit der Änderung der Lebensgewohnheiten der Hetmanen und ihrer Umgebung nahmen auch Anzahl und Vielfalt der Kunsthandwerke aus Gold und Silber zu.
Sehr beliebt bei diesen Auftraggebern waren Insignien jeder Art, vor allem Stäbe.
Goldene Agraffen und Kragenschließen, die sich durch ihren Formenreichtum auszeichneten, wurden zu einem grundlegenden Bestandteil der Paradekleidung.
Für die vornehmen Frauen fertigten die Meister goldene, am Körper getragene und mit Edelsteinen besetzte Kreuzchen, schöpferisch gestaltete Ketten mit Emailmalerei, verzierte Halsreifen und goldene Fingerringe an.
Ein bedeutender Auftraggeber für religiöse Objekte war die orthodoxe Kirche. Reisende erblaßten angesichts des Reichtums an liturgischen Kunstwerken in vielen Klostersakristeien in den verschiedenen Städten der Ukraine: Kreuze, Abendmahlskelche, Patenen, Asterisken, Evangeliarsbeschläge, Schreine. Von Reichtum und Luxus war auch das Leben der Vertreter der höchsten Geistlichkeit geprägt.
Gegen Ende des 17. Jahrhunderts kam es zu einer weiteren Annäherung und einer stärkeren Festigung der Bande zwischen den Vertretern der höchsten Kosakenaristokratie und der orthodoxen Kirche, der im geistigen Leben der Gesellschaft eine große Bedeutung zukam.
Die Änderung des Lebensstils der neuen Führerschicht, die nach Beendigung des Krieges von 1648–1654 zu Reichtum gelangt war, und auch ihr Streben nach Mäzenatentum führte dazu, daß alte Gotteshäuser renoviert wurden und neue Kirchen aus Stein gebaut wurden, von denen viele später als herausragende Architekturdenkmäler anerkannt wurden.
Der Bau neuer Kirchen brachte einen noch nie dagewesenen Aufschwung in der Architektur mit sich, die wiederum einen starken Einfluß auf die Malerei, die Metallbearbeitung, die Holzschnitzerei und viele andere Bereiche der dekorativ-angewandten Kunst ausübte.
Eine große Bedeutung beim kulturellen Aufbau der Ukraine hatten die großzügigen Geldschenkungen des Hetmans Ivan Mazepa an die verschiedenen Klöster und Kirchen. Durch das Beispiel seines Mäzenatentums angeregt begannen viele Hetmane, wie zum Beispiel Ivan Samojlovič, Danilo Apostol und Ivan Skoropadskyj und oberste Generäle und Feldherrn, wie zum Beispiel Radion Dumitraško, Vasilij Kočubej und die Lizogubs, und viele andere auch, ihren Beitrag zum Aufbau der Kirchen und deren Ausschmückung zu leisten. Sie gaben sowohl bei heimischen als auch auswärtigen Meistern Kultgegenstände aus Gold und Silber von hohem künstlerischen Wert in Auftrag.
Durch seine harmonische Komposition und seine künstlerisch reichhaltige Ausführung besticht eine goldene Patene, den der Hetman Ivan Samojlovič der Mariä-Himmelfahrts-Kathedrale des Kiever Höhlenklosters stiftete. Dieses Kunstwerk zieht den Betrachter durch seine technische Vollkommenheit

und Harmonie der mit Smaragden und Rubinen besetzten Emailbemalung in den Bann (Kat.-Nr. 140). Die Werke der Goldschmiedekunst des 17. Jahrhunderts, die bis heute erhalten sind, zeugen davon, wie sehr die ukrainische Aristokratie mit den Werken der westeuropäischen Kunst vertraut war. Viele Kunstwerke aus Schenkungen des 17. Jahrhunderts, die in verschiedenen europäischen Zentren der Juwelierkunst hergestellt worden waren, wie zum Beispiel verschiedene Arten von Anhängern, Schleifen und Halsbänder, wurden in den Kirchen zur Verzierung der silbernen „oklady“ (= Beschläge) an den Ikonen, der „skladni“ (= zusammenfaltbare aus zwei oder mehreren Seitenflügeln bestehende Ikonen) und der Kronen verwendet.

Als ein wunderschönes Beispiel für eine Goldschmiedearbeit gilt ein goldener Anhänger eines deutschen Meisters, auf dem das „Wunder des heiligen Georg“ dargestellt ist. Dieses Kunstwerk wurde von einem ukrainischen Meister bearbeitet und schließlich vom Oberst Jakov Lizogub der Kirche von Černigov gestiftet. Die Gestalt Georgs zeichnet sich durch eine seltene Ausdruckskraft aus. Die Miniatur des Heiligen wirkt ungewöhnlich plastisch und ist voller Dynamik (Kat.-Nr. 138).

Bei den ukrainischen Meistern waren goldene, durchbrochen gearbeitete Zierknöpfe (russ. zapony), die kleinen Rosetten aus Metall mit eingelegten Edelsteinen glichen, sehr beliebt. Die Zierknöpfe wurden, wie auch die Edelsteine – Rubine, Saphire, Smaragde und andere – von griechischen Kaufleuten in die Ukraine gebracht.

Die Meister verwendeten diese Zierknöpfe oft als Verzierung für die Kleidung. Sehr häufig wurden sie an der Oberfläche goldener Kunstwerke befestigt. Im 17. Jahrhundert fanden sie bei der Herstellung von Mitren eine breite Anwendung.

Die Goldschmiede fertigten aus den mit getriebenen Pflanzenmustern und Emailmalerei verzierten „Knöpfen“ dicke Bänder an, die den Kunstwerken ein außergewöhnlich erlesenes Kolorit verliehen.

Ein hervorragendes Beispiel für die gekonnte Verwendung der Zierknöpfe ist eine silberne Mitra aus dem 17. Jahrhundert. Bei diesem Werk ist es gelungen, eine Harmonie zwischen dem erlesenen Dekor und der Form herzustellen, wodurch der architektonische Aspekt hervorgehoben wird (Kat.-Nr. 139).

Das bedeutendste Zentrum der Goldschmiedekunst in der Ukraine seit dem Ende des 17. Jahrhunderts war Kiev. In der Stadt wirkten so begabte Goldschmiede wie Ivan Ravič, Ieremej Beleckij, Ivan Atanazevič, Matvej Narunovič und viele andere. Die Werke dieser Meister zeichnen sich durch den stark individuell geprägten, ausdrucksstarken Stil aus. Durch die Arbeit der Kiever Meister wurden andere Zentren der Juwelierkunst stark beeinflußt.

Vom Ende des 17. Jahrhunderts an entwickelte sich die Kunst der Ukraine im Barockstil weiter. Charakteristisch für die Kunstwerke dieser Zeit waren die Feierlichkeit, die dekorative Überladenheit, die eigentümliche Ornamentik, die sehr stark von heimischen Motiven geprägt war: die sorgfältig ausgeführten Blumen, Nelken, Kornblumen und Immergrün, die Früchte der Himbeere und der Hagebutte, die Weinreben mit ihren großen Trauben.

Der berühmte Kiever Meister Ivan Ravič (1677–1762) bediente sich mit Vorliebe der Elemente des barocken Dekors. Bis in die Gegenwart ist uns eine beträchtliche Anzahl der Kultgegenstände, die er im

Abb. 15 (S. 56): Emailliertes Kreuz, 17. Jahrhundert, Rückseite (Kat.-Nr. 141)

Abb. 16: Rückseite einer emaillierten Panagia aus Gold, 17. Jahrhundert (Kat.-Nr. 137)

Auftrag von Klöstern und Kirchen und auch weltlichen Würdenträgern anfertigte, erhalten geblieben. Seine Werke verblüffen uns durch ihre Vielfalt der Formen, ihre reichhaltige dekorative Ausstattung und ihre interessante Komposition.

Durch das hohe künstlerische Niveau der Ausführung besticht ein silberner Beschlag eines Evangeliars. Bei diesem Werk nutzt der Meister gekonnt das Licht-Schattenspiel des getriebenen Reliefs, sowie auch die farbenprächtigen Kontraste, die durch die schwärzliche Oberfläche des Beschlages und die vergoldeten Sujet-Kompositionen entstehen (Kat.-Nr. 144).

Durch die feine Art der Ausführung und die Eigentümlichkeit der ornamentalen Motive zeichnet sich eine Schale aus, die von I. Ravič im Jahre 1723 gefertigt wurde. Das mit großer Sorgfalt gearbeitete Pflanzenmuster rundet den Teil der Schale um das zentrale Motiv, das die „Wunder des heiligen Archistrategen Michael" darstellt, in harmonischer Weise ab (Kat.-Nr. 142).

Das Schaffen Ivan Ravičs war vom Vermögen gekennzeichnet, zwischen der Form des Gegenstandes und den jeweiligen Ornamenten eine Harmonie herzustellen.

Als ein Musterbeispiel dafür gilt ein silberner Abendmahlskelch mit wunderschönen emaillierten Medaillons. Das ebenmäßige Verhältnis zwischen Kelchschale und Fuß verleiht dem Kunstwerk eine gewisse Raffinesse. Das ausdrucksvolle getriebene Ornament, die reichhaltige Farbenskala der emaillierten Medaillons mit den Darstellungen der Heiligen läßt diesen Abendmahlskelch höchst edel erscheinen (Kat.-Nr. 143).

Im 18. Jahrhundert wurde die Goldschmiedekunst zusehends von der Buchdruckerkunst, der Gravierkunst und der Architektur beeinflußt. Die Meister der Silberschmiedekunst nahmen mit Freude die Elemente aus der Buchornamentik auf und kopierten die Sujetkompositionen der von ihnen bevorzugten Gravuren.

Mit der Errichtung großer religiöser Bauwerke in Kiev begann auch die Herstellung silberner Schreine. Waren sie früher in der Form kleiner Truhen oder bäuerlicher Isbi gestaltet, begannen sie nun die Formen majestätischerer Bauten, wie zum Beispiel die eines Glockenturms, anzunehmen.

Aufgrund seiner Ausführung sehr außergewöhnlich ist ein Schrein aus dem Jahre 1756. Er fesselt den Betrachter durch die strengen Proportionen, die raffinierten ornamentalen Verzierungen und die schwierigen Sujet-Darstellungen. Den Schrein krönt eine zwiebelförmige Kuppel, die der Kuppel des Glockenturms bei den „Fernen Höhlen" (Dal'nie peščery) des Kiever Höhlenklosters (Kat.-Nr. 145) gleicht.

Die Entwicklung der Goldschmiedekunst der Ukraine weist viele Berührungspunkte mit der Kunst vieler anderer slawischer Völker auf.

Mit Rußland verbanden die Ukraine feste freundschaftliche Bande, die wiederum die Grundlage für eine gegenseitige Bereicherung auf kultureller Ebene bildeten.

In die Ukraine gelangten großartige Exemplare russischer Silberwaren, die Zaren, weltliche und kirchliche Feudalherren, Klöstern und Kirchen gestiftet hatten.

Aufgrund seiner vollkommenen Ausführung einzigartig ist ein aus Zypressenholz geschnitztes Kreuz, das im Auftrag des russischen Zaren Fedor Alekseevič im Jahre 1681 hergestellt worden war. Das auf feinste Weise geschnitzte Zypressenholz und die farbenprächtige Ausführung des Beschlages rufen im Betrachter unwillkürlich Hochachtung vor dem Talent des Meisters hervor, der ein großes künstlerisches Feingefühl besessen haben mußte (Kat.-Nr. 141, Abb. 15, S. 56).

Während der Blütezeit der dekorativ-angewandten Kunst in der Ukraine am Ende des 17. Jahrhunderts kamen viele ukrainische Meister der Silberschmiede, viele Holzschnitzer, Buchdrucker und Graveure natürlich auch in russische Städte Unter dem Einfluß ihrer Arbeit tauchten in der Ornamentik russischer Kunstwerke ukrainische Pflanzenmotive auf: Feldblumen mit sattfarbenen Stengeln, die entweder spiralenförmig gebogen oder ineinander verflochten waren.

Die Emaillierkunst Moskaus wurde von den Emailarbeiten der Kiever Meister stark beeinflußt. Moskauer Künstler kopierten häufig die Muster der schönen ukrainischen Emailarbeiten, indem sie den dunklen Hintergrund und die leuchtenden Farben der ukrainischen Kunstwerke nachahmten.

Zu den interessantesten Beispielen der Emailkunst gehören Medaillons, die von einem unbekannten Kiever Meister zur Verzierung eines Abendmahlkelchs hergestellt wurden (Kat.-Nr. 143).

Bei den emaillierten Darstellungen religiöser Themen griffen viele Goldschmiede auf die Sujets der Freskenmalerei in den Kirchen zurück, von der sie sich auch bei der Auswahl der Skala der Emailfarben beeinflussen ließen.

Die in der Ausstellung gezeigten Kunstwerke aus Gold und Silber des 16.–18. Jahrhunderts gewähren uns einen kleinen Einblick in eine der interessantesten Entwicklungsperioden der Goldschmiedekunst der Ukraine; sie lassen uns das Wesen ihrer Eigentümlichkeit erkennen und uns für kurze Zeit in die Seele der großartigen Schöpfer dieser Kunstwerke eindringen.

LITERATUR

P. Beleckij, Ukrainskaja portretnaja živopic' XVII–XVIII vv.-Leningrad 1981.

P. Bjileckyj, Ukrajinc'ke mystectvo XYII–XVIII st.-Kijiv 1963.

L. V. Dolyns'kyj, Rosjijs'kyj i ukrajins'kyj chudožnjij metal v kolekcjijach Muzeju etnografjiji ta chudožn'ovo promyslu / Materjialy z etnografjiji ta chudožn'ovo promyslu. – 1954. – Byp. I. – S. 71–87.

P. M. Žoltovs'kyj, Vyzvol'na borot'ba ukrajins'kovo narodu v pam''jatkach mystectva XVI–XVIII st.-Kijiv 1958.

P. M. Žoltovs'kyj, Chudožne žyttja na ukrajinji v XVI–XVIII st.-Kijiv 1983.

P. M. Žoltovs'kyj, Maljunky Kyevo-Lavrs'koi jikonopysnoji mjsterni.-Kijiv 1982.

Ja. P. Zapasko, Ornametal'ne oformlennja ukrajins'koji rukopysnoji knyhy.-Kijiv 1960.

Ja. P. Zapasko, Mystectvo knyhy na Ukrajinji v XVI–XVIII st.-L'vjiv 1971.

Istorjija ukrajins'kovo mystectva.-Kijiv 1968 – T. i.

G. N. Lohvyn, Po Ukrajinji. Starodavnji mystec'kji pam''jatky.-Kijiv 1968.

L. S. Mjiljaeva, Lohvyn G. N. Ukrajins'ke mystectvo XIV – peršoji polovyny XVII st.-Kijiv 1963.

Narysy z jistorjiji ukrajins'kovo mystectva.-Kijiv 1966

M. Z. Petrenko, Ukrajins'ke zolotarstvo XVI–XVIII st.-Kijiv 1970.

B. Tripol'skij, Poltavskoe eparchial'noe drevlechranilišče.-Poltava 1904.

F. P. Ševčenko, Poljityčnji ta ekonomjičnji zv''jazky Ukrajiny z Rosjieju v seredynji XVII st.-Kijiv 1959.

D. Ščerbakjivs'kyj, Zolotars'ka oprava knyžky v XVI–XIX st. na Ukrajinji.-Kijiv 1924.

D. Ščerbakjivs'kyj, Opravy knyžok i kyjivs'kych zolotarjiv v XVII–XVIII st.-Kijiv 1926.

G. A. Jacenko, Rozklad cechjiv i L'vovji v 1740–1770 rr. / Z jistorjiji zachjicno-ukajins'kych zemel'.-Kijiv 1957. – Vyp. 2.

D. I. Ěvarnickij, Zaporožskaja starina / Trudy XIII archeologičeskovo s''ezda v Ekaterinoslavle.-Moskva 1908 – T. P.

Abb. 17: Teile eines goldenen Helmes mit der Darstellung von skythischen Kriegern

E. STARČENKO

DIE RESTAURIERUNG MUSEALER KOSTBARKEITEN

Durch die Arbeit der Restauratoren wird ein Kunstwerk nicht nur vor dem Verfall gerettet und für Ausstellungen adaptiert, sondern häufig auch wissenschaftlich genau beschrieben. Die einer Restaurierung vorangehende ausführliche Untersuchung des Objekts gibt dem Restaurator die Möglichkeit, die Herstellungsmaterialien und die Herstellungstechnik festzustellen und Angaben über die Zeit und den Ort der Entstehung des Kunstdenkmals zu machen.

In Rußland kann man ab den siebziger Jahren des 18. Jahrhunderts von einer professionellen Restaurierung der Denkmäler des Altertums sprechen. Als Gründer der nationalen russischen Schule für Restauratoren gilt A. Mitrochin, der zu Beginn des 19. Jahrhunderts die erste Schule in Europa ins Leben rief, in der Restauratoren für die kaiserliche Eremitage ausgebildet wurden.

1918 wurden im Anschluß an die Verordnung des Dekrets über den Schutz der Denkmäler der Geschichte und des Altertums auch in Moskau, Leningrad, Kiev und einigen anderen Städten Restaurationswerkstätten errichtet. Aus der Kiever Restaurationswerkstatt entwickelte sich 1938 die Staatliche wissenschaftliche Forschungs- und Restaurationswerkstatt (russ. GNIRM) der Ukraine. Zu den ersten Restauratoren, die hier wirkten und zahlreiche unschätzbare Kunst- und Kulturdenkmäler des ukrainischen Volkes retteten, zählten F. Demidčuk-Demčuk, L. Kaliničenko, P. Kod'ev und D. Nevkrytyj.

Auch bei der Restaurierung der Meisterwerke aus der Dresdner Gemäldegalerie waren diese Restauratoren maßgeblich beteiligt.

In den achtziger Jahren wurde in einer weiteren Großstadt der Ukraine, in Char'kov, eine Nebenstelle der GNIRM gegründet, wodurch die Restaurationsarbeiten an musealen Gegenständen immer mehr und mehr zunahmen.

1992 wurde am Staatlichen Kiever Kunstinstitut der Akademie der Künste der Ukraine ein Labor für Forschungs- und Restaurationsarbeiten für Werke aus der angewandten Kunst geschaffen, dessen Leitung einer der besten Restauratoren der Ukraine, der die Bearbeitung sowohl von Werken aus Edelmetallen als auch von Werken aus farbigen Metallen beherrscht, innehat, A. Minžulin.

Auf der Ausstellung sind Gürtelgarnituren aus der awarischen Zeit zu sehen, die von diesem Restaurator restauriert wurden (Abb. 1, a, b, Kat.-Nr. 76).

Anläßlich der Eröffnung des Museums für Historische Kostbarkeiten der Ukraine im Jahre 1969 wurde gleichzeitig auch eine dazugehörige Restaurationswerkstätte errichtet. Die Sammlung des Museums zählt heute an die 155.000 Kultur-und Geschichtsdenkmäler, die sowohl aus Edelmetallen als auch aus farbigen Metallen hergestellt sind.

Durch die systematische und mühselige Kleinarbeit, die die Restaurierung und Konservierung musealer Exponate erfordert, gelang es den Restauratoren des Museums A. Šeptjukovyj, V. Baglej, S. Škljarovyj, A. Gorenko und A. Moskalenko, mehr als 20.000 Kunstdenkmäler der Archäologie, der dekorativ-angewandten Kunst und der Numismatik, die aus der Zeit des beginnenden 12. Jahrhunderts v. Chr. bis zum beginnenden 20. Jahrhundert n. Chr. stammen, wiederherzustellen.

Unter diesen Exponaten finden sich Gold-, Silber- und Bronzewerke der antiken Meister, Werke aus der Zeit der Völkerwanderung, wie zum Beispiel ein hunnisches Schwert aus dem 4. Jahrhundert n. Chr. (Kat.-Nr. 71), silberne Schmuckwerke der Ostslawen, der Meister der Juwelierkunst aus der Kiever Rus' und der ukrainischen Meister der Goldschmiedekunst aus dem 17. bis zum Beginn des 20. Jahrhunderts.

Bei der Restaurierung einzelner einzigartiger musealer Exponate erfährt das Museum für Historische Kostbarkeiten der Ukraine Hilfe aus den besten Restaurierungszentren Europas.

Dies war zum Beispiel 1990 der Fall, als in der Restaurationswerkstätte des Ungarischen Nationalmuseums der Restaurator Gejza Bati, führender Spezialist für Metallarbeiten, gemeinsam mit dem Restaurator des Museums für Historische Kostbarkeiten der Ukraine A. Madjar ein Schwert eines altrussischen Kriegers aus dem 10. Jahrhundert, das aus einer in der Stadt Kiev in der Nähe des Goldenen Tores im Jahre 1900 gefundenen Bestattung stammte, restaurierte (Kat.-Nr. 97).

Schicht für Schicht wurden die korrodierten Ablagerung auf dem Knauf und der Parierstange des Schwertes entfernt, wodurch ein Ornament aus Filigrandraht und eine Goldinkrustation zum Vorschein kamen. Die Klinge, auf der Spuren des hölzernen Futterals der Scheide zu sehen waren, wurde von den Eisensalzen gereinigt und dann konserviert.

1991 nahm das Museum an der großen wissenschaftlichen Ausstellung „Gold der Steppe – Archäologie der Ukraine" teil, die in Schleswig (Deutschland) gezeigt wurde. Im Zuge der Vorbereitungen zu dieser Ausstellung wurde die Restaurierung einiger einmaliger Exponate beschlossen.

Aus der Bestattung eines Polovzer Khans aus dem 12. Jahrhundert, das 1981 im Obl. Zaporož'e von Archäologen ausgegraben worden war, stammten ein altrussischer vergoldeter Helm aus Eisen (Kat.-Nr. 85) und ein vergoldetes Räuchergefäß aus Silber (Kat.-Nr. 86), die beide von Dr. G. Stawinog, einem Restaurator aus dem Archäologischen Museum des Landes Schleswig-Holstein, restauriert wurden.

Im Restaurierungszentrum des Römisch-Germanischen Museums in Mainz führte die anerkannte Restaurateurin M. A. Fecht in Zusammenarbeit mit ihren Kollegen aus der Ukraine, V. Baglej und A. Minžulin die Restaurierung einiger einzigartiger Exponate aus der Zeit der Skythen durch, wie zum Beispiel einer Silberschale mit einer Skythen-Darstellung (Kat.-Nr. 24), einem Pektorale aus Gold (Kat.-Nr. 59) und eines Aufsatzes aus Gold, der die Form einer Kopfbedeckung aufweist und auf dem skythische Krieger dargestellt sind.

Von großer Bedeutung für das Museum für Historische Kostbarkeiten der Ukraine war die Frage der Erhaltung der vergoldeten Silberschale aus dem 1969 entdeckten Kurgan Gajmanova Mogila (Abb. 18). Im selben Jahr noch wurde die Schale den Restaurierungswerkstätten der Eremitage übergeben. Man glaubte, alles Nötige für ihre Konservierung getan zu haben. Aber der Zersetzungsprozeß des Silbers hielt an.

Abb. 18: Vergoldete Silberschale mit der Darstellung von Skythen nach der Restaurierung (Kat.-Nr. 24)

Abb. 19, 20: Teil eines goldenen Helmes mit der Darstellung von skythischen Kriegern und restaurierter Helm (vgl. Abb. 17)

Für die Restaurierung eines so einzigartigen Denkmals der antiken Toreuten war es notwendig, sich der neuesten Erkenntnisse der Wissenschaft zu bedienen. Der Leiter des Restaurierungszentrums in Mainz, Dr. U. Schaaff, schlug eine neue Methode der Bearbeitung von archäologischem Silber vor, die schon bei Gegenständen aus einer in Peru ausgegrabenen Bestattung eines Führers angewandt worden war und bei der die Bearbeitung des Silbers in einer Plasmakammer erfolgt. Das wiederhergestellte Meisterwerk wurde so zu neuem Leben erweckt, mußte aber von nun an in einem hermetisch abgeschlossenen und mit Edelgas gefüllten Sonderbehältnis ausgestellt bzw. aufbewahrt werden.
Einstweilen stellt dies die einzige Möglichkeit dar, ein Exponat vor den Umwelteinflüssen und der damit unweigerlich verbundenen Zerstörung zu schützen.
Kunstwerke aus Gold erweckten oft den Anschein, als ob an ihnen die Zeit spurlos vorüberginge. Bei näherer Betrachtung stellt sich dies jedoch als unrichtig heraus.
So war zum Beispiel das Pektoral aus Gold (Kat.-Nr. 59) einem großen Bodendruck ausgesetzt gewesen und dadurch stark verformt worden. Aber auch nachdem man es aus der Bestattung geborgen und im Schaukasten des Museums ausgestellt hatte, war es weiterhin einer Belastung, – hervorgerufen durch sein eigenes Gewicht (1150 g) –, ausgesetzt. An einigen Stellen löste sich das mittlere Band des Pektorales beinahe von den hohlen, röhrenförmigen Konstruktionen aus Gold; und einige kleine gegossene Figuren des oberen Bandes hatten sich schon völlig von dem Untergrund gelöst, an den sie gelötet worden waren. Zur Wiederherstellung des Pektorales war es nötig, viele kleine Bauelemente von Bodenresten und der Silikonmasse zu befreien, die auf der Oberfläche zurückgeblieben war, nachdem man zwecks Herstellung einer Kopie des Pektorales ihre Form nachgegossen hatte. Diese Reinigung und die Wiederherstellung der einzelnen Bestandteile führten M. Anglika Fecht und der Kiever Restaurator Aleksandr Minžulin mit größter Sorgfalt durch, um die Außenseite dieses in der Welt einzigartigen Denkmals in keinster Weise zu beeinträchtigen und ihm ein langes Bestehen zu sichern, was ihnen auch gelang.
Das Schicksal eines weiteren einzigartigen Fundes aus Gold verlief etwas anders. Im Zuge der Ausgrabungsarbeiten am skythischen Kurgan Perederieva Mogila aus dem 4. Jahrhundert v. Chr. in der Nähe des Dorfes Zamožnoe, R. Šachterskij, Obl. Doneck, welche 1988 unter der Leitung des Professors der Donecker Universität A. Moruženko durchgeführt wurden, kam es zu einem – so schien es auf den ersten Blick – nicht wiedergutzumachenden Zwischenfall: der Pflug zerschnitt einen goldenen Aufsatz, der der Form nach einer Kopfbedeckung glich (Abb. 17, 19, 20). Während der Restaurierung konnten die Verformungen aller, auch der kleinsten, Elemente behoben werden und die ursprüngliche Form wiederhergestellt werden. Auf der Ausstellung „Gold der Steppe – Archäologie der Ukraine“ , die 1991 in einem der größten Museumszentren Norddeutschlands, im Schloß Gottorf in Schleswig, gezeigt wurde, konnten deutsche und ukrainische Archäologen und Experten aus anderen Ländern Europas das Kunstwerk zum ersten Mal in seiner Ganzheit betrachten.
Auf seiner Oberfläche ist die getriebene Darstellung einer Gruppe von sechs skythischen Kriegern zu sehen. Schon allein die Komposition dieses Kunstwerkes und ihre Details liefern den Wissenschaftern, die sich mit der antiken Kunst der Skythen beschäftigen, genug Material für ihre Tätigkeit.
Im Laufe der Verhandlungen über die Durchführung dieser Ausstellung wurde von der österreichischen Seite – vertreten durch den Generaldirektor des Kunsthistorischen Museums Dr. Seipel – der Vorschlag gemacht, einige Exponate aus dem Museum für Historische Kostbarkeiten der Ukraine zu restaurieren.

An dieser Stelle möchte ich all jenen meinen Dank aussprechen, die sich ohne Zögern bereit erklärt haben, an einer so edlen Tat wie der Wiederherstellung der Kunstschätze der Ukraine teilzunehmen. Der große russische Künstler und Denker Nikolaj Rerich (1874–1947) schrieb dazu folgendes: „In den besten Schichten der Menschheit wächst das Bewußtsein darüber, daß die Bewahrung der Kulturdenkmäler keinen Aufschub im Handeln mehr duldet. Sie darf nicht Halt machen vor den Grenzen eines Landes, sondern muß hinausdringen in die gesamte Welt." Der uneigennützige Beitrag der Restauratoren aus anderen Ländern, darunter auch aus Österreich, zur Erhaltung der historischen und kulturellen Kostbarkeiten, die zwar Eigentum des ukrainischen Volkes sind, gleichzeitig aber einen Teil des kulturellen Welterbes bilden, mag als das beste Beispiel dafür dienen.

KATALOG

Kat.-Nr. 1

WEIBLICHE STATUETTE

Letztes Viertel 3. Jt. v. Chr.
Ton, bemalt.
70 x 45 x 30 mm.
Dorf Vladimirovka, R. Podvysockij, Obl. Kirovograd.
Grabung T. S. Passek, 1940.
NMIU, Inv.-Nr. a26/2440.

Fragment einer weiblichen Statuette mit langgezogenem Gesicht, das gut modellierte, rundliche Kinn ist vom kurzen Hals abgehoben. Der Mund ist als horizontale, langgezogene Eintiefung gezeichnet. Die stark vortretende, gebogene Nase geht in die niedrige Stirn über. Die Augen sind zwei regelmäßige, runde Vertiefungen. Die Ohren sind reliefartig abgehoben und quer durchbohrt. Der kurze Hals geht in die gesenkten Schultern über. Die Hände sind abgebrochen, waren aber wahrscheinlich unter der Brust verschränkt. Die Brust ist entblößt und durch zwei Erhebungen dargestellt. Das Haar besteht aus vertieften Streifen, es ist offen und in der Mitte gescheitelt. Vorne um das Gesicht wird das Haar von einem eingesenkten Streifen umrahmt. Hinten auf dem Rücken ist das offene Haar reliefartig dargestellt, die Spitzen sind scheinbar verknotet.

Die Statuette ist rot bemalt, die Haare sind schwarz. Auf der rechten Wange sind zwei schräg verlaufende Streifen aufgemalt, um das rechte Auge zieht sich ein schwarzer Streifen, auf den Schultern befinden sich auch je zwei Streifen. Die Doppelstreifen auf dem Hals stellen einen Halsschmuck dar. Die Statuette ist ein einmaliges Kunstwerk der Stämme der Tripol'je-Kultur auf ihrem mittleren Entwicklungsstand; sie ist der realistischen Kunst zuzuordnen.

Meist stellten solche weiblichen Statuetten weibliche Gottheiten dar, hatten kultischen Charakter und waren Fruchtbarkeitssymbole.

Sie sind in der ganzen Tripol'je-Kultur vom 3. Jahrtausend – Ende des 2. Jahrtausends v. Chr. im Dnepr-Dnestr-Becken verbreitet. Diese Figürchen sind meist nur schematisch ausgeführt, weshalb die erhaltenen realistischen Beispiele für die Wissenschaft von größtem Interesse sind.

Lit.: S. T. Passek, Periodizacij tripol'skich poselenij / Lisa. Nr. 10, Moskva, Leningrad 1949; A. P. Pogoževa, Antropomorfnaja plastina Tripol'ja.-Novosibirsk 1983, S. 68, Abb. 9.

Kat.-Nr. 2

KEULENKOPF

2000–1600 v. Chr.
Marmor, Stein.
Durchmesser 62 mm, Höhe 53 mm.
Kurgan bei Svatovo, Obl. Lugansk.
Grabung S. N. Bratčenko, 1974.
NMIU, Inv.-Nr. a377.

Runder Keulenkopf mit einer durchgehenden, zentralen Öffnung, die an der Basis von einem Vorsprung aus weißem Stein mit punktförmigen schwarzen Einsprengseln eingefaßt ist. Der Keulenkopf ist der bronzezeitlichen Katakombengrab-Kultur zuzuordnen.

Lit.: S. N. Sanžarov, Pogrebenija Doneckoj katakombnoj kul'tury s igral'nymi kostjami / SA, 1988, Nr. 1, S. 140–158.

Kat.-Nr. 3

ASTRAGALI

2000–1600 v. Chr.
Knochen, geschliffen.
37 x 25 mm; 34 x 25 mm.
Kurgan bei Svatovo, Obl. Lugansk.
Grabung S. N. Bratčenko, 1974.
NMIU, Inv.-Nr. ad 204.

Astragali sind die Wirbelknochen von Schafen; geschliffen wurden sie als Spielknochen verwendet, hatten kultischen Charakter und sind in Bestattungen vorzufinden. Der Brauch, Astragali in die Gräber zu legen, lebt bei vielen Völkern lange Zeit weiter. Er ist auch für die Slawen vom 10. bis 13. Jahrhundert charakteristisch. Möglicherweise standen Astragali mit einem Fruchtbarkeitskult in Zusammenhang und hatten eine Schutzfunktion.
Diese Astragali wurden in einem Bestattungskomplex aus der Bronzezeit gefunden, welcher der Katakombengrab-Kultur zuzuordnen ist.

Lit.: S. N. Sanžarov, Pogrebenija Doneckoj katakombnoj kul'tury s igral'nymi kostjami / SA, 1988, Nr. 1, S. 140–158.

Kat.-Nr. 4

WÜRFEL FÜR DAS KNOCHENSPIEL

2000–1600 v. Chr.
Knochen, geschnitzt, geschliffen.
10 x 12 x 8 mm.
Kurgan bei Svatovo, Obl. Lugansk
Grabung S. N. Bratčenko, 1974.
NMIU, Inv.-Nr. a 379–381.

Die Form der drei gleichartigen Würfel erinnert an einen niedrigen Zylinder, die Oberfläche ist glatt und sie weist Ockerspuren auf. Auf den Würfelflächen befinden sich kleine, grubenförmige Vertiefungen, auf einer vier, auf der angrenzenden eine. Auf der abgerundeten Seitenfläche verläuft eine vertiefte, längliche Linie.
Diese Würfel wurden für das Knochenspiel verwendet, sie sind der bronzezeitlichen Katakombengrab-Kultur zuzuordnen.

Lit.: S. N. Sanžarov, Pogrebenija Doneckoj katakombnoj kul'tury s igral'nymi kostjami / SA, 1988, Nr. 1, S. 140–158.

Kat.-Nr. 5

NADEL (?)

8. Jh. v. Chr.
Gold, Fayence-Paste (?), Glas, geschmiedet, gezogen, Filigran, Inkrustation.
Länge 78 mm.
Kurgan bei Ol'šany, R. Gorodiščenskij, Obl. Čerkassy.
Grabung G. T. Kovpanenko, 1984.
MIDU, Inv.-Nr. AZS-3774.

Der Gegenstand besteht aus einem zylindrischen Oberteil, einem Zwischenteil und dem Schaft. Der Oberteil ist aus einem breiten, zylindrisch geformten Streifen Goldblech gefertigt, auf welchen sechs dicke Drahtstücke aufgelötet sind. Auf eines der offenen Enden ist der Zwischenteil angelötet, welcher aus einem Paar parallel angeordneter Doppelzylinder besteht. Diese sind aus einem Goldblechstreifen gefertigt, dessen Enden röhrchenförmig eingerollt und mit Fayence-Paste gefüllt wurden, auf welche kreisförmige, blaue Glasperlen aufgesetzt wurden (an einem Ende zwei, am anderen je drei). Am Zwischenteil ist unten der Schaft befestigt, dessen oberes Ende mit Golddraht umwickelt ist. Das untere Ende ist zugespitzt.
Die Funktion dieses Gegenstandes ist bis jetzt nicht geklärt. Einige Forscher meinen, daß er die Form einer Streitaxt imitiert (einer Kampfwaffe mit zugespitztem Ende), welche aus mittel- und osteuropäischen Funden noch aus dem Äneolithikum bekannt ist. Die Streitäxte aller Epochen des Altertums waren sehr vielfältig, und wurden oft als Paradewaffe und Machtsymbol verwendet. Bei diesem Objekt wird es sich aber eher um eine Ziernadel handeln.
Für die kimmerische Kunst sind geometrische Ornamente in Form von einfachen oder konzentrischen Kreisen, spiralförmige Umwindung der Details, sowie Inkrustation mit Fayence-Paste, also Elemente, wie sie auch bei diesem Objekt auftreten, charakteristisch.
Vergleichbare „Nadeln" wurden bis heute nicht entdeckt.

Lit.: G. T. Kovpanenko, Raboty na Dnjeprovskom Pravoberež'e / AO 1984.-Moskva 1986, S. 248.

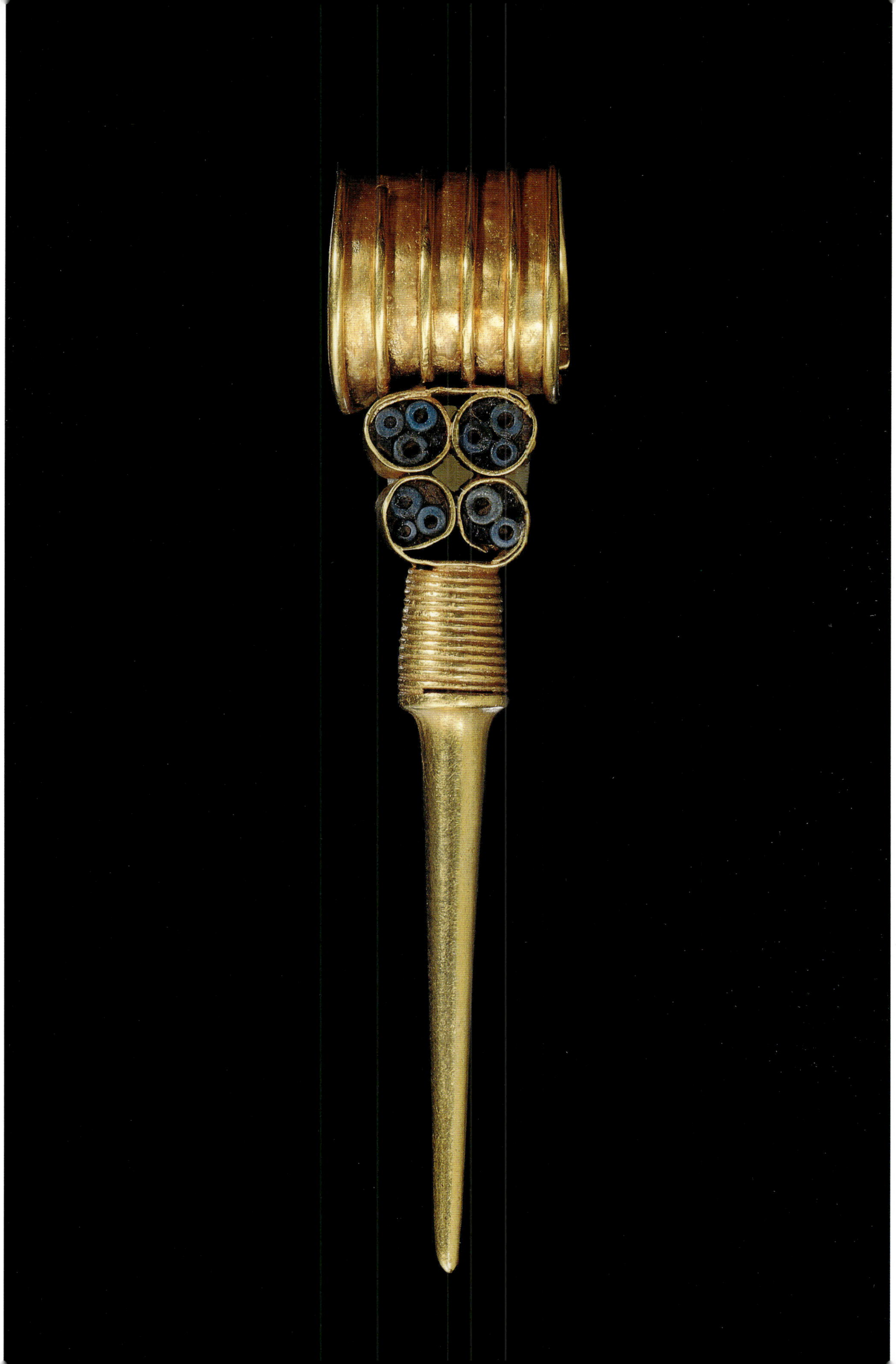

Kat.-Nr. 6

GOLDPLATTE

8. Jh. v. Chr.
Gold, Silber, Fayence-Paste, geschmiedet, graviert, Inkrustation.
Durchmesser: 36 mm.
Kurgan Vysokaja Mogila bei Balki, R. Vasil'evskij, Obl. Zaporož'e
Grabung V. I. Bidzili, 1971.
MIDU, Inv.-Nr. AZS-2676.

Die Vorderseite der Platte ist durch einen goldenen Perldraht in drei konzentrische Ringe gegliedert. Der innere Ring ist mit hellrosa Fayence-Paste gefüllt. Auf dem mittleren Ring befinden sich vier ovale Erhebungen, die eine rhombenförmige Figur bzw. vierblättrige Rosette bilden. Diese ist von kreisförmigen Goldstreifchen mit offenen Enden umrahmt. Auf der Rückseite des Gegenstandes ist eine massive, bogenförmige Öse aus einem Draht mit rundem Querschnitt angelötet.

Die Platte wurde im Grab eines Mannes gefunden. Sie lag auf der Parierstange eines Dolches und diente wahrscheinlich zur Verzierung des Riemens des Dolchgehänges.

Form, Ausführungstechnik, Verteilung der Ornamente und die aufgelöteten Ringe sind ähnlich wie beim Fund aus der Kriegerbestattung bei Kvitki (Obl. Čerkassy). Diese Platte unterscheidet sich nur durch ihre geringere Größe und durch Details der Verzierung.

Die Perldrahttechnik zur Imitation von Granulat wurde zum ersten Mal bei einem archäologischen Denkmal in Osteuropa festgestellt. Die beschriebene Platte ist ein frühes Beispiel für den polychromen Stil in der Waldsteppe am rechten Ufer des Dnepr. Die zur Verzierung benützte Fayence-Paste war in Vorderasien schon im 3. Jahrtausend v. Chr. bekannt, zu den Kimmeriern gelangte sie in der ersten Hälfte des 8. Jahrhunderts v. Chr. nach deren vorderasiatischen Kriegszügen.

Ähnliche kimmerische Symbole vom Typus einer rhombenförmigen Plakette mit Erhebungen und einem kleinen Kreis in der Mitte erscheinen zum ersten Mal im Äneolithikum auf Keramik. Fast immer sind sie von einem Kreis umschrieben, wodurch eine einfache, vierblättrige Rosette entsteht. Diese Symbole finden im Vorderen Orient, in der Tripol'e-, Katakomben- und Balkengrab-Kultur (3. bis 2. Jt. v. Chr.) Verbreitung. Die Kimmerier können dieses Emblem jedoch auch aus Vorderasien entlehnt haben, wo es seit dem frühesten Altertum vertreten ist. Bei den Kimmeriern wurde das Motiv der rhombenförmigen Plakette stark abgewandelt. Eine Reihe von Wissenschaftern hält solche Darstellungen für solare Symbole, d. h. Symbole eines Sonnengott-Kultes. Sie wurden oft auf Kultgegenständen und Zaumzeugen angebracht. Möglicherweise hatten sie auch die Bedeutung von Amuletten, denn nicht umsonst wurden sie auf Kampfwaffen wie Schwertern, Dolchen und Streitäxten befestigt.

Lit.: V. I. Bidzilja - E. V. Jakovenko, Kimmerskie pogrebenija Vycokoj Mogily / SA, 1974, Nr. 1, S. 150, Abb. 4 (1); A. I. Terenožkin, Kimmerijcy.-Kiev 1976, S. 29–30, 166, 174, Abb. 5 (1).

Kat.-Nr. 7

BEILFÖRMIGES SZEPTER

7.–6. Jh. v. Chr.
Bronze, gegossen.
310 x 75 mm.
Zeit und Ort der Auffindung unbekannt.
Aus der Sammlung B. I. und V. N. Chanenko.
NMIU, Inv.-Nr. B 2336.

Massives, längliches Szepter in Form eines Beils. Oben ist es horizontal abgeschnitten, nach unten verjüngt es sich und endet in einer Verdickung mit einem Zapfen in der Mitte. Die Rückseite des flachen Szepters ist glatt. Auf der Vorderseite befindet sich die Darstellung eines menschlichen Gesichts mit nach oben abstehenden Haaren, die durch zwölf vertikale Linien dargestellt sind. Rechts verläuft quer über das Haar ein schmaler Reliefstreifen, der bis auf die Rückseite reicht.
Die Gesichtszüge sind realistisch. Die Nase und die Brauenbögen sind durch eine gewölbte, durchgehende Relieflinie wiedergegeben. Die Augen und die Pupillen sind rund; der Mund ist länglich, die Lippen sind vorgestülpt und zusammengepreßt. Unter dem Gesicht sind auf beiden Seiten des Szepters kurze, dreifingrige Hände angesetzt, quer über den Schaft des Szepters verlaufen fünf Relieflinien. Auf der rechten Seite ist die Figur eines schreitenden Tieres (Wolfes) mit nach oben abstehenden Ohren befestigt.
Solche beilförmige Szepter hatten kultischen Charakter und gehörten zur Ausrüstung der Schamanenpriester. Sie kommen in erster Linie in Sibirien und in der Altai vor.
Aufsätze mit anthropomorphen Darstellungen sind ziemlich selten und sie wurden in der Ukraine nur in der Steppenzone gefunden.

Lit.: Scythian Gold, Museum of Historic Treasures of Ucraine.-Tokyo 1992, S. 41, Kat.-Nr. 14.

Kat.-Nr. 8

STANGENAUFSATZ

7.–6. Jh. v. Chr.
Bronze, gegossen.
Länge 170 mm, Höhe 55 mm, Breite 30 mm.
Zeit und Ort der Auffindung unbekannt.
NMIU, Inv.-Nr. B 2699.

Der Stangenaufsatz ist in Form einer langgezogenen, durchbrochenen Grundplatte aus drei Streifen gefertigt. Auf der kleinen rechteckigen, mit acht spiralförmigen Kreisen geschmückten Fläche sind zwei Reiterfiguren befestigt. Die Darstellungen sind schematisch und ziemlich primitiv.
Rechts und links davon sind je drei kurze Säulen angebracht, bekrönt von Widderköpfen mit nach außen gebogenen Hörnern. Daran hängen an Ösen befestigte Glöckchen. Auf der Rückseite ist die Grundplatte glatt.

Ähnliche Aufsätze kommen im Iran und Nordkaukasus vor. Manchmal wurden solche Darstellungen von Reitern und Wägen mit einem Reiterpaar aus Lehm modelliert und waren in Mesopotamien verbreitet. Sie hatten meist kultischen Charakter.

Lit.: Scythian Gold, Museum of Historic Treasures of Ucraine.-Tokyo 1992, S. 39, Kat.-Nr. 9.

Kat.-Nr. 9

GÜRTELSCHLIESSE

7.–5. Jh. v. Chr.
Bronze, gegossen.
95 x 95 mm.
Kaukasus, Nordossetien, Aul Ceja.
Fundzeit unbekannt.
NMIU, Inv.-Nr. B 2698.

Diese aus Bronze gegossene Schließe zeigt als zentrales Motiv die Figur eines Hirsches mit mächtigem Geweih auf dem nach hinten gewandten Kopf. Zwischen den Vorder- und Hinterläufen des Hirsches ist eine zweite, kleinere Tierfigur dargestellt. Die Szene wird von einem breiten Rahmen eingefaßt, der an den Ecken noppenartige Erhebungen aufweist. Auf der Rückseite der Schließe befinden sich zwei Befestigungsösen.
Solche Gürtelschließen sind in Südossetien, Georgien, sowie im Nordkaukasus bekannt. Fast alle Wissenschafter vertreten die Ansicht, daß diese Art von Schließen aus lokaler Produktion stammt, es ist jedoch möglich, daß ein Zusammenhang mit den Bronzegürtelschließen des kaukasischen Typs besteht, die aus der späten Bronze- und frühen Eisenzeit datieren und nicht nur in Transkaukasien und im Nordkaukasus, sondern auch darüber hinaus vorkommen. Sie sind auf die Mitte und die letzten Jahrhunderte des ersten Jahrtausends v. Chr. und auf die ersten Jahrhunderte n. Chr. datiert.

Lit.: Scythian Gold, Museum of Historic Treasures of Ucraine.-Tokyo 1992, Kat.-Nr. 11.

Kat.-Nr. 10

STANGENAUFSATZ

6. Jh. v. Chr.
Bronze, Eisen, gegossen, geschmiedet.
165 x 60 mm.
Kurgan bei Budki, R. Romenskij, Obl. Sumy.
Grabung S. A. Mazaraki, 1883–1885.
NMIU, Inv.-Nr. B33–56.

Birnenförmiger Aufsatz mit durchbrochener Schelle. Die Einschnitte haben längliche, dreieckige Form. Oben wird der Aufsatz von der Figur eines Tieres mit großen Ohren und einem Kamm gekrönt.
Der Aufsatz gehört zu den Denkmälern der frühen Sula-Gruppe. Zum Verbreitungsgebiet und zur Verwendung ähnlicher Aufsätze siehe Kat.-Nr. 14.

Lit.: B. I. Chanenko und V. N. Drevnosti, Pridneprov'ja.-Kiev 1907, Ausg. 6, Taf. 1, Abb. 475; V. A. Illins'ka, Pro skifs'ki naveršnyky / Archeologija, 1963. XV, S. 37, Abb. 3 (10).

Kat.-Nr. 11

STANGENAUFSATZ

4. Jh. v. Chr.
Bronze, Eisen, gegossen, geschmiedet.
160 x 65 mm.
Kurgan bei Budki, R. Romen, Obl. Sumy.
Grabung S. A. Mazaraki, 1883–1885.
NMIU, Inv.-Nr. B 30–216.

Der birnenförmige Aufsatz wird vom Kopf eines Tieres mit großen Ohren bekrönt (aber der Kopf ist nicht vollständig gegossen). Der Aufsatz ist durchbrochen, im Oberteil von vier länglichen Dreiecken, und unten bei der Tülle von kleinen Dreiecken. Er endet mit einem kurzen Schaft und Resten einer Eisenstange.
Der Aufsatz gehört zu den Denkmälern der Sula-Gruppe. Zum Verbreitungsgebiet und zur Verwendung ähnlicher Aufsätze siehe Kat.-Nr. 14.

Lit.: B. I. Chanenko und V. N. Drevnosti, Pridneprov'ja.-Kiev 1907, Ausg. VI Taf. 1, Abb. 475; V. A. Illins'ka, Pro skifs'ki naveršnyky / Archeologija, 1963. XV, S. 37; Abb. 3 (11).

Kat.-Nr. 12

STANGENAUFSATZ

4. Jh. v. Chr.
Bronze, gegossen.
Länge 232 mm, Durchmesser 60 mm.
R. Romen, Obl. Sumy.
Grabung D. J. Samochvalova.
NMIU, Inv.-Nr. B41–425.

Aufsatz in Form einer ovalen Schelle, oben als Verzierung die Figur einer Hindin. Die Schelle, in der sich ein bewegliches Metallkügelchen befindet, ist hohl. Sie weist vier dreieckige und sechs tropfenförmige Öffnungen auf. Die Hirschkuh ist sitzend mit abgewinkelten Hinterläufen dargestellt, der Hals und das Maul sind vorgestreckt und die Ohren stehen steil nach oben.
Die Schelle sitzt auf einem sich nach oben konisch verjüngendem, hohlen Schaft und war vielleicht einmal auf einem Holzstab aufgesteckt.
Der Stangenaufsatz gehört zu den frühskythischen Denkmälern der Sula-Gruppe der Waldsteppenstämme. Im selben Kurgan wurde ein zweiter, völlig identer Stangenaufsatz gefunden, und es ist anzunehmen, daß sie beide einmal zur Ausstattung eines Wagens gehörten. Zum Verbreitungsgebiet und zur Verwendung derartiger Objekte siehe unter Kat.-Nr. 14.

Lit.: A. A. Bobrinskij, Kurgany i slučajnye archeologičeskie nachodki bliz Smely. - St. Petersburg 1901, T. Š. Taf. XVII, Abb. 3; V. A. Illins'ka, Pro skifs'ki naveršnyky / Archeo logija, 1963, T. XV, S. 37, Abb. 3 (3).

Kat.-Nr. 13

STANGENAUFSATZ

6. Jh. v. Chr.
Bronze, gegossen.
Länge 232 mm, Durchmesser 60 mm.
R. Romenskij, Obl. Sumy.
Grabung D. J. Samochvalova.
NMIU, Inv.-Nr. B41–426.

Der Aufsatz ist dem vorhergehenden ähnlich (siehe Kat.-Nr. 12).

Lit.: A. A. Bobrinskij, Kurgany i slučajnye archeologičeskie nachodki bliz Smely.-St. Petersburg 1901, T. Š. Taf. XVII, Abb. 3; V. A. Illins'ka, Pro skifs'ki naveršnyky / Archeologija, 1963. T. XV, S. 37, Abb. 3 (3).

Kat.-Nr. 14

STANGENAUFSATZ

5. Jh. v. Chr.
Bronze, Eisen, gegossen, geschmiedet.
Länge der Stange 126 mm.
Kurgan bei Volkovcy, R. Romen, Obl. Sumy.
Grabung S. A. Mazaraki, 1897–1898.
NMIU, Inv.-Nr. B 32–100.

Bikonischer Aufsatz mit kurzem Schaft auf einer Eisenstange. Ober- und Unterteil sind mit durchbrochenen Dreiecken verziert. Auf der horizontalen Plattform steht ein Hirsch mit verzweigtem Geweih. Er ist in der Art des skythischen Tierstils ausgeführt. Am unteren Teil des Aufsatzes sind beidseitig an Ösen Glöckchen befestigt, die dreieckförmig durchbrochen sind. Derartige Aufsätze mit Glöckchen sind charakteristisch für das 5.–4. Jahrhundert v. Chr.
Rasselnde Metallaufsätze sind eine der bedeutendsten Fundkategorien der skythischen Kultur. Verschiedene Autoren geben ihnen verschiedene Bezeichnungen: Aufsatz, Stange, Keule, Herrschaftszeichen, Machtabzeichen. Ebenso existieren einige Versionen über ihren Zweck. Möglicherweise dienten sie als Machtsymbole, Fahnenstangen, sie können auch an Wohn- oder Leichenwagen befestigt gewesen sein. Sie werden in den Gräbern meist paarweise aufgefunden. Sie sind birnenförmig, rundlich oder bikonisch. Mit einem beweglichen Kügelchen zum Rasseln wurden sie auf eine Eisenstange oder einen Holzgriff aufgesetzt und oben mit einer Tierfigur geschmückt. Unter den Darstellungen sind Hirsch, Stier, Greif, Pferd, Adler, Wasservögel und Sonnenembleme am häufigsten. Man darf annehmen, daß diese Figuren mit dem Sonnenkult und Fruchtbarkeitsvorstellungen im Zusammenhang standen.
Die Stangenaufsätze der Steppenzone sind eine Variante mit der anthropomorphen Darstellung einer männlichen und weiblichen Gottheit.
Die frühesten Aufsätze wurden am Kuban', im Nordkaukasus und am Fluß Sula gefunden, ab dem 5.–4. Jahrhundert v. Chr. finden sie auch am linken Ufer des Dnepr und in der Steppenzone, in Moldawien, Ungarn und Rumänien Verbreitung.
Vermutlich wurden die skythischen Aufsätze aus orientalischen Ländern entlehnt, aus assyrischen, chattischen und transkaukasischen Gebieten, und gelangten über den Kaukasus nach Skythien.

Lit.: A. A. Bobrinskij, Kurgany i slučajnye archeologičeskie nachodki bliz Smely.-St. Petersburg, 1901, T. Š. S. 63–67; V. A. Illins'ka, Pro skifs'ki naveršnyky / Archeologija, 1963. T. XV, S. 42–48.

Kat.-Nr. 15

ZIERPLATTEN EINER SCHWERTSCHEIDE

Wende 6.–5. Jh. v. Chr.
Gold, Email, geprägt, Filigran, Granulat, Email auf Filigranornament
Ortband der Scheide: 305 x 65–70 mm.
Seitlicher Teil: 180 x 93 mm.
Kurgan bei Aleksandrovka, R. Novomoskovskij, Obl. Dnepropetrovsk.
Grabung N. F. Kovaleva, 1977.
MIDU, Inv.-Nr. AZS-3349–3350.

Schwerter waren die Hauptwaffe der Skythen. Laut Stand des Jahres 1984 sind über 100 Schwerter aus dem 6.–5. Jahrhundert v. Chr. bekannt.
Die Schwertscheiden waren aus Holz gefertigt und mit Leder überzogen. Bei vornehmen Skythen wurden sie mit Platten aus Edelmetall bedeckt. Auf diese Weise wurde auch das Schwert aus Aleksandrovka hergestellt, das im Grab eines skythischen Heerführers – einem Vertreter der Sippenaristokratie – gefunden wurde.
Der Goldbeschlag des unteren Teils der Scheide entspricht am ehesten dem Ortband aus dem Kurgan Ostraja Tomakovskaja Mogila in der Gegend von Dnepropetrovsk. Dies gilt auch für das Ornament, welches mit Golddraht und kleinen Pyramiden aus drei großen Granulatkugeln gestaltet ist; dieses Muster wurde danach mit Email inkrustiert. Im nördlichen Schwarzmeergebiet wurden abgesehen von der Schwertscheide aus der Tomakovskaja Mogila vergleichbare Scheiden in den Kurganen unweit des Gehöfts Šumejko, Obl. Sumy, und im Zolotoj- Kurgan bei Simferopol' gefunden. Zu diesem Kreis gehört auch der Fund aus Vitaškova (Bulgarien). Nach Meinung der Wissenschafter wurden sie alle von griechischen Toreuten hergestellt.
Interessant ist die Platte in Form eines liegenden Ebers (Keilers), die den Seitenteil der Schwertscheide von Aleksandrovka schmückte. Der Eber symbolisierte im Orient kosmische Kräfte. So war er eine der Verkörperungen des iranischen Blitz- und Siegesgottes Veretragna und ist daher hauptsächlich auf Gegenständen der Bewaffnung dargestellt.

Lit.: N. F. Kovaleva, S. E. Muchopad, Skifskie pogrebenija konca 6.-5. vv do n. e. u s. Aleksandrovka / Drevnosti Stepnoj Skifii.-Kiev 1982, S. 98–101, Abb. 5 (1–3).

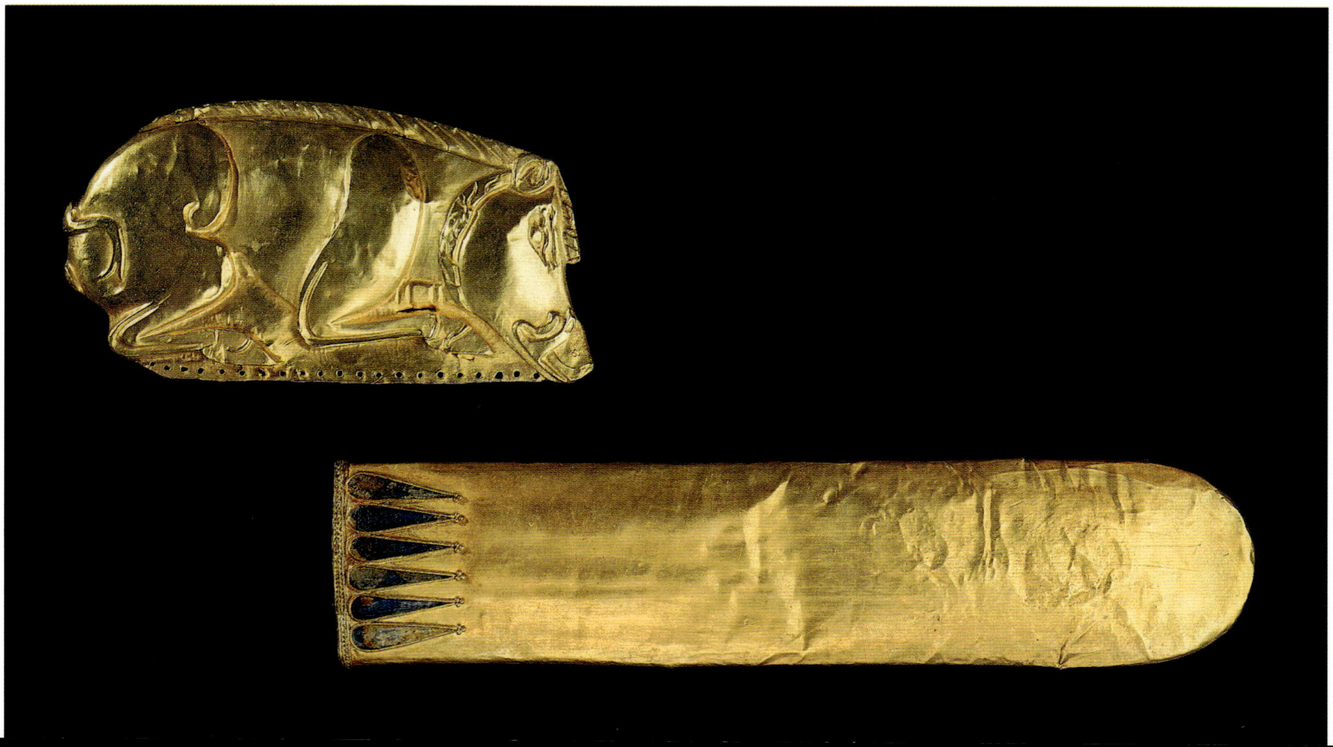

Kat.-Nr. 16

RIEMENZYLINDER

Wende 6.–5. Jh. v. Chr.
Gold, gegossen, geschmiedet.
Höhe 62 mm.
Unterer Durchmesser 126 x 116 mm.
Kurgan bei Aleksandrovka, R. Novomoskovskij,
Obl. Dnjepropetrovsk.
Grabung N. F. Kovaleva, 1977.
MIDU, Inv.-Nr. AZS-3352.

Ähnliche Gegenstände von der Form eines abgeschnittenen Kegels mit einer Öffnung in der abgeflachten Spitze wurden in skythischen Kurganen des 6.–5. Jahrhunderts v. Chr. gefunden. Bis vor kurzem wurde ihre Bedeutung von den Wissenschaftern verschieden interpretiert.

Die einen hielten sie für Riemenzylinder für Quasten, die an den Hals der Pferde gehängt wurden. Andere für einen Teil einer komplizierten Kopfbedeckung. Es wurde auch vermutet, daß es sich um ein spezielles Gefäß für rituelle Trankopfer handle. Ebenso existiert die Meinung, daß dieser „Kegel" als Basis für eine Stange diente, wie man es von Reliefdarstellungen aus dem Vorderen Orient kennt.

Interessant ist, daß der „Riemenzylinder" in einigen Gräbern neben dem Schwert lag. Diese Fundlage könnte auch darauf hindeuten, daß es sich bei diesem Objekt um den Bestandteil eines Machtsymbols, wie z. B. einem Szepter, handelt.

Lit.: N. F. Kovaleva, S. E. Muchopad, Skifskie pogrebenija konca 6.-5. vv do n. e. u s. Aleksandrovka / Drevnosti Stepnoj Skifii.-Kiev 1982, S. 94, 99, 101, Abb. 3 (1), 5 (4).

Kat.-Nr. 17

SCHWERT MIT VERZIERTER SCHWERTSCHEIDE

Mitte 4. Jh. v. Chr.
Eisen, Gold, geschmiedet, geprägt, getrieben.
Länge des Schwerts 615 mm, Länge der Scheide 542 mm.
Kurgan Tolstaja Mogila bei Ordžonikidze,
Obl. Dneprpetrovsk.
Grabung V. I. Mozolevskij, 1971.
MIDU, Inv.-Nr. AZS-2492–2493.

Das Schwert hat einen blockförmigen Griff, einen ovalen Knauf, eine dreieckige Parierstange und eine durchbrochene Klinge in Form eines langgezogenen, gleichschenkeligen Dreiecks. Der Griff ist mit einer bis auf die Klinge reichenden Goldplatte umhüllt, und auf beiden Seiten mit den gleichen Darstellungen in Prägetechnik verziert. Auf dem Knauf ist ein Hirsch abgebildet. Im Mittelteil des Griffs befindet sich eine Tierkampfszene, in der ein Löwe einen Ziegenbock zerfleischt. Auf der Parierstange ist im Zentrum sitzend der arkadische Gott der Wälder und Haine Pan dargestellt, er spielt auf einer Schalmei, neben ihm liegen zwei Ziegenböcke.
Das Schwert steckte in einer mit Leder überzogenen Scheide. Auf der Vorderseite ist diese mit einer Goldplatte beschlagen. Zwischen dem Beschlag und der Scheide lag eine Gipsschicht, welche das Beschlagrelief vor Deformation schützte. An den eingebogenen Rändern der Platte befinden sich Öffnungen zum Befestigen der Platte auf der Grundlage. Rechts bei der Scheidenmündung befindet sich der Seitenteil mit einer Öffnung für die Aufhängung; darauf ist ein Greif mit Löwenkopf und Ziegenhörnern in liegender Position dargestellt. Auf dem Scheidenbeschlag ist bei der Parierstange eine Hahnenkampfszene dargestellt. Das gesamte übrige Feld des Beschlags ist mit vier Tierkampfszenen gefüllt.
Klingen dieser Art treten in Skythien ab Ende des 5. Jahrhunderts v. Chr. auf. Weite Verbreitung finden sie im 4. Jahrhundert v. Chr. Das beschriebene Schwert unterscheidet sich von Schwertern des gleichen Typs dadurch, daß seine Klinge durchbrochen ist und schmale keilförmige Einschnitte aufweist. Es sind relativ wenige Schwerter dieser Art bekannt.
Die Form und Herstellungstechnik der gezeigten Schwertscheide ist ähnlich wie bei den Schwertscheiden aus dem Kurgan Čertomlyk, dem Fünf-Brüder-Kurgan, sowie aus der Sammlung des Metropolitan Museum in New York. Diese Schwertscheiden wurden vielleicht in einer der antiken Städte des nördlichen Schwarzmeergebietes hergestellt. Da die Scheide des Schwerts aus Ordžonikidze viel breiter und kürzer als die Klinge ist, wurden diese Teile offenbar von verschiedenen Meistern gefertigt und gehören nicht zusammen.
Die auf den Goldbeschlägen der Scheide und des Griffes dargestellten Sujets sind in der Toreutik des nördlichen Schwarzmeergebietes häufig zu finden. So wurde die das ganze Ornamentfeld einnehmende Komposition mit Vorbehalt als „Zerfleischung“ bezeichnet. Sie spiegelt die Vorstellungen über zwei Prinzipien wider: das Leben und den Tod und ihren Zusammenhang. Sie erfüllt auch eine Schutzfunktion vor bösen Kräften. Für die Hahnenkampfszene gibt es bei dieser Deutung keine Analogien.
Pan wird häufig in der Vasenmalerei und antiken Plastik dargestellt, nur auf antiker Bewaffnung ist es nicht bekannt. In der Vorstellung vieler antiker Autoren schickt Pan Geister, die die Menschen necken oder während der Schlacht panischen Schrecken verbreiten. Es wurden ihm Stelen geweiht, er galt als Schutzherr vor der Panik. So scheint auch seine Darstellung auf dem Griff nicht zufällig.

Lit.: B. M. Mozolevskij, Tovsta Mogila.-Kiev 1979, S. 69–73, 178–179, 234, Abb. 31, 35, 52 (1–2), 53–56; E. B. Černenko, Oružie iz Tolstoj Mogily / Skifskij mir.-Kiev, 1975, S. 157.165, Abb. 5 (1–2), 6–8.

Kat.-Nr. 18

SCHWERT MIT VERZIERTER SCHWERTSCHEIDE

Letztes Drittel 4. Jh. v. Chr.
Eisen, Gold, geschmiedet, geprägt, ziseliert.
Länge 655 mm.
Kurgan bei Velikaja Belozerka, R. Kamenka-Dnepropetrovskaja, Obl. Zaporozè.
Grabung V. V. Otroscěnko, 1979.
MIDU, Inv.-Nr. AZS-3261–3262.

Das Schwert besteht aus einer eisernen Klinge und einem mit dünnem Goldblech beschlagenen Griff. Von der hölzernen Scheide ist nur der Beschlag mit einer Tierdarstellung erhalten.
Auf der Vorderseite des Griffbeschlages ist ein Hirsch dargestellt, auf der Parierstange zwei Rehe in heraldischer Pose. Die Rückseite zeigt Rehe und Panther. Der Dekor des Aufsatzes erinnert entfernt an stilisierte Greifenköpfe.
Die Ränder, mit denen die Scheidenverzierung am hölzernen Untergrund befestigt war, sind umgebogen und mit Löchern versehen, in denen einige goldene Nägelchen erhalten geblieben sind.
Die lappenförmige Goldaufhängung der Scheide ist als plastischer Keilerkopf gestaltet (Kat.-Nr. 15, 19, 28), in dessen Ecke ein rundes Loch für die Halterung am Gürtel vorgesehen ist.
Auf der Platte ist die Darstellung eines Hirsches zu sehen, der von einem Löwen und einem Greifen zerfleischt wird; abgeschlossen wird das Sujet von der Darstellung zweier schleichender Panther.
Eine große Ähnlichkeit zu dieser Waffe aus Velikaja Belozerka besitzt ein Schwert aus dem Kul'-Oba-Kurgan.
Die Kompositionen auf der Schauseite ihrer Scheiden sind völlig ident. Teilweise sind auch ihre Inschriften ähnlich – „ΠΟΡΠΑΧΟ" auf dem Schwert aus dem Kul'-Oba-Kurgan und „ΙΠΟΡΙ" auf der Stirn des Keilers des Schwertes aus Velikaja Belozerka.
Unterschiede weisen die erwähnten Schwerter nur in der Ausstattung der lappenförmigen Aufhängung und in der Gestaltung des Griffes auf. Allem Anschein nach gab es eine hölzerne Matrize für die Serienfertigung ähnlicher Paradeschwerter.
Als Herstellungsgebiet gilt das Bosporanische Reich.

Lit.: V. V. Otroščenko, Pardnyj meč iz kurgana u s. Velikaja Belozerka; Vooruzenie skifov i sarmatov.-Kiev, 1984, S. 121–126; Abb. auf S. 123.

Kat.-Nr. 19

SCHMUCKPLATTEN EINES GORYT

5. Jh. v. Chr.
Gold, geprägt.
85 x 45 mm; 96 x 42 mm; 63 x 33 mm; 40 x 31 mm.
Kurgan bei Archangel'skaja Sloboda, R. Kachovsa, Obl. Cherson.
Grabung A. M. Leskova, 1969.
MIDU, Inv.-Nr. AZS-2325–2328.

Der Satz von Applikationsplatten enthält figürliche Darstellungen eines Ebers (6 Exemplare), eines Hundes (3 Exemplare), eines Panthers mit einem Menschenkopf im Rachen (2 Exemplare) und eines Hirsches. Sie dienten zur Verzierung eines Goryt, eines Köchers für Bogen und Pfeile.

Der Bogen war die wichtigste Waffe der Skythen. Diese waren als geschickte Bogenschützen berühmt. Der antike Geograph und Historiker Plinius der Ältere behauptete: „Pfeil und Bogen hat der Skythe, der Sohn Jupiters, erfunden." Sie wurden in eine spezielle Tasche bzw. Futteral gesteckt, den Goryt. Wertvolle Aufschlüsse über Form, Aufbau und Verwendungsweise liefert die Analyse monumentaler Steinskulpturen, die einen heldenhaften Urahnen darstellen. Diese Materialien sowie archäologische Funde zeigen, daß die Goryte links an einem über die rechte Schulter geworfenen Riemen getragen wurden. Sie wurden aus Holz hergestellt und mit Leder überzogen. In Bestattungen wurden Fragmente, Schmuckelemente aus Bein, Bronze, Silber und Gold festgestellt, welche an den Goryten befestigt waren. In die Gräber gewöhnlicher Skythen wurde je ein Köcher gelegt, der in der Regel ohne Verzierungen war. In Kurganen mit Bestattungen von Vertretern höherer sozialer Schichten kommen drei bis sechzehn Goryte vor (z. B. im Fünf-Brüder-Kurgan bei Elizavetovka). Manche sind mit Goldplatten geschmückt.

Im Kurgan bei Archangel'skaja Sloboda in der Gegend von Cherson wurden in der Bestattung eines vornehmen Kriegers drei Goryte entdeckt. Sie enthielten 166, 165 bzw. 150 Pfeilspitzen. Einer davon war ein mit Goldblechen geschmückter Paradegoryt.

Die Sujets der Goryt-Zierplatten sind vielfältig, weisen jedoch offensichtlich einen inhaltlichen Zusammenhang auf. Die kleine Hirschplatte entspricht den Funden aus den Sieben-Brüder-Kurganen am Kuban'. Die Ikonographie der Darstellungen des Ebers und des Hundes ist originell, wenn auch die Sujets in der skythischen Kunst bekannt sind.

Für die künstlerischen Traditionen des nördlichen Schwarzmeergebietes ist die Haltung des Panthers mit dem Menschenkopf im Maul ungewöhnlich: Das Maul ist en face gezeigt, der Körper ist im Profil wiedergegeben. Das ist eher für das künstlerische Schaffen Thrakiens charakteristisch.

Die erwähnten Motive spiegeln Vorstellungen über die Inkarnationen, d. h. Verkörperungen des Kriegsgottes, wider, es sind seine Symbole. Außerdem verkörpern sie Kraft und Macht, und mußten folglich auf den Besitzer des Goryt einwirken.

Lit.: O. Leskov, Skarby kurganiv Chersonščiny.-Kiev 1974, S. 73–76, Foto 55–58; E. V. Černenko, Skifskie lučniki -Kiev 1981, S. 55–56, Abb. 36.

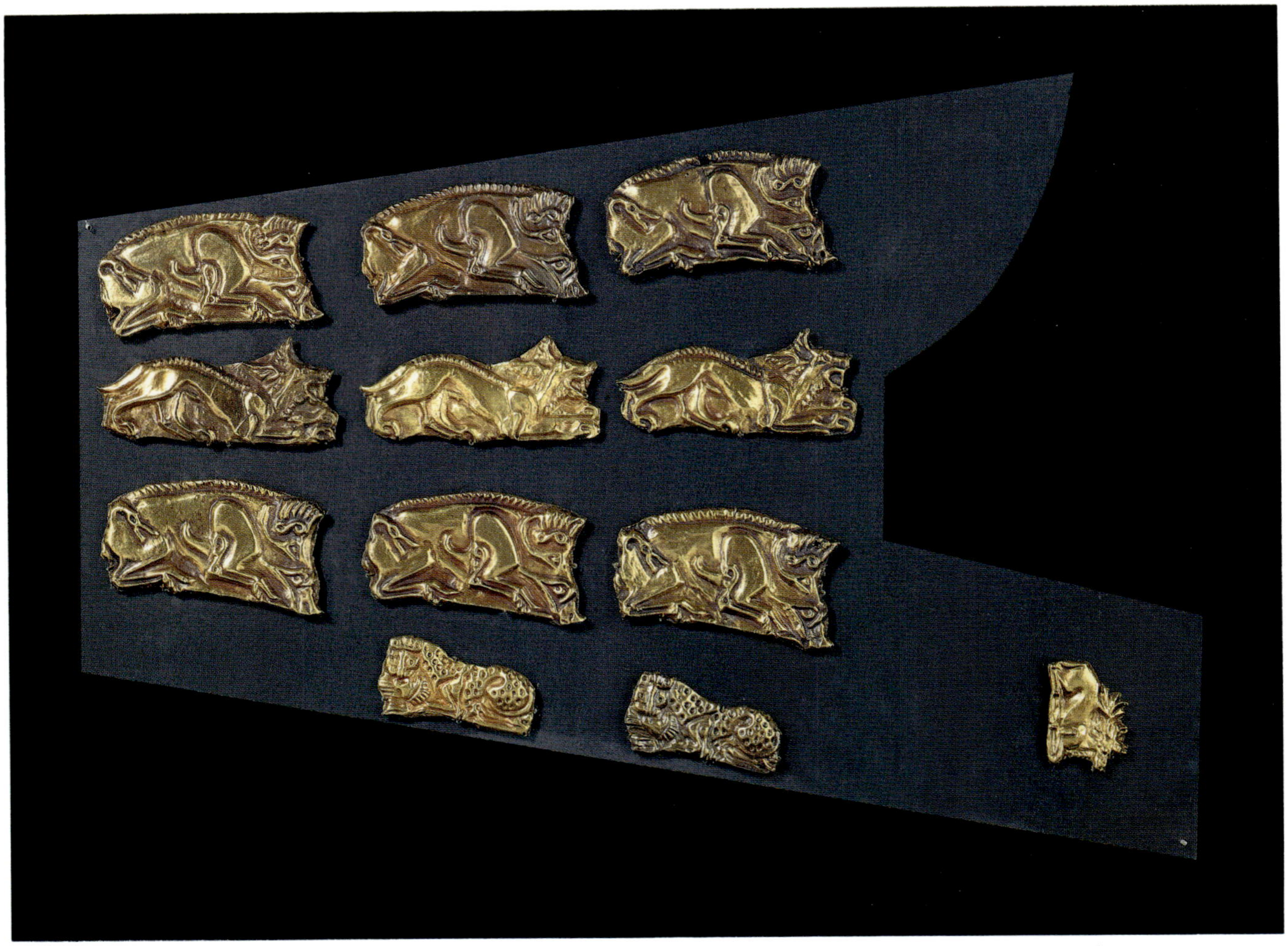

Kat.-Nr. 20

GORYTBESCHLAG

4. Jh. v. Chr.
Gold, geprägt.
470 x 230–275 mm.
Melitopol'-Kurgan, Melitopol', Obl. Zaporož'e.
Grabung A. I. Terenožkin, 1954.
MIDU, Inv.-Nr. AZS-1416.

Der Beschlag gleicht einer länglichen Platte mit einem kaum merklich breiter werdenden oberen Rand und einer trapezförmigen Aussparung für die Pfeile.
Die Ränder des Beschlages sind gebogen und mit eingeschlagenen Löchern ausgestattet. Diese Löcher dienen der Halterung am hölzernen Untergrund. Dazu sind kleine Nägel aus Gold vorgesehen.
Der Boden des Goryt wird der Länge nach von einem hohen Vorsprung in der Mitte geteilt und entlang der Kanten von einem geprägten Reliefornament eingefaßt, das die Einsäumung eines Leder(?)köchers imitieren dürfte. Auf der Bodenplatte sind zwei löwenköpfige Greife mit Hörnern, die in heraldischer Pose einander gegenüberstehen, dargestellt. Die Flächen unter ihren Füßen sowie über ihren Köpfen sind mit Pflanzenornamenten dekoriert.
Die Darstellungen der Vorderseite des Köcherbeschlages sind in fünf horizontale, verschieden breite Reliefbänder gegliedert, die einen Palmettenfries, ein Pflanzenornament, in den beiden Hauptbildstreifen eine mythologische Szene und schließlich als oberen Abschluß eine Tierkampfszene zeigen.
In einem der figurverzierten Vorsprünge der Platte befindet sich eine runde Öffnung, durch die der Goryt am Schulterriemen befestigt wurde. Getragen wurde der Goryt links.
Über solche Paradegoryte mit silberner oder goldener Ausstattung verfügten nur Skythen aus der sozialen Oberschicht. Gefunden wurden sie in Denkmälern aus dem 4. Jahrhundert v. Chr..
Der Form und Größe nach ähnliche, ihren Sujets nach aber unterschiedliche Gorytbeschläge wurden in den Kurganen Karagodeuašch in Nordkaukasien und im Dorf Vergina in Nordgriechenland („karagodeuašchskaja-Typ") und auch in Solocha in der Gegend von Zaporož'e, geborgen.
Der hier beschriebene Goryt, der im Versteck einer geschändeten männlichen Bestattung geborgen wurde, gehört zum Čertomlyk-Typ, benannt nach dem Kurgan Čertomlyk, in der Gegend von Dnepropetrovsk, wo 1863 die ersten

Funde gemacht wurden. Das zweite Exemplar wurde 1902 in einem Kurgan in der Nähe von Il'incya, Obl. Vinnica, gefunden, das dritte in Melitopol' und das vierte 1959 im Fünf-Brüder-Kurgan in der Nähe von Rostov am Don.
Nach der Meinung von Experten wurden alle diese Exemplare nach einer einzigen Holzmatrize in bosporanischen Werkstätten hergestellt. Auf ihr konnte man bis zu zehn Abdrucke machen. Mit der Zeit jedoch zeigte die Matrize Verschleißerscheinungen, und der Meister mußte die Reliefs in Handarbeit ausbessern.
Bei einem Vergleich der Platten untereinander konnte festgestellt werden, daß das hier gezeigte Werk als erstes von den vier gefundenen hergestellt wurde.
Von der Mehrheit der Forscher wird die Meinung vertreten, daß auf den Goryten Szenen aus dem Leben des Achilleus, des Helden des Trojanischen Krieges, dargestellt sind. Die Erzählung erfolgt von links nach rechts und beginnt auf dem zweiten Reliefstreifen.
Auf der ersten Abbildung ist ein auf einem Felsen sitzender Jüngling dargestellt, der dem kleinen Achilleus Unterricht im Bogenschießen gibt.
Darauf folgt die Episode der Auffindung des Achilleus auf der Insel Skyros, wohin ihn seine Mutter Thetis als Mädchen verkleidet gebracht hatte, um ihn zu verstecken. Denn sie wußte von einer Prophezeiung des Sehers Kalchas, nach der ihr Sohn im Falle einer Teilnahme am Trojanischen Krieg dabei umkommen würde.
Im Zentrum des Frieses sehen wir Achilleus, wie er von seinem Platz aufspringt. Odysseus, der als Händler getarnt auf die Insel gekommen war, hatte ihn entdeckt. Er hatte – versteckt zwischen all seinen Schmuckstücken – eine Waffe mitgeschmuggelt; diese sollte dazu dienen, im Helden den Wunsch zu wecken, am Krieg teilzunehmen. (Denn laut einer Weissagung würden die Griechen Troja nur mit der Hilfe von Achilleus einnehmen können.)
Odysseus thront bewegungslos rechts von Achilleus und hält dessen Hand. Links sieht man die Sklavin oder Dienerin, die Deidameia (Tochter des Königs der Insel Skyros, Lykomedes und Frau des Achilleus, die ihm den Sohn Neoptolemos gebar) mit weit ausgestreckten Armen hält.
Hinter Deidameia sitzt, auf seinen Stab gestützt, in majestätischer Haltung der König Lykomedes. Ihm zu Füßen ruht Achilleus, das Schwert in der Hand. Seine Waffen, das Schild und der darunterliegende Helm, liegen neben ihm.
Alle Figuren im rechten Teil des Frieses sind Teil der Verabschiedungsszene zwischen der Familie des Lykomedes und dem Helden, der in den Krieg zieht. Auch im unteren Fries setzt sich diese Szene fort. Von höchster Feierlichkeit

umgeben sitzt die Königin-Mutter da, gestützt auf die neben ihr sitzenden Töchter. Hinter ihnen steht die Dienerin.

Die nächste Szene zeigt die Versöhnung zwischen Achilleus und dem Anführer der Griechen im Trojanischen Krieg, Agamemnon, der auf dem Thron sitzend dargestellt ist. Links und rechts von Achilleus stehen Odysseus und Diomedes (= einer der Helden des Kriegszuges der Griechen, der in seinen kriegerischen Heldentaten nur von Achilleus übertroffen wurde).

Achilleus wird halb liegend dargestellt; zu seinen Füßen liegen Schild und Helm.

Das letzte Bild des Frieses zeigt die einsame und von Trauer gekennzeichnete Thetis, die die sterblichen Überreste des Achilleus in den Händen hält.

Er war von Paris, dem Sohn des Königs von Troja, Priamos, getötet worden. Dieser hatte mit seinem Pfeil die einzige verwundbare Stelle des Achilleus getroffen, nämlich dessen Ferse. An ihr hatte die Mutter Thetis den noch kleinen Achilleus gehalten, als sie ihn in den Fluß Styx tauchte.

Da im Auftrag der Angehörigen der skythischen Oberschicht ähnliche Goryte angefertigt wurden, konnten die darauf dargestellten Szenen den Besitzern wohl nicht unbekannt und fremd sein.

Aus dem Mythos wurden nur jene mit Achilleus verbundenen Episoden und Deutungen entnommen, da diese eine direkte Analogie zum skythischen Mythos über den ersten König Kolaxaïs aufweisen. Der Inhalt dieses Mythos war wahrscheinlich folgender:

Der Kriegsheld Kolaxaïs (= der jüngste Sohn des Targitaos) wird einer Prüfung im Waffengebrauch unterzogen und bekommt (aus den Händen des Stammvaters der Skythen Targitaos) als Zeichen der Macht einen Bogen; die Prüfung endet jedoch mit seinem Tod.

Die Platte mit der Darstellung von Szenen aus dem Leben des unübertroffenen Kriegers Achilleus, dem ein schicksalhafter Pfeil den Tod bringt, trägt eine magische Bedeutung in sich.

Es wird deutlich gemacht, daß ein Pfeil, sobald er aus dem Goryt gezogen ist, auch solche Helden wie Achilleus töten kann.

Ein Motiv dieser Art war den Skythen, die in der Antike als ausgezeichnete Bogenschützen galten, wohl bekannt.

Mit großer Wahrscheinlichkeit gab es in der skythischen Mythologie einen Helden, dessen Schicksal dem des Achilleus ähnlich war.

Lit.: A. I. Terenožkin, B. N. Mozolevskij, Melitopol'skij kurgan.-Kiev 1988. C. 121–128; Abb. 48, 140–148; E. V. Černenko, Skifskie lučniki.-Kiev 1981. S. 76–93; Abb. 57, 58; D. S. Raevskij, Model' mira skifskoj kul'tury.-Moskva 1985. S. 164–169.

Kat.-Nr. 21

PLATTE – KOPFSCHMUCK EINES PFERDES

4. Jh. v. Chr.
Gold, geprägt.
290 x 204 mm.
Kurgan, Gjunovka, R. Kamensko-Dneprovsk, Obl. Zaporož'e.
Grabung Ju. V. Boltrik, 1976.
MIDU, Inv.-Nr. AZS-2926.

Die durchbrochen gearbeitete halbrunde Platte weist eine eingeschnittene Darstellung auf. Im Altertum wurde sie auf einen dunkelblauen Untergrund aus Leder aufgelegt.

Das Sujet, das auf der Platte wiedergegeben wird, wurde wie folgt benannt: „Die Jagd des Helden auf den Hirsch". Im Zentrum der Komposition ist der Lebensbaum zu sehen, dessen Krone an Palmetten – sie weisen rote Einsätze auf – erinnert und dessen Äste in der Form eines Hirschgeweihs gestaltet sind.

Rechts vom Baum ist ein Reiter auf seinem Pferd zu sehen. In der einen Hand hält er einen Bogen; mit der anderen Hand greift er nach dem Köcher, der an seinem Gürtel hängt.

Links vom Baum sieht man einen Hirsch, in dessen Rücken ein Pfeil steckt. Umrahmt wird diese Szene von einem pflanzlichen Ornament.

Die Art der Ausführung legt nahe, daß die Grundelemente aus der Holzschnitzerei oder der Kunst der Filzapplikation übernommen wurden. Werke, die einen solchen Stil aufweisen, findet man in der Kunst der Altai-Nomaden aus der skythischen Periode.

Wir haben es hier mit einem Motiv zu tun, das niemals zuvor in der Kunst Skythiens verwendet wurde. Es ist eher in der Mythologie der Völker des Kaukasus und des Irans anzutreffen.

Im ossetischen Epos der „Narten" beispielsweise gibt es eine Legende über den Helden Soslan.

Er war auf der Jagd, als er plötzlich einen Hirsch mit einem goldenen Fell sah. In dem Augenblick, als er einen Pfeil abschießen wollte, flogen seine Pfeile in alle Richtungen davon. Dies dauerte einige Tage lang an.

Dann verzauberte der Hirsch den Helden in einen Palast, in dem sieben Riesen, die Brüder waren, lebten. Sie wollten Soslan töten; der Hirsch aber, der sich in ein schönes Mädchen verwandelt hatte, rettete ihn.

Der Hirsch hatte die Gestalt einer Tochter der Sonne, der wunderschönen Acyruchs, angenommen.

Die Legende endete mit einer glücklichen Vermählung.

Nach diesem Vorfall traf Soslan auf eine Gemse mit Zauberkräften. Ihre Gestalt verkörperte auch die jüngste Tochter der Sonne.

Als schönes Mädchen verwandelt wollte sie den Helden heiraten; er aber verschmähte ihre Liebe. Als Strafe dafür ließ die Schöne ein todbringendes Rad vom Himmel auf die Erde niederfahren, das Soslan die Beine abschnitt.

Dies waren also die zwei Begegnungen des Helden mit den Zaubertieren einerseits und den wunderschönen Töchtern der Sonne andererseits.

Die eine brachte Liebe, die andere Haß und Tod.

Möglicherweise ist in der Komposition der Platte auch diese Legende dargestellt.

Es gibt auch eine andere Version, nach der in der Gestalt des Reiters der skythische Apollo, Gojtosir, erscheint. Dabei handelt es sich um eine Verarbeitung der heimischen Traditionen des griechischen Mythos von der Jagd des Gottes Apollo.

Seine Jagd endete mit dem Tod des Ungetüms Python.

„Der Kampf des Helden mit dem Ungetüm" ist ein Motiv, das in alten Religionen mit der Entstehung der Welt in Zusammenhang gebracht wurde.

Beide Varianten sind einander ähnlich.

Semantisch gesehen bedeuteten Heirat, Kampf und Sieg im archaischen Bewußtsein Vorgänge, die für das Entstehen und für das Bestehen der Gesellschaft unerläßlich waren.

Lit.: Ju. V. Boltrik, V. V. Otraščenko, I. P. Savovskij, Issledovania Rogačikskogo kurgannogo polja / AO 1976.-Moskva 1977. S. 268–270; S. S. Bessonova, Religioznye predstavlenija skifov.-Kiev 1983. S. 117–118; Abb. 34.

Kat.-Nr. 22

ZAUMZEUGBESCHLAG IN FISCHFORM

4. Jh. v. Chr.
Gold, geprägt.
284 x 45 mm.
Kurgan bei Volkovcy, R. Romny, Obl. Sumy.
Grabung S. A. Mazaraki, 1897–1898.
MIDU, Inv.-Nr. DM-1708.

Die Platte in Form eines Fisches ist aus Blattgold gefertigt. Durch Relieflinien sind die Nasenlöcher, das Maul, ein Auge und der Schwanz hervorgehoben; die Rückenflosse des Fisches ist durch schräge Kerben gekennzeichnet. Der Fischleib ist mit rhombenförmigen Wölbungen bedeckt, die die Schuppen imitieren.

Dieser kunstvoll gearbeitete Beschlag war Teil eines Zaumzeuges und diente zur Verzierung des Stirnriemens. Seine Ränder, die mehrere eingestanzte Löcher aufweisen, sind umgebogen. Vermutlich war der Beschlag auf einer Holzplatte befestigt.

Ähnliche plattenförmige Stirnriemen sind aus den Kurganen der skythischen Oberschicht im 4. Jahrhundert v. Chr. bekannt.

Eine sehr große Ähnlichkeit mit dem hier gezeigten Stück weisen Platten auf, die im Solocha-Kurgan bei Ingulo-Kamenki in der Gegend von Kirovograd, gefunden wurden.

Das Motiv des Fisches, das unterschiedliche Deutungen zuläßt, war bei den Skythen sehr beliebt. Interessant ist vor allem seine Symbolik in Verbindung mit der Verwendung als dekoratives Element des Pferdezaumes.

Bei den Königs-Skythen spielte der Gott Thagimasadas, der als ihr Stammvater galt, eine große Rolle. Herodot setzte Thagimasadas mit Poseidon, dem Gott der Meere und des fruchtbringenden Wassers, gleich (Herodot, IV, 59).

In den skythischen Legenden kommt das Element Wasser häufig in der Bedeutung der Leben schenkenden Urkraft vor, wodurch in weiterer Folge der Ahnherr Thagimasadas als Gott des Wassers und der Gewässer bezeichnet werden könnte.

Im Poseidon-Kult ist ein weiterer Aspekt vorhanden, der Herodot dazu veranlaßte, eine Analogie zum skythischen Gott herzustellen: die Beziehung zu Pferden.

Einer der Legenden nach schuf dieser das erste Pferd aus einem Felsen. Mit seinem Kult verbunden war die Sitte der Darbringung von Pferdeopfern bei einer Wasserquelle.

In den indoiranischen Religionen und in der iranischen Folklore wird das Bild des manchmal auch geflügelt dargestellten „Wasserpferdes“, das aus der Quelle steigt und die irdischen Stuten befruchtet, sehr hoch gehalten.

Mit großer Wahrscheinlichkeit war seine Verehrung auch bei den Königs- und Nomaden-Skythen verbreitet.

In ossetischen Legenden ist die Beschreibung eines Gottes, der den Namen „Herr der Meerenge“ oder „Führer der Fische“ trägt, erhalten geblieben. Er weist eine Ähnlichkeit mit dem skythischen Poseidon, Thagimasadas, auf.

Die Bedeutung, die die Gestalt des Fisches erfährt, liegt also einerseits in der Verkörperung des Elementes Wasser im Kult des Thagimasadas und andererseits in der Verkörperung des „Wasserpferdes“.

Lit.: B. I. Chanenko und V. N. Drevnosti, Pridneprov'ja.-Kiev 1899. Ausg. P. S. 67. Taf. XXIII, 404; V. A. Il'inskaja, Skifi Dneprovskogo Lesostepnogo Levoberež'ja.-Kiev 1968.-C. 48, 124–125; Abb. 34.

Kat.-Nr. 23

ZAUMZEUGGARNITUR

Ende des 4. Jh. v. Chr.
Silber, gegossen, geschmiedet, getrieben, graviert.
Nasenschmuck: 67 x 45, 5–34 mm; Höhe 31 mm.
Wangenklappen: 130 x 59–57,5 mm; 133 x 60–59 mm.
Blechplatten, figürliche: 75,5 x 82 mm; 79 x 82 mm;
72 x 77 mm; 81 x 79 mm.
Blechplatten, runde: Durchmesser 58,5 mm.
Riemenzylinder: Höhe 7 mm; Durchmesser 22 mm,
21 mm.
Ring: Durchmesser 26 mm.
Oguz-Kurgan bei Nižnie Serogozy, Obl. Cherson.
Grabung Ju. V. Boltrik, 1980.
MIDU, Inv.-Nr. AZS-3754/1–12.

Die Zaumzeuggarnitur besteht aus folgenden Teilen:
einem gegossenen Nasenschmuck in Form der Protome eines phantastischen löwenköpfigen Tieres, der auf einer mit graviertem geometrischen Ornament verzierten Plattenunterlage angebracht ist;
aus zwei Wangenplatten mit der Reliefdarstellung einer geflügelten Gottheit, die mit einem Löwen kämpft;
aus vier figürlichen und zwei runden Platten;
aus zwei Riemenzylindern und einem Ring.
Im Leben der Nomaden-Skythen spielten Pferde eine große Rolle. Das Pferd diente als Nahrung, als Last-, Nutz- und Reittier im Krieg, auf der Jagd und bei der Arbeit; es spielte aber auch bei der Ausübung kultischer Rituale eine große Rolle.
Herodot berichtete, daß die Skythen zu Ehren der Götter Opfer darbrachten, in erster Linie Pferdeopfer (Herodot, IV, 50).
Die königlichen Kurgane der eurasischen Steppen enthalten Dutzende, wenn nicht sogar Hunderte von Pferdebestattungen mit bronzenen, silbernen und goldenen Garnituren von Zaumzeugbeschlägen.
Im Nördlichen Grab des Oguz-Kurgans wurden drei Zäume des „thrakischen Typs" geborgen. Ähnliche Erzeugnisse waren im 4. Jahrhundert v. Chr. im nördlichen Schwarzmeerraum weit verbreitet.
Beispiele von Nasenschmuck mit einem hervorstehenden plastischen Löwenkopf auf einem langen Hals und mit einem figürlich gestalteten kleinen Schild an der Vorderseite tauchten in dieser Gegend schon seit dem Ende des 6. Jahrhunderts v. Chr. auf.
Analoge Funde wurden im 4./3. Jahrhundert v. Chr. in folgenden Kurganen gemacht: Tolstaja Mogila, Čmyreva Mogila und Strašnaja Mogila, Melitopol'-Kurgan, Čertomlyk-Kurgan, Kozel-Kurgan und Aleksandropol'-Kurgan.
Einzigartig an der vorliegenden Garnitur sind die Wangenklappen. Die auf ihnen gezeigte Darstellung illustriert ein Sujet aus der indoeuropäischen Mythologie: den „Kampf des heldischen Urahnen gegen das Ungetüm" (Analogie, siehe im Kat. Nr. 35).
Die figürlichen Swastika-Platten mit der stilisierten Darstellung von vier Greifenköpfen gehen wahrscheinlich auf die Kunst der Skythen zurück. Im nördlichen Schwarzmeerraum sind sie seit dem 6. Jahrhundert v. Chr. bekannt.
Da diese Art der Zaumzeugverzierungen in Skythien nicht weiterentwickelt wurde, wurde diese Arbeit von den Thrakern übernommen und auf ihre Weise zur Vollendung gebracht.
Erst dann kamen die skythischen Toreuten des 4. Jahrhunderts v. Chr. auf diese Erzeugnisse zurück und imitierten die thrakischen Muster.

Im Zentrum der Swastika-Platte befindet sich das „Segnersche Rad“, das in der sakischen Kunst den iranischen Sonnengott Mithras symbolisierte. Auch bei den Skythen wurde es als Zeichen der Sonne verwendet.
Die Platten mit dem „Segnerschen Rad“ wurden in den Kurganen bei Volkovcy (Obl. Sumy), Krasnokutsk und Kozel (Obl. Cherson) entdeckt.
Ganz besonders hervorzuheben ist die für die Werke Thrakiens charakteristische Technik der schraffierten Streifen, die auf allen Gegenständen aus der Garnitur zu sehen sind.
Die engen Kontakte zwischen den Skythen und den Thrakern, deren soziale und wirtschaftliche Entwicklungen sehr ähnlich verliefen, schlugen sich sozusagen in ihrer beider Kunst nieder.

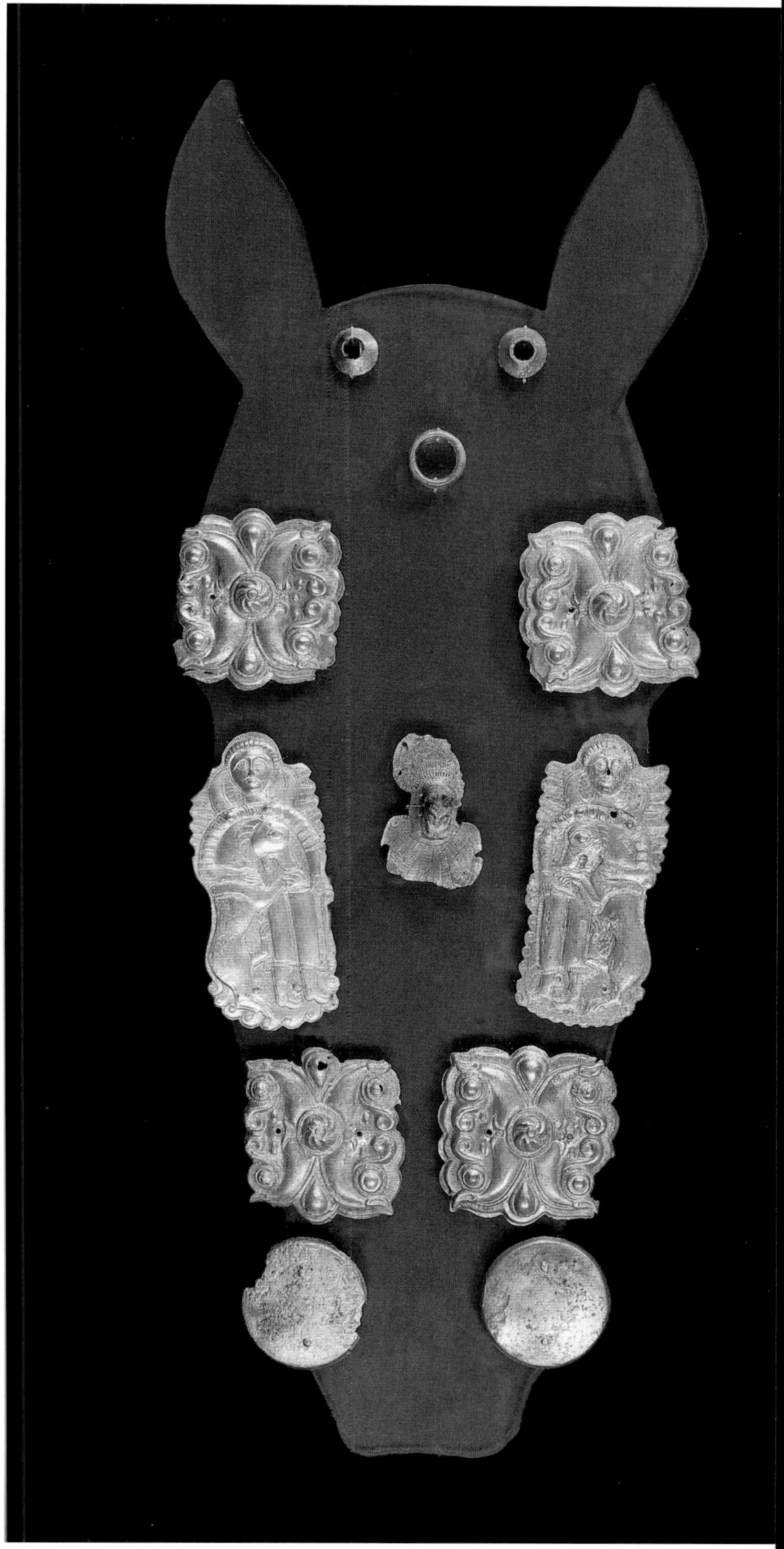

Lit.: Ju. V. Boltrik, Issledovanija kurgana Oguz / AO 1980.-Moskva 1981. S. 233–234; Ju. V. Boltrik, Ė. O. Fialko, Oguz – kurgan skifskogo carja kincja IV st. do n. e. / Zoloto stepu. Archeologija Ukrajini.-Šlezvig 1991. S. 178–180 (Kat.-Nr. 102); A. I. Meljukova, K voprosu o vzaimosvjasjach skifskogo i frakijskogo iskusstva / Skifo-sibirskij zverinyj stil' v iskusstve narodov Evrazii.-Moskva 1976. S. 112, 116, 126; Abb. 3 (4–9), 4 (7), 5 (4–5), II (10–11).

Kat.-Nr. 24

SCHALE MIT EINER SKYTHENDARSTELLUNG

2. Hälfte des 4. Jh. v. Chr.
Silber, geprägt, vergoldet, graviert.
Höhe 97 mm; Halsdurchmesser 105 mm.
Kurgan Gajmanova Mogila bei Balki, R. Vasil'evskij, Obl. Zaporoz'e.
Grabung V. I. Bidzili, 1969–1970.
MIDU, Inv.-Nr. AZS-2358.

Halbrunde Schale mit abgerundetem Boden, einem vertikalen Hals und zwei horizontalen Henkeln, die mit Reliefdarstellungen zweier Hammelköpfe verziert sind.
Der Hauptteil der Außenfläche des Gefäßes ist mit einem Relieffries versehen, auf dem Figuren von sechs Skythen in umlaufender Anordnung dargestellt sind.
Diese Schale gehört zu den originalen Kultgefäßen, wie sie ausschließlich auf skythischem Territorium gefunden wurden.
Es besteht kein Zweifel daran, daß diese Gefäße aus dem nördlichen Schwarzmeerraum stammen. Sie tauchten erstmals am Ende des 5. Jahrhunderts / Anfang des 4. Jahrhunderts v. Chr. auf und waren – nach Meinung der Wissenschafter – nicht länger als hundert Jahre in Gebrauch.
Es fällt dies mit der Verbreitung der griechischen Gefäße auf skythischem Boden zusammen, die kleiner und zweihenkelig waren (Kylikes, Kantharoi).
Als Prototypen für zweihenkelige Schalen galten Schalen aus Holz und Ton.
Die größten Analogien zur Schale aus der Gajmanova Mogila weisen der Form, der Ornamentierung, der Technik und der Meisterschaft der Ausführung nach zweihenkelige Schalen aus den Kurganen Solocha und Čmyreva auf.
Das auf der Schale aus der Gajmanova Mogila dargestellte Sujet hat religiös-mythologischen Inhalt.
Die vier dargestellten Hauptpersonen sind paarweise angeordnet. Unter die Henkel des Gefäßes plazierte der Künstler zwei weitere Figuren, nämlich die Diener dieser Personen; diese begleiten gewissermaßen die Haupthandlung.
Der junge Diener auf der linken Seite ist offensichtlich ein Mundschenk, der eine Schale und einen Weinschlauch in seiner Hand hält. Der Gegenstand, der sich vor dem zweiten Diener befindet, ist undefinierbar.
Die Tatsache, daß beide Diener einem der Paare zugekehrt sind, weist auf deren zentrale Stellung hin.
Leider ist gerade dieses Fragment schon sehr zerstört, wodurch seine Deutung erschwert wird. Die linke Person im beschriebenen Paar ist deutlich jünger als ihr Gesprächspartner und auch jünger als die beiden anderen Helden der Gruppe. Dieser junge Skythe streckt seinem Gesprächspartner die Hand entgegen und bekommt von ihm einen Gegenstand gereicht. Nach der Stellung der Hände zu schließen, muß es sich um einen länglichen Gegenstand gehandelt haben.
Die eben behandelte Szene kann einer ähnlichen Szene, die auf einem Gefäß aus einem der Kurgane von Voronež dar-

gestellt ist, gegenübergestellt werden. Hier nimmt ein junger Skythe aus den Händen eines alten Mannes einen Bogen entgegen.
Einige Wissenschafter vertreten die Meinung, daß es sich bei dieser Szene um den Moment der Übergabe des Bogens des Herakles an seinen jüngsten Sohn Skythes handelt, was wiederum heißen würde, daß wir es mit der Illustration der sogenannten hellenischen Version der Legende über die Abstammung der Skythen zu tun hätten.
Die Präsenz der Diener, die Opfer darbringen und die Handlung begleiten, hebt den symbolischen Wert dieses Aktes besonders hervor.
Die Personen des zweiten Paares können durchaus als die beiden älteren Söhne von Herakles angesehen werden, die die Prüfung, bei der es galt, den Bogen des Herakles zu spannen, nicht bestanden.

Eine solche Deutung der Szene kann als Beweis dafür gesehen werden, welch großer Beliebtheit sich im Skythien der Zeit nach Herodot die Legenden über die Abstammung der Skythen erfreuten.
Die von einem griechischen Meister auf der Schale aus der Gajmanova Mogila dargestellten Personen vermitteln uns eine realistische Vorstellung vom Aussehen der Skythen.
Dies ist ein weiterer Grund für den unschätzbaren Wert dieses Kunstwerkes.

Lit.: V. I. Bidzilja, Doslidžennja Gajmanovoji Mogili / Archeologija. 1971. Nr. 1. S. 50–55; Abb. 5, 7–11; V. A. Rjabova, Dvuručnye čaši iz skifskich kurganov / Skify Severnogo Pričernomor'ja.-Kiev 1987. S. 144–151; Abb. 3 (4–6); D. S. Raevskij, Očerki ideologii skifo-sakskich plemen.-Moskva 1977. S. 36–39; Abb. 4, 5.

Kat.-Nr. 25

RHYTON

5.–4. Jh. v. Chr.
Beschläge: Gold, organische Masse, geprägt, Filigran.
Rhyton (rekonstruiert): Länge 445 mm; Durchmesser des Trichters 135 mm.
Kurgan bei Velikaja Znamenka, R. Kamensko-Dneprovskij, Obl. Zaporož'e.
Grabung V. V. Otroščenko, 1984.
MIDU, Inv.-Nr. AZS-3587.

Das Rhyton – ein Gefäß in Form eines Hornes – bestand aus einer hölzernen Unterlage mit Silberplakierung (Holz und Silber sind nicht erhalten geblieben).
Am oberen Teil des Trichters sind neun Goldplatten mit der Darstellung des Kopfes eines greifenartigen Hirschen, dessen verzweigtes Geweih wiederum mit kleinen stilisierten Greifenköpfen verziert ist, und eine große Platte, auf der eine kleine Eberfigur mit dem Kopf eines Hirschen dargestellt ist, angebracht.
Der Gefäßkörper des Rhytons ist mit geflochtenen Zöpfchen aus Filigran und goldenen Platten mit kleinen stilisierten Vögelköpfen verziert. Das Endstück des Gefäßes ist in Form eines kleinen plastischen Löwenkopfes gefertigt.
Bis zum heutigen Tag ist die Frage, wie die Skythen zu den Rhyta kamen, noch nicht vollständig geklärt: kamen sie aus dem Orient oder entstammten sie dem nördlichen Schwarzmeergebiet?
In diesem Gebiet waren sie seit dem 6. Jahrhundert v. Chr. bekannt und wurden als Kultgefäße verwendet. (Die auf den skythischen Steinstelen aus dem Kurgan von Kelermes abgebildeten Trinkhörner legen Zeugnis davon ab).
Dieser Gefäßtypus ist auch für einige an Skythien angrenzende Gegenden wie zum Beispiel Thrakien und den Nordkaukasus charakteristisch.

Das antike Trinkhorn als Zeichen des Reichtums war gewöhnlich ein Attribut der nach ihrem Tode heroisierten Personen und der chthonischen Gottheiten in Griechenland.
Berühmt sind die Vermählungsszenen zwischen Dionysos und einer Kore, in der Dionysos ein Trinkhorn und die Kore Blumen in der Hand halten.
Das Rhyton spielte in den Mysterien, besonders in den Mysterien des Mithras eine große Rolle.
Der Schluck von einem Ritualgetränk war unerläßlicher Bestandteil einer zeremoniellen Vermählungsszene; in der indoeuropäischen Tradition aber war er oft auch gleichzusetzen mit der Erlangung der persönlichen Unsterblichkeit (siehe Kat.-Nr. 34).
Die Darstellung eines Rhytons findet sich auch auf den goldenen Platten mit den „Verbrüderungsszenen" (siehe Kat.-Nr. 45) auf dem Sachnovka-Diadem (siehe Kat.-Nr. 34) und auf einer Platte aus dem Karagodeuašch-Kurgan.

Lit.: V. V. Otroščenko, Ju. Ja. Rossamakin, Do taěmnic' Gerodotovoji Skifiji / Nauka i kul'tura.-Kiev 1985. Nr. 11. S. 245, Abb. auf S. 243; S. S. Bessonova, Religioznye predstavlenija skifov.-Kiev 1983. S. 104–105; V. V. Otroščenko, Ju. Ja. Rassamakin, Skarbi trinadcjatogo kurganu / Nauka i suspil'stvo.-Kiev 1984. Nr. 12. S. 50–51.

Kat.-Nr. 26

BECHER

5. Jh. v. Chr.
Beschläge: Gold, Holz, geprägt.
Becher (Rekonstruktion): Höhe 155 mm; Durchmesser 115 mm.
Platten: 145 x 28 mm; 30 x 35 mm.
Kurgan bei Velikaja Znamenka, R. Kamensko-Dneprovskij, Obl. Zaporož'e.
Grabung V. V. Otroščenko, 1984.
MIDU, Inv.-Nr. AZS-3583/1–7, NDF-2604/4.

Dieses Gefäß in Form eines Zylinders wurde mit Vorbehalt als Becher bezeichnet.
Der Becher ist mit sieben Goldplättchen, die eine Reliefdarstellung einer kleinen Hirschfigur zeigen und an seiner hölzernen Grundlage mit kleinen goldenen Nägeln befestigt sind – einige davon sind noch erhalten – verziert.
Vier der Beschläge befinden sich im oberen Teil des Gefäßes und bilden einen schmalen, gebogenen Rand;
die restlichen drei umsäumen den unteren Teil, wobei ein Drittel ihrer Länge schon in den Gefäßboden hineinreicht.
Ein Becher in dieser Gestalt kommt bei den Skythen selten vor.
Er gehört, wie die Holzschale auch, zu den Kultgefäßen.
Auf ähnliche Becher ist man in frühskythischen Funden aus dem 6./5. Jahrhundert v. Chr. gestoßen.

Lit.: V. V. Otroščenko, Ju. Ja. Rassamakin, Do taěmnic' Gerodotovoji Skifiji / Nauka i kul'tura.-Kiev 1985. Nr. 11. S. 245; V. Otroščenko, Ju. Rassamakin, Skarbi trinadcjatogo kurganu/Nauka i suspil'stvo.-Kiev 1984.-Nr. 12. S. 50.

Kat.-Nr. 27

SCHALE

4. Jh. v. Chr.
Beschläge: Gold, geprägt.
Schale (Rekonstruktion): Höhe 90 mm;
Durchmesser 138 mm.
Platten: 69 x 48 mm; 67,5 x 47,5 mm; 66 x 49 mm;
66 x 48 mm.
Berdjansk-Kurgan bei Berdjansk, Obl. Zaporož'e.
Grabung N. N. Čeredničenko, 1977–1978.
MIDU, Inv.-Nr. AZS-3067 / 1–4, NDF-2604/2.

Diese Holzschale ist mit vier typengleichen rechteckigen Beschlagplatten aus Gold mit einer umgebogenen oberen Kante überzogen. Sie zeigen einen Greif im rechten Profil. Längs der Beschlagränder sind Löcher eingeschlagen, in denen noch einige kleine goldene Nägel mit halbrunden Nagelköpfen zu sehen sind.
Die gebogene Form dieser Platten zeugt von der abgerundeten Form der Gefäße, die aus einem Stück gefertigt wurden.
Ähnliche Holzschalen wurden in den Denkmälern der Balkengrabkultur aus dem 2. Jahrtausend v. Chr. geborgen.
Die Tradition ihrer Ausschmückung mit Goldplatten geht auf die vorskythische Zeit zurück; im 5./4. Jahrhundert v. Chr. fand sie dann auch in den Denkmälern des nördlichen Schwarzmeergebietes eine große Verbreitung.
Die Goldplatten sind in der Regel mit Tierdarstellungen oder Tierkampfszenen versehen.

Lit.: N. N. Čeredničenko u. a., Raskopki bol'šogo skifskogo kurgana v Priazov'e / AO 1978.-Moskva 1979. S. 419–421.

Kat.-Nr. 28

FIGÜRCHEN EINES KEILERS

4. Jh. v. Chr.
Gold, Silber, gegossen, graviert.
Länge 50 mm; Höhe 28 mm.
Kurgan Chomina Mogila bei Nagornoe, R. Nikopol'skij, Obl. Dnepropetrovsk.
Grabung B. N. Mozolevskij, 1970.
MIDU, Inv.-Nr. AZS-2451.

Das Kunstwerk stellt eine kleine plastische Figur eines Ebers oder eines Keilers dar. Es verbindet die realistische Wiedergabe des Geschöpfes mit einer gewissen Tradition.
Die Augen des Tieres sind klein und heben sich ab; der Rüssel ist in zwei Teile geteilt; das Maul wird wellenartig umrissen; die Ohren sind abgerundet.
Die aus dem Maul ragenden Hauer sind aus Silber.
Die Muskeln des Tieres sind deutlich hervorgehoben.
Der geschwungene Schwanz liegt auf der rechten Lende auf.
Die Klauen mit den Stacheln sind genau wiedergegeben.
Der Rumpf ist gegossen und aus zwei Hälften zusammengelötet.
Nach dem Guß folgte die Feinbearbeitung: das Glätten der Naht und das Auftragen der Borsten.
Das Figürchen diente wahrscheinlich als Griff eines Holzgefäßes. Es war durch Goldplättchen, die an der Unterseite beider Fußpaare angelötet sind, am Gefäß befestigt worden.
Diese kleine Keilerfigur ist einzigartig.
Die Füße und der Schwanz waren einzeln gegossen und an den Rumpf gelötet worden. Die Lötspuren an den Füßen sind sichtbar.
Trotz einer gewissen Grobheit besticht die kleine Figur durch die detailgetreue Wiedergabe, das Wissen des Künstlers um die Anatomie des Tieres und sein Vermögen, die Individualität der Darstellung zu bewahren.
Es steht außer Zweifel, daß dieses kleine Kunstwerk zu den herausragendsten Erzeugnissen der alten Toreutik gehört.
Aufgabe der Wissenschafter ist es nun noch, den genauen Ort seiner Herstellung zu bestimmen.

Lit.: B. N. Mozolevskij, Skifskie pogrebenija u s. Nagornoe bliz g. Ordžonikidze na Dnepropetroviščine / Skifskie drevnosti.-Kiev 1972. S. 224; Abb. 32/13.

Kat.-Nr. 29

HALSREIF

5. Jh. v. Chr.
Gold, Email, geschmiedet, gestanzt, granuliert,
Email auf Filigranornament.
Durchmesser 240 mm.
Kurgan bei Archangel'skaja Sloboda, R. Kachoskij,
Obl. Cherson.
Grabung A. M. Leskov, 1969.
MIDU, Inv.-Nr. AZS-2324.

Der Halsreif ist aus einem im Querschnitt runden, im mittleren Bereich etwas verdickten Stab gefertigt.
Auf den einzeln hergestellten röhrenförmigen Endstücken des Reifens sind kleine Löwenköpfe aufgesetzt.
Die Endstücke sind mit Filigranornamenten aus Ranken, Voluten- und Palmettenornamenten, die mit blauen, gelben und grünen Emaileinlagen versehen sind, verziert.
Besonders eindrucksvoll ist die meisterhafte Darstellung der Löwen mit aufgerissenem Rachen und herausgestreckter Zunge. Die Zähne, die Barthaare, die Mähne und die zugekniffenen Augen der Raubtiere sind in allen Einzelheiten gearbeitet.
Diese Endstücke weisen bezüglich Ornamentierung und Herstellungstechnik Parallelen zu fragmentarisch erhalten gebliebenen Beispielen aus dem Kurgan Kul'-Oba auf, der 1830 auf dem Gebiet von Kerč erforscht wurde.
Das hier dargestellte Löwenbild gehört in die Reihe der für die skythische Kunst des 5. Jahrhunderts v. Chr. charakteristischen „Tier"-Motive.

Eine der möglichen Deutungen besteht darin, daß dieses Motiv mit der Verehrung des Ahnherrn und Helden zusammenhängt; es sind nämlich Darstellungen bekannt, auf denen Herakles einen Helm in Gestalt eines Löwen trägt.
Auch eine magische Deutung des Motivs ist nicht auszuschließen: man verwendete es für Gegenstände, die für Krieger bestimmt waren, um ihnen dadurch Kraft und Geschick mit auf den Weg zu geben.
Halsreifen waren bei den Skythen Ausdruck einer hohen sozialen Stellung. Anfangs waren sie nur im Besitz von männlichen Kriegern. Im 4. Jahrhundert v. Chr. findet man sie aber auch schon bei Frauen und Kindern. Unabhängig vom Herstellungsmaterial wies diese Art von Halsschmuck immer auf eine besondere Stellung des Trägers hin.

Lit.: O. M. Leskov, Skarbi kurganiv Chersonščini.-Kiev 1974. S. 76–77; Abb. 57/2; V. G. Petrenko, Ukrašenija Skifii VII–III vv. do. n. ě.-Moskva 1978. S. 44; d Taf. 31, Abb. 2,3 (SAI. Ausg. D4–5).

Kat.-Nr. 30

HALSKETTE

5. Jh. v. Chr.
Gold, gestanzt, granuliert, geflochten.
Länge Halsreif 460 mm.
Kurgan bei Korneevka, R. Veselovskij, Obl. Zaporož'e.
Grabung V. V. Otroščenko, 1981.
MIDU, Inv.-Nr. AZS-3484.

Die Halskette besteht aus vier beweglichen, miteinander verbundenen „Zöpfchen", die in komplizierter Zopftechnik aus Golddraht geflochten sind. Über die Enden der Kette sind kurze, aus Goldblech gefertigte Röhrchen gestülpt, die in kleinen Löwenköpfen enden. Die beiden Röhrchen sind mit Spiralornamenten verziert, die in Filigrantechnik ausgeführt sind. Am Rachen der beiden Löwenköpfe ist jeweils ein flacher Ring angelötet.
Ähnliche, geflochtene Halsketten wurden noch in zwei weiteren skythischen Kurganen aus dem 4. Jahrhundert v. Chr. gefunden. Die Zopftechnik aus Golddraht setzt eine große handwerkliche Fertigkeit voraus. Sie war im 1. Jahrtausend v. Chr. im Mittelmeerraum und in Vorderasien weit verbreitet.
Ein Teil der Erzeugnisse wurde wahrscheinlich auch im nördlichen Schwarzmeergebiet, und hier in erster Linie in den Werkstätten der griechischen Kolonien, hergestellt.

Lit.: V. V. Otroščenko, Raskopki kurganov Zaporožskoj oblasti, AO 1981.-Moskva 1983. S. 301; N. V. Kovalev, S. V. Polin, Skifskie kurgany u s. Korneevka Zaporožskoj oblasti / Kurgany Stepnoj Skifii.-Kiev 1991. S. 41; Abb. 2 (1–4).

Kat.-Nr. 31

SPIEGEL

6. Jh. v. Chr.
Bronze, gegossen.
Länge 310 mm; Scheibendurchmesser 175 mm.
Zufallsfund, R. Romenskij, Obl. Sumy.
NMIU, Inv.-Nr. B-1128.

Der Spiegel besteht aus einer runden Spiegelscheibe mit Randleiste. Der Griff ist kanneliert und endet in einer Pantherfigur.
Er ist im graeco-skythischen Stil gearbeitet und gehört wahrscheinlich zur Spiegelgruppe des olbischen Kreises. Er wurde vermutlich in einer der Werkstätten Olbias, einer der großen Städte der Antike im nördlichen Schwarzmeergebiet, erzeugt.
Mit den Skythen der Waldsteppenzone verband Olbia eine rege Handelstätigkeit.

Lit.: V. A. Il'inskaja, Skify Dneprovskogo Lesostepnogo Levoberež'ja.- Kiev 1968. S. 153; Abb. 39, 2.

Kat.-Nr. 32

PRUNKHAUBE

5. Jh. v. Chr.
Besatz: Gold, geprägt.
Basisumfang 560 mm; Höhe 160 mm.
Kurgan bei Bogdanovskij, R. Kachovka, Obl. Cherson.
Grabung A. I. Kubyšev, 1977.
MIDU, Inv.-Nr. AZS-3316–3318, NDF-205.

Der Goldbesatz dieser spitzkonischen Prunkhaube besteht aus Plättchen unterschiedlicher Form: die einen sind dreieckig und zeigen eine Motivkombination aus einer Rosette und einer Maske, die anderen haben die Form eines eingerollten Raubtieres.

Den unteren Rand der Haube schmücken kleine, dreieckige Goldplättchen, die abwechselnd mit der Spitze nach oben bzw. unten zeigend, aufgenäht sind. Den oberen Abschluß bildet eine Darstellung vom „Rolltier-Typ". Dazwischen waren die übrigen Plättchen in regelmäßigen Reihen angeordnet, die voneinander durch farbige Streifen getrennt waren.

Mit großer Wahrscheinlichkeit symbolisierte die Form der Prunkhaube einen Berg, der bei den indoeuropäischen Völkern mit dem Lebensbaum, dem irdischen Zentrum des Universums, gleichgesetzt wurde. Dies bedeutet in der Folge, daß die spitzkonische Form auch als Symbol für die Fruchtbarkeit angesehen werden kann.

Diese Art von Hauben wurden in Bestattungen junger Frauen gefunden, und es darf vermutet werden, daß sie Teil der Hochzeitskleidung waren, d. h., daß sie rituellen Charakter hatte. Es sei darauf hingewiesen, daß ähnliche Hauben auch heute noch beim Hochzeitszeremoniell vieler traditionsbewußter Völker verwendet werden.

Lit.: L. S. Kločko, Rekonstrukcija konusopodibnich golovnich uboriv skif'janok / Archeologija. 1986. Nr. 56. S. 14–24.

Kat.-Nr. 33

PRUNKHAUBE

4. Jh. v. Chr.
Besatz: Gold, geprägt, durchbrochen.
Basisumfang 560 mm; Höhe 160 mm.
Kurgan bei Vol'naja Ukraina (Krasnyj Perekop), R. Kachovskij, Obl. Cherson.
Grabung A. M. Leskov, 1970.
MIDU, Inv.-Nr. AZS-2410, 2416; NDF-206.

Diese zylindrische Prunkhaube ist mit mehreren horizontalen Bändern aus dünnem Goldblech verziert. Zwei dieser Bänder sind in Ajour-Technik gearbeitet und zeigen Ranken- und Blütenornamente. Auf zwei weiteren Bändern sind eine Reihe geflügelter Fabeltiere dargestellt, wobei sich immer zwei Tiere antithetisch gegenüberstehen. Die Oberkante der Haube wird von einem schmalen Goldreif gesäumt, von dem kleine amphorenförmige Anhänger aus Gold herabhängen. Entlang des unteren Haubenrandes läuft ein weiteres goldenes Zierband, das mit einem Rosetten- und Blumen(?)motiv verziert ist.
Ein Schleier mit Goldapplikationen am Rand (rechteckige Zierplättchen mit der Darstellung eines liegenden Pferdes) komplettiert den Kopfputz.
Analoge Prunkhauben wurden auch in den „Königinnen"-Bestattungen aus folgenden Kurganen geborgen:
Čertomlyk, Kul'-Oba, Tolstaja Mogila, Deev und Ryžanov.
Aller Wahrscheinlichkeit nach waren diese Prunkhauben Zeichen der priesterlichen Aufgaben der Skythinnen.

Lit.: O. M. Leskov, Skarbi kurganiv Chersonščini.-Kiev 1974. S. 89–94; L. S. Kločko, Rekonstrukcija skifs'kich golovnich žinočich uboriv za materialami Červonoperekops'kich kurganiv / Archeologija. 1979. Nr. 31. S. 16–28.

Kat.-Nr. 34

BESATZPLATTE FÜR EINEN KOPFSCHMUCK

4. Jh. v. Chr.
Gold, geprägt.
Länge 365 mm, Breite 98 mm.
Kurgan bei Sachnovka, R. Korsun' – Ševčenkovskij, Obl. Čerkassy.
Grabung M. Geze, 1901.
MIDU, Inv.-Nr. DM-1639.

Rechteckige Goldplatte mit einer Darstellung von zehn Figuren in skythischer Kleidung. Am unteren Rand der Platte läuft ein Eierstabornament.

In der Mitte befinden sich die drei Zentralfiguren: eine sitzende Frau mit hohem Kopfschmuck, die einen weiten mantelförmigen Umhang mit überlangen Ärmeln lose über ihren Schultern trägt und in der einen Hand einen Spiegel, in der anderen ein rundes Gefäß hält. Hinter ihr steht ein Jüngling mit einem großen Fächer. Vor ihr kniet ein bärtiger Skythe mit Trinkhorn und Szepter, hinter dem sich ein ebenfalls knieender bärtiger Mann befindet, der auf einem Musikinstrument spielt. Von dieser Seite wird der Fries durch eine Szene abgeschlossen, die zwei Jünglinge mit Gefäßen in den Händen darstellt. Sie führen eine unbestimmte Handlung aus.

Zur anderen Seite setzt sich diese Reihe knieender huldigender Figuren in zwei Gruppen fort, die man als „Verbrüderungsszene" und „Opferszene" bezeichnen könnte. In der ersten Szene sind mehrere Skythen in Umarmung dargestellt, die über ein Rhyton gebeugt einen Brauch üben, welcher bei Herodot beschrieben wird (s. Kat.-Nr. 45). Die letzte Szene zeigt zwei bärtige Männer: der eine hält ein Messer in der Hand, der andere den Kopf eines Widders.

Die Goldplatte diente zur Zierde eines zylindrischen Kopfschmuckes, wie er von der Skythin im Zentrum der Komposition getragen wird. Die Platte war an beiden Seiten sowie am oberen Rand mit Ösen zur Befestigung an der Vorderseite der Haube versehen. Die komplizierte Gesamtkomposition und die exakte Wiedergabe der Proportionen der Figuren zeugen davon, daß dieses Schmuckstück aus der Werkstätte eines griechischen Meisters stammt. Man nimmt an, daß es sich dabei um die Kopie eines vollendeteren Kunstwerks, vielleicht eines Metallgefäßes handelt.

Die Frauenfigur könnte eine Verkörperung der Göttin Argimpasa sein, da ihr Attribut der Spiegel ist – jenes der Göttin der Liebe, Aphrodite. Das Gefäß in ihrer Hand läßt an göttlichen Nektar oder sonst einen Trank denken, dessen Genuß in Verbrüderungsritualen unerläßlich war.

Der vor der Göttin in Anbetung knieende Skythe wird als der erste Mensch und erste Sterbliche angesehen, als der Ahnherr Kolaxaïs. Die Szenen auf dem Fries könnten demnach als Gastmahl im Jenseits gedeutet werden, das von Gesängen und Opferhandlungen begleitet war. Das Leitmotiv der Darstellung aber ist der göttliche Schutz der königlichen Macht.

Lit.: Archeologičeskaja letopis' Južnoj Rossii.-Kiev 1901. T. 3. S. 213–215; S. S. Bessonova, Religioznye predstavlenija skifov.-Kiev 1983. S. 99–107.

Kat.-Nr. 35

SCHLÄFENGEHÄNGE

4. Jh. v. Chr.
Gold, gestanzt, gezogen.
Höhe 165 mm; 170 mm.
Kurgan bei Novoselki, R. Monastyrščenskij, Obl. Čerkassy.
Grabung A. Bydlovskij, 1901.
MIDU, Inv.-Nr. DM-6435–6436.

Die Schläfengehänge weisen zahlreiche Details auf: sie bestehen aus je einer rechteckigen Platte mit einer wellenförmigen Säumung des obereren Randes als Grundelement sowie einer ganzen Reihe von Anhängern. Der zentrale Teil der Platte wird von einer Kampfszene eines Menschen mit einem Greif dominiert. Dies ist ein charakteristisches Sujet der indoeuropäischen Mythologie: der heldenhafte Ahnherr siegt im Kampf gegen ein Untier und wird so zum Stammesvater eines Volkes.
Am unteren Teil der Platte sind an kleinen Blechrhomben birnenförmige klappernde Anhänger befestigt.
Diese beiden Schmuckstücke sind einzigartig in ihrer Form. Sie waren wohl das einzige Exemplar dieser Art und dienten als dekoratives Element am Kopfputz der Festtracht einer jungen Frau.

Lit.: A. Bydlowski, Mogily w Nowosiólce w pow. Lipoweckim, gub. Kijowskiey / Swatovit.-Warszawa 1904. Nr. 5. S. 53; L. S. Kločko, Rekonstrukcija konusopodibnych golovnych uboriv skifjanok / Archeologija. 1986. Nr. 56. S. 16; Abb. 3.

Kat.-Nr. 36

Kat.-Nr 37

Kat.-Nr. 36

HALSKETTE

4. Jh. v. Chr.
Gold, gestanzt, gezogen.
Länge der Köpfe mit Anhänger 48 mm.
Kurgan bei Novoselki, R. Monastyriščenskij, Obl. Čerkassy.
Grabung A. Bydlovskij, 1901.
MIDU, Inv.-Nr. DM-6439–6451

Die Halskette besteht aus dreizehn aneinandergereihten Medaillons in der Form eines Frauenkopfes mit griechischem Kopfputz, der Stleggis. Die Rückseite ist aus glattem Goldblech, an beiden Seiten sind jeweils zwei Ösen angebracht. Am unteren Rand der Medaillons sind hohle knospenförmige Anhänger befestigt.
Dieser Schmuck wurde so getragen: die Endstücke wurden an den Schultern befestigt, die übrigen Kettenglieder waren gleichmäßig über die Brust verteilt
Ursprünglich waren Halsketten Erzeugnisse ionischer Herkunft, die aus einzelnen Platten mit Anhängern bestanden.
Frauenbildnisse ohne Attribute von Göttinnen sind in vielen Kunstwerken der Toreuten des nördlichen Schwarzmeergebiets zu finden: in Halsschmuckelementen, Ohrringen und Aufnähplättchen. Sie werden als Fruchtbarkeitssymbole gedeutet.
Der Fruchtbarkeitskult fand bei jedem Volk in einem gewissen Entwicklungsstadium Verbreitung, unabhängig von dessen Tätigkeitsbereich und geographischen Gegebenheiten. Denn seine Grundidee war es, durch magische Kräfte Wohlergehen und reiche Nachkommenschaft herbeizuführen.

Lit.: A. Bydlowski, Mogily w Nowosiólce w pow. Lipoweckim, gub. Kijowskiey / Swiatowit.-Warszawa, 1904. Nr. 5. S. 53; L. S. Kločko, Rekonstrukcija konusopodibnych golovnich uboriv skifjanok / Archeologija. 1986. Nr. 56. S. 16; Abb. 3.

Kat.-Nr. 37

HALSKETTE

1. Hälfte 5. Jh. v. Chr.
Gold, gestanzt, geschmiedet, granuliert, Filigran.
Länge 475 mm.
Kurgan bei Volkovcy, R. Romenskij, Obl. Sumy.
Grabung I. A. Linničenko, 1898.
MIDU, Inv.-Nr. DM-6256/I-133.

Die Halskette besteht aus bikonischen Goldperlen, Perlenanhängern mit vier Kügelchen an den Enden und Halbmonden mit mandelförmigen Filigraneinlagen an den Spitzen. Diese wiederum sind an ihren nach unten verjüngten Enden mit drei Granulatkügelchen besetzt.
Einzelne Details der Halskette, insbesondere die Perlenanhänger mit vier Kügelchen, die an Beeren erinnern, gehen auf uralte Formen der Goldschmiedekunst zurück, die im 9. und 10. Jahrhundert v. Chr. in Vorderasien verbreitet waren.
Das Bild der Beere – und noch mehr die Halbmonde – waren Symbole der Fruchtbarkeit.

Lit.: I. A. Linničenko, Archeologičeskie issledovanija letom 1848. / ZOOID-O, 1900. T. XXII. S. II; V. A. Il'inskaja, Skify Dneprovskogo Lesostepnogo Levoberež'ja.-Kiev 1963. S. 52, 142; Taf. XLI, Abb. II.

Kat.-Nr. 38

HALSREIF

4. Jh. v. Chr.
Gold, gegossen.
Durchmesser 175 mm.
Kurgan bei Vol'naja Ukraina (Krasnyj Perekop),
R. Kachovskij, Obl. Cherson.
Grabung A. M. Leskov, 1970.
MIDU, Inv.-Nr. AZS-2411.

Der Halsreif wurde in der Grabstätte einer vornehmen Skythin gefunden. Er wurde aus einem im Schnitt runden Stab gefertigt und so gebogen, daß seine Enden einander überlagerten. Die Endstücke stellen am Boden kauernde Löwinnen dar. Daran angrenzend ist die Oberfläche des Stabes rippenförmig verziert.
Das Bild des am Boden kauernden und der Beute harrenden Raubtiers trat im 4. vorchristlichen Jahrhundert in Erscheinung. Es war jedoch bereits in der frühskythischen Kunst als Raubkatze mit untergeschlagenen Beinen zu finden.
Derartige Halsreifen waren in den skythischen Grabstätten des 4. Jahrhunderts v. Chr. relativ weit verbreitet.

Lit. O. Leskov, Skarby kurganiv Chersonščyny.-Kiev 1974. S. 94; Abb. 72; V. I. Petrenko, Ukrašenija Skifii VII–III vv. do n. e. S. 45. Taf. 33, Abb. 2 (SAI. Vyp. D4–5).

Kat.-Nr. 39

HALSKETTE

4. Jh. v. Chr.
Paste.
Länge 540 mm.
Stadt Melitopol', Obl. Zaporož'e.
Grabung A. I. Terenožkin, 1954.
NMIU, Inv.-Nr. B54–102.

Die Halskette besteht aus 39 aus Glaspaste gefertigten Perlen runder oder zylindrischer Form. Die Glasperlen sind vielfarbig in blauen, gelben und dunkelblauen Farbtönen gehalten.

Das Ornament wird von konzentrischen Kreisen und Darstellungen des Auges beherrscht. Die Darstellung des Auges tritt häufig in der griechischen Kunst auf. Es sollte das Unheil abwehren und den Menschen vor dem Bösen schützen. Die Halskette wurde in einem Königskurgan, in der Grabstätte einer reichen Skythin gefunden.

Lit.: A. I. Terenožkin, B. N. Mozolevskij, Melitopol'skij kurgan.-Kiev 1988. S. 104–113, Abb. 117–118.

Kat.-Nr. 40

GOLDANHÄNGER IN FORM EINES WEIBLICHEN KOPFES

4. Jh. v. Chr.
Gold, gegossen, granuliert, Filigran.
Höhe 32 mm, Breite 18,5 mm.
Kurgan bei Velikaja Belozerka, R. Kamensko-Dneprovskij, Obl. Zaporož'e.
Grabung V. I. Bidzili, 1972.
MIDU, Inv.-Nr. AZS-2748.

Aus Gold gegossener Anhänger in Form eines Kopfes einer Göttin mit hohem Kopfschmuck (Stephane), der mit feinsten Pflanzenornamenten in Filigrantechnik verziert ist. Bemerkenswert sind die klassischen Gesichtszüge: große Augen, das leicht hervortretende Kinn. Um den Hals trägt sie eine Kette aus kleinen Perlen mit einem Anhänger in Form eines Stierkopfes.

Auf der Rückseite befindet sich eine glatte, mit Ösen versehene Platte, die in ihrer Mitte eine runde Öffnung aufweist. Möglicherweise war das Innere des Anhängers mit einer Paste gefüllt.

Man kann nicht mit Sicherheit sagen, welche Göttin hier dargestellt ist. Den Attributen nach könnte es sich um Demeter, die weibliche Personifizierung der Naturkräfte, die Göttin der Fruchtbarkeit und Schützerin der Ernte handeln. Der Erdenkult war bei allen ackerbautreibenden Völkern des Altertums verbreitet. Die Erde wurde dabei als Ursprung des Lebens gesehen, als Mutter aller Wesen, die am Ende wieder in ihren Schoß zurückkehren.

Lit.: Skyyttien Kulta-aare-Turku, 1990. G 65. (Kat.-Nr. 85).

Kat.-Nr. 41

ANHÄNGER

5.–4. Jh. v. Chr.
Gold, getrieben, granuliert, gelötet.
Höhe 23 mm, Länge 19 mm.
Fundort unbekannt.
MIDU, Inv.-Nr. DM-6327.

Goldanhänger in Form eines Löwenkopfes mit weit aufgerissenem Rachen. Der Anhänger ist hohl und besteht aus drei Teilen: dem Löwenkopf, der sich aus zwei Hälften zusammensetzt, und einem runden Plättchen, das die Halsöffnung verschließt. Vielleicht wurde dieses Schmuckstück doppelt verwendet, denn an der Rückwand ist eine Öse angebracht.
Mit großer Kunstfertigkeit wurde das Maul des Tieres hergestellt. Besonders beeindruckend sind die einzeln herausgearbeiteten Reißzähne, die in den Rachen eingesetzt wurden.
Eine exakte Parallele zu diesem Anhänger ist das Endstück eines Halsreifs aus dem Kurgan bei Korneevka, im Gebiet von Zaporož'e, das sich im Museum befindet.

Das Bild des Löwen tritt in der Kunst des nördlichen Schwarzmeergebiets im 5. vorchristlichen Jahrhundert unter dem Einfluß griechischer Kunsttraditionen auf. Dieses Motiv entsprach wohl den skythischen Vorstellungen von den schützenden Eigenschaften des Löwen, seiner magischen Wirkung auf den Menschen. Daraus läßt sich die große Zahl der Schmuckstücke mit Löwenköpfen (Halsreifen, Anhänger, Armreifen, usw.) erklären (s. Kat.-Nr. 29, 53, 57).

Lit.: Erstpublikation.

Kat.-Nr. 42

AUFNÄHPLÄTTCHEN

Ende 7., Anfang 6. Jh. v. Chr.
Gold, gestanzt.
29 x 26,5 mm; 28,5 x 28 mm.
Perepjaticha-Kurgan bei Mar'janovka, R. Perejaslav-Chmel'nickij, Obl. Kiev.
Grabung M. D. Ivanišev, 1846.
MIDU, Inv.-Nr. AZS-984/5, 8.

„Schematische" Darstellung eines nach links gewandten langohrigen, adlerköpfigen Greifen im Profil. Auffallend ist seine überaus starre Haltung. Aus dem transformierten Bild des Raubtiers in der Mythologie entstand ein relativ harmloses Fabelwesen, das sich wenig vorteilhaft aus verschiedenen Tierkörperteilen zusammensetzt.
Es gibt im gesamten nördlichen Schwarzmeergebiet keinen einzigen mit dem Greifen von Perepjaticha vergleichbaren Fund.
In der griechischen Mythologie ist der adlerköpfige Greif der Begleiter des Apollon. Bei den Skythen, die diese Funktion des Greifen offensichtlich übernommen haben, verkörpert er den Sonnengott und den Schützer der Pferde des Oitosyros, der mit Apollon gleichzusetzen ist. Häufig findet man Darstellungen des Greifenkopfes als Dekor auf Pferdegeschirr und Waffen.

Lit.: Drevnosti izdannye Vremennoj Komissiej dlja razbora drevnich aktov.-Kiev 1846. S. 15–16: Taf. IX 4 5; S. A. Skorij, Kurgan Perep-jaticha.-Kiev 1990. S. 38–43, Foto 7 (2, 5).

Kat.-Nr. 43

AUFNÄHPLÄTTCHEN MIT DARSTELLUNG EINES WEIBLICHEN GESICHTS

2. Hälfte 4. Jh. v. Chr.
Gold, gestanzt.
40,5 x 35,5 mm.
Kurgan bei Volkovcy, R. Romenskij, Obl. Sumy.
Grabung S. A. Mazaraki, 1897.
MIDU, Inv.-Nr. DM-1717.

Auf dem Plättchen ist ein Frauenkopf en face dargestellt, mit üppiger Haarfrisur, wobei die großen Locken fächerartig um den Kopf angeordnet sind. Charakteristisch sind die mandelförmig geschnittenen Augen und der reichliche Schmuck, der aus einem Halsreif und einer Halskette mit großen Perlen und Anhängern besteht.
Als Vorbild dürften hier wohl Darstellungen der Göttinnen Demeter oder Athene mit Flügelhelm und darunter hervorquellenden Locken gedient haben, wie dies oft auf Goldblechen und Medaillons aus griechischen Werkstätten abgebildet wurde.
Diese Arbeit ist ein hervorragendes Beispiel für die Kunstfertigkeit der ansässigen Goldschmiedemeister.
Parallelen in der Ikonographie anderer skythischer Kulturdenkmäler sind nicht bekannt.

Lit.: B. I. Chanenkou. V. N. Drevnosti, Pridneprov'ja.-Kiev 1899. Vyp. P. S. 7, 31, Taf. XXV, 419; V. A. Il'inskaja, Skify Dneprovskogo Lesostepnogo Levoberež'ja.-Kiev 1968. S. 48, 143, Taf. XXXVII, 1, 6.

Kat.-Nr. 44

AUFNÄHPLÄTTCHEN MIT DARSTELLUNG EINES WEIBLICHEN GESICHTS

2. Hälfte 4. Jh. v. Chr.
Gold, gestanzt.
35 x 44 mm.
Kurgan bei Volkovcy, R. Romenskij, Obl. Sumy.
Grabung S. A. Mazaraki, 1897.
MIDU, Inv.-Nr. DM-1706/6.

Das Plättchen ist dem vorigen ähnlich, mit leichten Unterschieden in der Frisur. Die Haare sind gescheitelt und hängen in Zöpfchen auf die Schultern herab. Die Zöpfe symbolisieren Weizenähren, wodurch ein direkter Bezug zum Fruchtbarkeitskult hergestellt wird, der im religiösen Glauben eine sehr wichtige Rolle spielte.

Lit.: B. I. Chanenko u. V. N. Drevnosti, Pridneprov'ja.-Kiev 1899. Vyp. P. S. 7, 31, Taf. XXV, 420; V. A. Il'inskaja, Skify Dneprovskogo Lesostepnogo Levoberež'ja.-Kiev 1968. S. 48, 143, Taf. XXXVII, I/II.

Kat.-Nr. 45

AUFNÄHPLÄTTCHEN MIT DARSTELLUNG EINER VERBRÜDERUNGSSZENE

4. Jh. v. Chr.
Gold, geprägt.
28 x 27 mm.
Kurgan bei Berdjansk, Obl. Zaporož'e.
Grabung N. N. Čeredničenko, 1977–1978.
MIDU, Inv.-Nr. AZS-3076/1–5.

Fünf Plättchen gleichen Typs mit einer Verbrüderungsszene. Auf drei Plättchen sind die Skythen sitzend mit untergeschlagenen Beinen dargestellt, der eine mit einem Trinkhorn in der Hand.

Zwei Plättchen gleichen Typs mit einer analogen Szene, jedoch sind die Skythen hier knieend dargestellt, und das Trinkhorn wird von beiden gehalten.

In den Ecken der Plättchen sind Ösen eingestanzt, die darauf schließen lassen, daß sie als Applikationen verwendet wurden.

Das „Verbrüderungsritual" der Skythen beschreibt der griechische Historiker Herodot im 5. vorchristlichen Jahrhundert so: „Jeden Treuebund schließen die Skythen auf folgende Weise: Sie gießen Wein in einen großen Tonbecher; dann mischen sie das Blut derer darunter, die den Bund schließen wollen, indem sie sie mit einem Pfriemen stechen oder mit dem Dolche einen kleinen Schnitt in den Körper machen. Dann tauchen sie Schwert, Pfeile, Streitaxt und Wurfspieß in den Becher, sagen lange Verwünschungsformeln und trinken von dem Trank. Dies tun alle, die den Bund schließen, und auch die angesehensten Männer aus dem Gefolge." (Herodot, IV, 70).

Der Blutsbrüderschaftsbrauch wurde von vielen Völkern des Altertums geübt. Die sogenannten „Blutsbrüder" konnten paarweise als Götter oder Helden dargestellt sein, wie etwa auf den Goldplättchen aus den Kurganen Kul'-Oba und Solocha. Auf dem Diadem aus Sachnovka und dem Aufnähplättchen aus dem Karagodeuaš-Kurgan sind sie Bestandteil vielfiguriger Kompositionen, die man als „Gelage" bezeichnet. Die Figuren sind mit den indischen Aschwinen oder den griechischen Dioskuren vergleichbar.

Der Heldenkult hatte bei den Skythen große gesellschaftliche Bedeutung. Helden galten als die „besten Menschen". Ihre Verehrung trug zur Einigung der verschiedenstämmigen Bevölkerung Skythiens bei.

Lit.:N. N. Čeredničenko, Raskopki bol'šogo skifskogo kurgana v Priazov'e / AO 1978.-Moskva 1979. S. 419–421; S. S. Bessonova, Religioznye predstavlenija skifov.-Kiev 1983. S. 64–65.

Kat.-Nr. 46

AUFNÄHPLÄTTCHEN

4. Jh. v. Chr.
Gold, gestanzt.
35 x 38 mm.
Kurgan Nosaki bei Balki, R. Vasil'evskij, Obl. Zaporož'e.
Grabung V. I. Bidzili, 1970.
MIDU, Inv.-Nr. AZS-2696/1–2.

Links auf dem Plättchen ist eine sitzende Frau in skythischer Tracht mit einem Spiegel in der Hand dargestellt, vor ihr steht ein Jüngling in skythischem Gewand, unbewaffnet und ohne Gürtel, der ein Trinkhorn an die Lippen führt.
Direkte Vergleichsstücke zu diesem Goldplättchen wurden in den Grabstätten der vornehmsten skythischen Steppenbewohner entdeckt: in Kul'-Oba, Čertomlyk, Verchnij Rogačik, im Kurgan Pervyj Mordivinovskij, im Melitopol'-Kurgan und in der Seitenbestattung des Oguz-Kurgans.
Es dürfte sich bei diesen Plättchen mit ziemlicher Sicherheit um Kopfschmuckverzierungen handeln.
Viele Wissenschafter sehen im dargestellten Sujet eine Investiturszene mit Machtübergabe an den skythischen Herrscher durch eine Göttin, oder aber die Aufnahme des Jünglings zu den Göttern. Aufgrund des spezifisch regionalen Themas und der weiten Verbreitung derartiger Plättchen ist anzunehmen, daß sie aus Werkstätten am Hellespont stammen.

Lit.: V. I. Bidzilja, Ju. V. Boltrik u. a., Kurgannyj mogil'nik v uročišče Nosaki / Kurgannye mogil'niki Rjasnye Mogily i Nosaki.-Kiev 1977, 91–92: Abb. II. 13.

Kat.-Nr. 47

AUFNÄHPLÄTTCHEN

5. Jh. v. Chr.
Gold, gestanzt.
30 x 18 mm.
Kurgan bei Archangel'skaja Sloboda, R. Kachovskij, Obl. Cherson.
Grabung A. M. Leskov, 1969.
MIDU, Inv.-Nr. AZS-2338/1–105.

Goldplättchen mit Reliefdarstellung eines Löwen, der einen Hirsch reißt. Dieser Fund stammt aus der Grabstätte eines vornehmen skythischen Kriegers. Die Plättchen waren Schmuck seiner Festtracht. Insgesamt hat man bei Funden 500 verschiedenartige Plättchen entdeckt.

Das Motiv der „Zerfleischung" eines Huftiers durch eine Raubkatze findet in der Kunst des nördlichen Schwarzmeergebiets ab Ende des 5. Jahrhunderts v. Chr. Verbreitung. Die Semantik dieses Themas ist vielschichtig. Es läßt sich vielleicht anhand der antiken Vorstellung vom ungebrochenen Lebenszyklus interpretieren, wonach der Tod des Beutetiers Voraussetzung für das Weiterleben des Raubtiers ist.

Derartige Sujets hatten nach skythischem Glauben zudem noch magische Kräfte zum Schutz vor dem Bösen, weshalb man sie häufig als Motive von Aufnähplättchen für die skythische Tracht verwendete.

Lit.: O. M. Leskov, Skarby kurganiv Chersonščini.-Kiev 1974. S. 72, Abb. 56.

Kat.-Nr. 48

OHRGEHÄNGE

4. Jh. v. Chr.
Gold, geschmiedet, gezogen, granuliert, gestanzt.
Höhe: 1. 115 mm; 2. 114 mm
Kurgan bei Volčanskoe, R. Akimovskij, Obl. Zaporož'e.
Grabung A. I. Kubyšev, 1980.
MIDU, Inv.-Nr. AZS-3641/1–2.

Die Ohrgehänge sind in Form von hohlen „Kalačiki" (besondere Form eines Weißbrotgebäcks) mit hohen Drahtbögen gefertigt. Die „Kalačiki" sind mit Filigrangeflecht und Granulatdreiecken verziert. Auf ihre mit Draht eng umwundenen Enden sind kleine hohle Entenfiguren aufgesetzt. Am Rumpfteil sind unten Drahtringe angebracht, an denen Kettchen mit kleinen Entenfiguren hängen. Jedes Entchen setzt sich aus zwei gestanzten Hälften zusammen, wobei an Kopf- und Halsnaht bei einigen ein winziges Granulatkügelchen aufgelötet ist. Die Entenschwänzchen, die gesondert aus einer dünnen Goldplatte hergestellt wurden, sind noch mit drei Blütenblättern aus Golddraht verziert.
Das Bild des Entchens ist Symbol der Fruchtbarkeit. In vielen Völkern sind Legenden überliefert, in denen die Ente die drei Elemente Erde, Wasser und Luft verkörpert.
Diese „Kalačiki"-Ohrgehänge waren im Vorderen Orient und in Griechenland schon Anfang des 1. Jahrtausends v. Chr. verbreitet. Als Bestandteil der skythischen Frauentracht treten sie in der Zeit des regen Handels mit den griechischen Kolonien auf. Sie fanden vom 5. bis zum 3. vorchristlichen Jahrhundert Verwendung.
Zur antiken Version der „Kalačiki" traten bei den Skythen eigene, heimische Varianten in Erscheinung, wie etwa die klappernden Anhänger.

Lit.: Zoloto stepu. Archeologija Ukrainy.-Šlezvig 1991. Kat.-Nr. 109.

Kat.-Nr. 49

OHRRINGE

4. Jh. v. Chr.
Gold, geschmiedet, gezogen.
Höhe: 1. 88 mm, 2. 86 mm.
Kurgan bei Mar'janovka, R. Baštanskij, Obl. Nikolaev.
Grabung O. G. Šapošnikova, 1986.
MIDU, Inv.-Nr. 3839/1–2.

Der Ohrschmuck besteht aus zwei Ringen (bei einem Ohrring ist dieser aus glattem Draht, beim anderen aus gewundenem Draht gefertigt), auf die je ein doppelseitiges Medaillon aufgesetzt ist. Das Medaillon setzt sich aus zwei miteinander verbundenen Platten zusammen, die eine schlangenfüßige Göttin in gestanztem Relief en face zeigen. Unten und an den Seiten des Medaillons hängen an Kettchen hohle tropfenförmige Anhänger.
Die schlangenfüßige Göttin gehört zu den komplexesten Erscheinungen der skythischen Religion. Ihre Abstammung wird von einem Wesen „halb Schlange, halb Jungfrau“ hergeleitet, das in einer der skythischen Ursprungssagen auftritt. Die Legende besagt, daß aus ihrer Verbindung mit Herakles drei Söhne geboren wurden: Agathyrsos, Gelonos und Skythes. Der jüngste von ihnen, Skythes, war als einziger imstande, sich so zu gürten und den Bogen so zu spannen wie Herakles dies vermochte. In der Folge wurde er zum Stammesvater aller skythischen Könige. (Herodot, IV, 10).
Die schlangenfüßige Göttin der Skythen ist eine bemerkenswerte Variante einer „Herrscherin der Tiere“, wie es die Göttinnen Rhea und Kybele sind, die gleichzeitig Fruchtbarkeit verkörperten.
Darstellungen der Göttin sind auf goldenen Aufnähplättchen, Terrakotta-Verzierungen von Särgen und Pferdestirnschmuck zu finden.
Die Ohrringe stammen aus einem Kurgan bei Butory im Gebiet von Moldawien.

Lit.: Erstpublikation.

Kat.-Nr. 50

OHRGEHÄNGE

4. Jh. v. Chr.
Gold, gestanzt, geschmiedet, gezogen.
1. Höhe 70 mm, Durchmesser des Ringes 35 mm.
2. Höhe 62 mm, Durchmesser des Ringes 29 mm.
Kurgan bei Kamenka, R. Očakovskij, Obl. Nikolaev.
Grabung O. G. Šapošnikova, 1978.
MIDU, Inv.-Nr. AZS-3235/1–2.

Die Ohrringe setzen sich aus zwei Elementen, den Ringen und den Anhängern, zusammen. Die Ringe sind aus im Schnitt rundem Draht mit übereinandergreifenden Enden gearbeitet. Die Anhänger haben die Form von Menschenköpfen. Gesichtszüge und Haartracht – die mandelförmigen Augen, die große breite Nase, die gescheitelten Haare – sind nur angedeutet. Besonderen Ausdruck verleihen diesem Schmuckstück die scheibenförmigen Plättchen, die an kleinen Drahtringen befestigt sind.
Ohrringe erfreuten sich vor allem bei der einfachen skythischen Bevölkerung im 4. und 3. vorchristlichen Jahrhundert großer Beliebtheit. Die Ringe wurden aus Gold, Silber, Bronze und Eisen angefertigt. Als dazupassende Anhänger verwendete man verschiedenartige Glas- und Metallperlen. Die Goldringe waren oft mit Anhängern in Form von Amphoren, Entchen, Tier- oder Menschenköpfen versehen.
Eines ist jedoch all den verschiedenen Anhängern gemeinsam: sie dienten wahrscheinlich als Amulette.

Lit.: L. S. Kločko, Ju. S. Grebennikov, Skifskij kalaf IV v. do n. e. Materialy po chronologii archeologičeskich pamjatnikov Ukrainy.-Kiev 1982. Abb. 8.

Kat.-Nr. 51

OHRGEHÄNGE

4. Jh. v. Chr.
Gold, gestanzt, geschmiedet, gezogen.
Höhe: 1. 82 mm, 2. 80 mm.
Kurgan bei Velikaja Znamenka, R. Kamensko-Dneprovskj, Obl. Zaporož'e.
Grabung V. V. Otroščenko, 1982.
MIDU, Inv.-Nr. AZS-3661/1–2.

Die Ohrgehänge sind in Form von Medaillons mit hohen Bügeln gefertigt. Jedes Medaillon setzt sich aus zwei miteinander verbundenen Platten zusammen, auf denen eine auf einem Thron sitzende Göttin im Relief dargestellt ist.

Der Künstler hat das Gesicht der Frau rund gestaltet, ihre Gesichtszüge sind nur angedeutet. Sie trägt einen konischen Kopfschmuck, der mit dreireihigen gepunkteten Reliefbändern verziert ist. Darunter fällt ein Schleier auf die Schultern herab. Die Göttin ist in ein langes Gewand gehüllt, das gerade die Schuhspitzen hervorragen läßt. Die Falten des Gewandes werden durch Längslinien noch betont, die Ärmel weisen Ornamente auf. Die linke Hand der Frau ruht auf ihrem Knie, in der rechten hält sie ein rundes Gefäß mit breitem Rand.

Die Thronlehne ist in Gestalt von zwei voneinander abgewandten Sphingen dargestellt. Ihre Tatzen stützen sich auf Widderköpfe, die die Armlehnen des Throns bilden. An der Brust der Sphingen, den Widderköpfen, sowie am unteren Rand des Medaillons sind an Drahtkettchen kleine hohle birnenförmige Anhänger befestigt.

Man nimmt an, daß die Zentralgestalt auf den Ohrgehängen die Göttin Kybele ist. Sie wurde in Kleinasien und im nördlichen Schwarzmeergebiet als Herrscherin der Tiere verehrt. Als ikonographisches Vorbild dieser Gottheit diente wohl eine griechische Skulptur.

Die Ohrgehänge sind einzigartig. Nahe Analogien sind unbekannt. Derartige Schmuckstücke wurden als Ohrringe getragen oder am Kopfputz befestigt.

Lit.: Zoloto stepu. Archeologija Ukrainy.-Šlezvig 1991. Kat.-Nr. 108.

Kat.-Nr. 52

OHRRING

4. Jh. v. Chr.
Gold, Email, gegossen, graviert, granuliert,
Email auf Filigranornament.
Höhe 47 mm.
Kurgan der „Drei-Brüder"-Gruppe bei Ogon'ki,
R. Leninskij, Obl. Krym (Halbinsel Krim).
Grabung D. S. Kirilin, 1965.
MIDU, Inv.-Nr. AZS-2282/1.

Ohrring in Gestalt einer Sphinx auf einem mit Eierstabornament verzierten Postament. Der Kopfputz des Fabelwesens ist mit einem Pflanzenornament in feinster Filigrantechnik dekoriert, Ohren und Hals sind geschmückt. Der geplättete Bügel mit geradegebogenem, an die Hinterseite des Sphinxkopfes angelöteten Ende ist vorne mit einer Doppelrosette versehen. Alle Dekorelemente des Ohrrings sind in blauem und grünem Email gehalten.

Der Gegenstand wurde in der Grabstätte einer vornehmen Hellenoskythin gefunden. Die hohe Meisterschaft seiner Fertigung weist diesen Ohrring als eines der besten Exemplare der antiken Kunst aus.

Schmuckstücke mit hohen Bügeln und plastischen Figuren mit komplizierter Rosette finden in der griechischen Kunst des 4. vorchristlichen Jahrhunderts zunehmend Anklang. Nahe Analogien zum hier beschriebenen Ohrring sind jedoch nur im nördlichen Schwarzmeergebiet bekannt.

Die Sphinx, ein geflügeltes Wesen mit dem Körper eines Löwen und dem Kopf einer Frau, war nach der griechischen Mythologie Ausgeburt des Typhon und der Echidne und hauste auf einem Felsen bei Theben. Sie brachte jeden Reisenden um, der das Rätsel nicht lösen konnte, das sie ihm aufgab. Das Bild der Sphinx kam offensichtlich über Kleinasien aus dem Alten Ägypten nach Griechenland. Im Nördlichen Schwarzmeergebiet trat es in Erscheinung, als sich durch einen Wandel in der skythischen Religion das Götterbild anthropomorph gestaltete. Dies bewirkte, daß im Kunstschaffen synkretistische Motive aufkamen, in denen sich menschliche und tierische Züge verbanden. Die Sphinx war den Vorstellungen der skythischen Bevölkerung durchaus nahe, da sie mit Echidne – halb Jungfrau, halb Schlange – in Beziehung stand. Zu erwähnen ist hier auch die Göttin Api, die Herodot der Echidne gegenüberstellt (Herodot, IV, 10).

Dargestellt wurde die Sphinx auf verschiedensten Gegenständen, unter anderem auf Armreifen, Aufnähplättchen und Ohrringen.

Lit.: D. S. Kirilin, Trechbratnye kurgany v rayone Tobečikskogo ozera / Antičnaja istorija i kul'tura Sredizemnomor'ja i Pričernomor'ja.-Leningrad 1968. S. 183, Abb. 5; V. T. Petrenko, Ukrašenija Skifii VII–III vv. do n. e.-Moskva 1978. S. 32, Taf. 20, Abb. 5 (SAI. Vyp. D4–5).

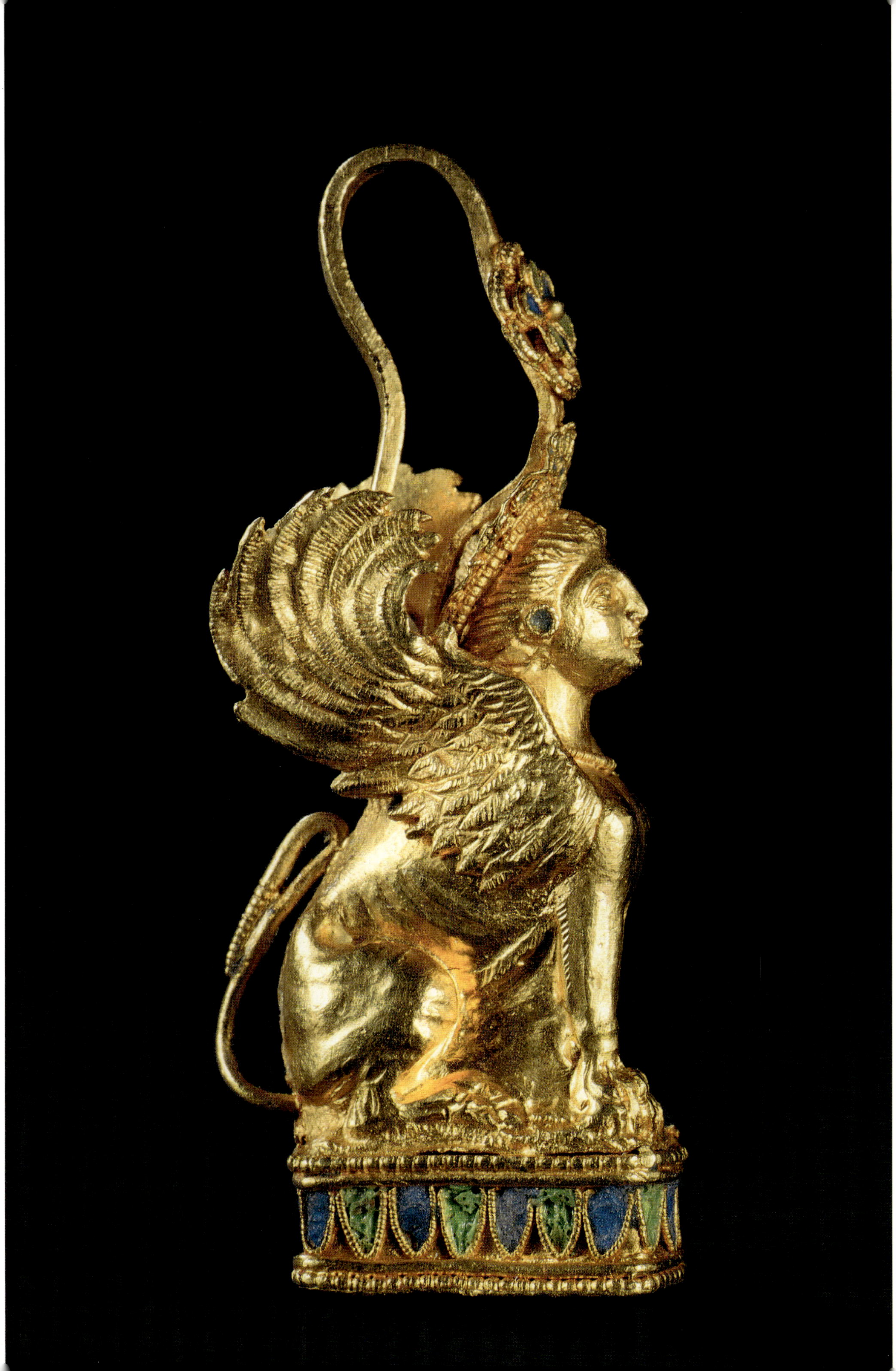

Kat.-Nr. 53

ARMREIFEN

4. Jh. v. Chr.
Bronze, Gold, Email, Paste.
gegossen, plakiert, getrieben, graviert, Email auf Filigranornament.
Durchmesser: 1. 80 mm, 2. 75 mm.
Kurgan der „Drei-Brüder"-Gruppe bei Ogon'ki, R. Leninskij, Obl. Krym (Halbinsel Krim).
Grabung D. S. Kirilin, 1965.
MIDU, Inv.-Nr. AZS-2281/1–2.

In Doppelspiralen gewundene Armreifen, die aus einer in der Mitte leicht gewölbten mit dünnem Goldblech belegten Bronzeplatte gearbeitet wurden. Ihre Enden wurden gesondert aus zwei goldenen Hülsen angefertigt. Eine der Hülsen aus dünnem Goldblech ist auf der Ansichtsseite ornamental gegliedert. Im Mittelpunkt steht eine Komposition aus Palmetten und Lotosblumen, die an den Seiten mit Eierstabornamenten verziert ist. Alle Details sind in blauem und grünem Email ausgeführt.
Die zweite Hülse setzt sich aus zwei Platten zusammen: die untere Platte ist flach, auf der oberen ist ein Löwenkopf in Treibtechnik dargestellt. Mähne, Fell und Schnurrhaare des Tieres wurden durch Nachgravur herausgearbeitet. Für die Augen wurden Emaileinlagen verwendet.
Die Form der Arbeit und die künstlerische Manier ihrer Ausführung lassen diese Schmuckstücke als Beispiele griechischer Goldschmiedekunst erkennen.

Lit.: D. S. Kirilin, Trechbratnye kurgany v rayone Tobečikskogo ozera / Antičnaja istorija i kul'tura Sredizemnomor'ja i Pričernomor'ja.-Leningrad 1968. S. 184, Abb. 2, 6(I); V. G. Petrenko, Ukrašenija Skifii VII–III vv. do n. e.-Moskva, 1978. S. 57, Taf. 47, Abb. 13 (SAI. Vyp. D4–5).

Kat.-Nr. 54

RING

5. Jh. v. Chr.
Gold, Silber, gegossen, graviert, granuliert, Filigran.
Höhe 41,3 mm.
Zufallsfund bei Tagan̆ča, R. Kanevskij, Obl. Čerkassy.
MIDU, Inv.-Nr. AZS-657

Der Ring besteht aus einer geöffneten ovalen Schiene, an deren Enden ein hohes konisches Hohlschild angelötet ist. Ober- und Unterteil des Schildes sind mit Filigrangeflecht gesäumt. Die Seitenfläche ziert ein Ornament aus vertikalen s-förmigen Spiralen mit je zwei Granulatkügelchen. Auf der konischen Oberfläche befindet sich eine sechsblättrige Rosette. Ihre Blütenblätter sind aus feinem Golddraht, in ihrer Mitte ist ein Granulatkügelchen eingesetzt.
Das Schmuckstück ist in einer komplizierten Technik gearbeitet, bei der Gießen, Filigran und Granulation kombiniert werden. Im Nördlichen Schwarzmeergebiet wurden nur wenige Exemplare dieser Art gefunden. Sie waren aus Griechenland importiert.

Lit.: B. I. Chanenko, V. N. Chanenko, Drevnosti Pridneprov'ja.-Kiev 1899. Vyp. P. Taf. XXIX, Abb. 431; V. G. Petrenko, Ukrašenija Skifii VII–III vv. do n. e.-Moskva 1978. S. 62, Taf. 52, Abb. 31 (SAI. Vyp. D4–5).

Kat.-Nr. 55

RING

4. Jh. v. Chr.
Gold, geschmiedet, gestanzt.
21 x 21,5 mm; Durchmesser 20 mm.
Kurgan bei Vol'naja Ukraina (Krasnyj Perekop),
R. Kachovskij, Obl. Cherson.
Grabung A. M. Leskova, 1970.
MIDU, Inv.-Nr. AZS-2413/4.

Der Ring hat einen runden, flachen Schild und eine Schiene mit übereinanderlaufenden, offenen Enden. Auf den Schild ist ein Plättchen mit der Reliefdarstellung eines liegenden Löwen aufgelötet.
Gehört zum im 4.–3. Jahrhundert v. Chr. in Skythien meistverbreiteten Typ. Bei ähnlichen Erzeugnisse wurden Schild und Bügel aus einer Platte gefertigt. Bei der Gestaltung der Elemente gab es verschiedene Modifikationen. Solche Fingerringe wurden in den meisten reich ausgestatteten Kurganen gefunden, hauptsächlich in Frauenbestattungen.

Lit.: O. Leskov, Skarby kurganiv Chersonščyny.-Kiev 1971, S. 34, Abb. 71; V. G. Petrenko, Ukrašenija Skifii VII–IV vv. do n. e.-Moskva 1978, S. 61, Taf. 51, Abb. 37 (SAI. Ausg. D4–5).

Kat.-Nr. 56

RING

4. Jh. v. Chr.
Gold, gegossen.
27 x 24 mm.
Kurgan bei Vol'naja Ukraina (Krasnyj Perekop),
R. Kachovskij, Obl. Cherson.
Grabung A. M. Leskova, 1970.
MIDU, Inv.-Nr. AZS-2414.

Massiver, aus einem Stück gegossener Fingerring mit Ajourdarstellung eines stehenden Greifen auf dem ovalen Schild.
In der Bestattung einer vornehmen Skythin gefunden.
Darstellungen von Greifen mit gehobener Kralle sind charakteristisch für die griechische Kunst. Sie galten als magischer Schutz vor bösen Kräften.

Lit.: O. Leskov, Skarby kurganiv Chersonščyny.-Kiev 1971, S. 94, Abb. 71; V. G. Petrenko, Ukrašenija Skifii VII–IV vv. do n. e.-Moskva 1978, S. 62, Taf. 52, Abb. 9 (SAI. Ausg. D4–5).

Kat.-Nr. 57

RING

4. Jh. v. Chr.
Gold, gegossen, geschmiedet, graviert, Granulat, Filigran.
Schild: 26 x 20 mm, Bügel: 33 x 24 mm.
Kurgan Denisova Mogila bei Ordžonikidze,
Obl. Dnepropetrovsk.
Grabung B. N. Mozolevskij, 1972–75.
MIDU, Inv.-Nr. AZS-2956.

Der massive Fingerring besteht aus ovalem Schild und beweglichem Bügel. Der Schild ist aus einer dicken Goldplatte gefertigt und von einem mit Filigrangeflecht verzierten Rahmen eingefaßt. Auf der Vorderseite sind darauf die hohle Figur eines liegenden Löwen und der Fuß eines Widders abgebildet, dahinter der Kopf des Widders. Auf der Rückseite des Schilds ist eine Tierkampfszene mit einem Greif eingraviert, der ein Pferd reißt.

Was die Feinheit der Zeichnung und die stilistischen Besonderheiten betrifft, steht diese Komposition ähnlichen Sujets auf dem Pektorale (siehe Kat.-Nr. 59) aus der Tolstaja Mogila sehr nahe.

Der Fingerring gehört zu jener kleinen Gruppe von Erzeugnissen aus dem Schwarzmeergebiet des 4. Jahrhunderts v. Chr., welche Goldimitationen von Steingemmen sind und einen beweglichen, drehbaren Bügel haben.

Lit.: B. N. Mozolevskij, Skifskie kurgany v okrestnostjach g. Ordžonikidze na Dnepropetroviščе (raskopki 1972–1975) / Skifija i Kavkaz.-Kiev 1980, S. 134–137, Abb. 69–70.

Kat.-Nr. 58

RING

4. Jh. v. Chr.
Gold, getrieben, punziert, Filigran, gelötet, inkrustiert.
Schild: 19 x 14 mm, Durchmesser des Bügels:
27 x 15,5 mm.
Drei-Brüder-Kurgan bei Ogon'ki, R. Leninskij, Obl. Krym.
Grabung D. S. Kirilina, 1965.
MIDU, Inv.-Nr. AZS-2272.

Der Fingerring besteht aus ovalem Schild und beweglichem Bügel. Auf dem Schild ist auf der einen Seite ein Skarabäus dargestellt, auf der anderen ist in Intaglio-Technik die Silhouette einer Frauenfigur in wehenden Gewändern wiedergegeben.

Der Gegenstand gehört zu einer Reihe von Ringen des 4. Jahrhunderts v. Chr., welche Goldimitationen von Steingemmen darstellen.

Analoge Schmuckstücke wurden in den Kurganen Denisova Mogila in der Nähe von Ordžonikidze und Bol'šaja Bliznica unweit der antiken Stadt Phanagoreia gefunden.

Der heilige Käfer, der Skarabäus, ist in Ägypten ein sehr beliebtes Amulett. Laut alten Glaubensvorstellungen war er Symbol der Unsterblichkeit. Bei mittelasiatischen Völkern diente der Skarabäus als Amulett der Frauen und Kinder. Er galt auch als Talisman, der die Gebärfreudigkeit steigert.

Lit.: D. S. Kirilin, Trechbratnye kurgany v rajone Tobečiks kogo ozera / Antičnaja istorija i kul'tura Sredizemnomor'ja i Pričernomor'ja.-Leningrad 1968, S. 185, Abb. 7.

Originalbefund einer reichen skythischen Bestattung, zu der auch das Pektorale Kat.-Nr. 59 gehört. Heute im „Museum für Historische Kostbarkeiten der Ukraine" im Höhlenkloster von Kiev.

Kat.-Nr. 59

PEKTORALE

Mitte 4. Jh. v. Chr.
Gold, Email, gegossen, geschmiedet, Granulat, Filigran.
Durchmesser 306 mm.
Kurgan Tolstaja Mogila bei Ordžonikidze,
Obl. Dnepropetrovsk.
Grabung B. N. Mozolevskij, 1971.
MIDU, Inv.-Nr. NDF-4.

Die Basis dieses Pektorales ist ein Rahmen aus vier bogenförmigen, hohlen Röhrchen in Form von Flechtwerk, die durch Hülsen mit Reliefverzierungen miteinander verbunden sind.
Das Hauptfeld des Pektorales ist mit Hochreliefkompositionen gefüllt, es besteht aus drei, sich nach oben verjüngenden Reihen. Auf dem unteren Fries sind Tiermotive dargestellt. Im Zentrum befinden sich drei Tierkampfszenen zwischen einem Pferd und zwei Greifen. Rechts greifen ein Leopard und ein Löwe einen Keiler an, links einen Hirschen. Weiter außen verfolgt ein Hund einen Hasen. Die Tierkampfszenen stehen nur thematisch im Zusammenhang, als Komposition sind sie in eine Reihe einzelner Sujets gegliedert.
Die zweite, mittlere Reihe besteht aus einer komplexen Goldplatte, die auf der Rückseite an mehreren Stellen oben und unten an die Röhrchen des Rahmens angelötet ist. Die Platte ist mit einem Pflanzenornament verziert. Im Zentrum befindet sich ein ausladender Strauch mit großen, gerippten Blättern, auf beiden Seiten ziehen sich wellenförmige Akanthustriebe mit großen, spiralförmigen Ranken. Der Stamm ist mit Rosetten, Palmetten und glöckchenförmigen Blumen verziert. In einigen Blütenblättern rechts und links des Stamms haben sich hellblaue Emaileinlagen erhalten. Im zentralen Teil des mit Pflanzenornament verzierten Feldes befinden sich fünf kleine, gegossene Vogelskulpturen. Ornithologen haben festgestellt, daß es sich um eine Lerchenart handelt.
Im Zentrum des oberen, dritten Frieses ist folgende Szene dargestellt: Zwei Männer nähen eine Kleidung aus Fell, sie halten sie an den Ärmeln und spannen sie. Ihr Oberkörper ist nackt, sie tragen nur weite Pluderhosen, die in weichen, niedrigen Stiefeln stecken. Über der Kleidung hängt ein Gorvt mit dem Bogen darin, der zweite liegt rechts zu Füßen des Meisters. Zu beiden Seiten der Figuren stehen ein Pferd und eine Kuh mit ihren Jungen, hinter ihnen sind Jünglinge dargestellt, einer ist mit dem Melken eines Schafes beschäftigt, der andere kauert und hält eine Amphore in den Händen. Den Abschluß bilden hier Figuren von Ziegen mit ihren Jungen und fliegende Vögel.
Alle Darstellungen der oberen und unteren Reihe sind in prägnanter, realistischer Manier ausgeführt. Jedes Element

wurde einzeln gegossen, danach wahrscheinlich noch getrieben. Die meisten Figuren sind einseitig, jede ist am Rahmen festgelötet.
Das Pektorale gehört zu den Gegenständen mit kultischer Bedeutung. Es ist seit frühesten Zeiten als besonderer Schmuck bekannt und fand in verschiedenen Gebieten (Vorderer Orient, Kaukasus, Thrakien) weite Verbreitung.
Ein direktes Vergleichsstück zu diesem Werk der Goldschmiedekunst ist das Pektorale aus der Bestattung einer Frau im Kurgan Bol'šaja Bliznica bei Phanagoreia.
Durch seine künstlerischen Besonderheiten steht das hier gezeigte Pektorale Werken der Goldschmiedekunst aus den Kurganen des nördlichen Schwarzmeergebietes nahe: der Amphore aus dem Kurgan von Čertomlyk und dem Kamm aus dem Solocha-Kurgan.
Die Darstellungen auf dem Pektorale enthalten einen tiefen philosophischen Sinn und reflektieren die kosmogonischen Vorstellungen der skythischen Gesellschaft. Entscheidende Bedeutung für ihr Verständnis hat die Szene der oberen Reihe. Möglicherweise wird hier gezeigt, wie Priesterkönige eine rituelle Festtracht nähen. Das Fest, das bei den indoeuropäischen Völkern den Beginn eines neuen Sonnenzyklus kennzeichnete, wurde im Frühling gefeiert. Symbolisch ausgedrückt stellt die obere Reihe die Welt des Lebens, der Geburt und der Vermehrung dar. Das wird von den Figuren der Haustiere mit ihren Jungen betont. Der untere Fries stellt die Welt des Todes dar. Denn es enthält Tierkampfszenen, die metaphorische Bezeichnung des Todes im Namen der Geburt.
Die Akanthustriebe auf der Platte der mittleren Reihe sind als Sympol des Weltenbaumes zu betrachten, der die gegensätzlichen Welten miteinander verbindet.
Dieses Meisterwerk antiker Kunst wurde offenbar in Pantikapaion, dem größten Zentrum der Goldschmiedekunst des nördlichen Schwarzmeergebietes hergestellt.

Lit.: B. M. Mozolevskij, Tovsta Mogyla.-Kiew 1979, S. 73–93, Abb. 57.

Kat.-Nr. 60

HALSREIF

Zweite Hälfte 1. Jh. n. Chr.
Gold, Glas, geschmiedet, gegossen, graviert, Inkrustation.
Durchmesser 140 mm.
Kurgan Nogajčinskij bei Černonoe, R. Razdol'nenskij, Obl. Krym.
Grabung A. A. Ščepinskij, 1974.
MIDU, Inv.-Nr. AZS-2853.

Der Halsreif ist aus einem massiven Golddraht mit rundem Schnitt gefertigt, der spiralförmig in drei Umdrehungen gelegt ist. Die Enden sind mit Reliefdarstellungen fantastischer Tierfiguren gestaltet, die mit Einlagen aus blauem, undurchsichtigen Glas geschmückt sind.

Der Kurgan Nogajčinsk stammt aus jener Zeit, als aus dem Osten ein starker und großer Nomadenverband, der mit den Alanen in Zusammenhang gebracht wird, in das nördliche Schwarzmeergebiet gelangt. Ein besonderes Merkmal der Alanen war ihre Vorliebe für den Türkis-Gold-Stil, in welchem dieser Halsreif gefertigt ist. Diesem Schmuckstück stehen dem Aufbau nach die Armreifen aus dem berühmten Königskurgan Chochlač bei Novočerkassk nahe.

Das Schmuckstück sieht zwar sehr effektvoll aus, ist jedoch grob ausgeführt, die Figürchen sind nicht poliert. Diese Tatsache und auch seine Konstruktion (der kleine Durchmesser bei der starren Spirale erschwert die Verwendung des Halsreifs) lassen vermuten, daß der Gegenstand für eine Bestattung bestimmt war.

Lit.: A. O. Ščepyns'kyj, Skarby sarmatskoi znati / Visnyk AN URSR. 1977, Nr. 10, S. 75–77, Abb. 4.

Kat.-Nr. 61

FIBEL

Zweite Hälfte des 1. Jh. n. Chr.
Gold, Bronze, Bergkristall, getrieben, gegossen, graviert, Filigran.
Länge 78 mm.
Kurgan Nogajčinskij bei Čeronoe, R. Razdol'nenskij, Obl. Krym.
Grabung A. A. Ščepinskij, 1974.
MIDU, Inv.-Nr. AZS-2878.

Die Fibel stellt einen Delphin dar, dessen Körper aus einem ganzen, poliertem Stück Bergkristall besteht. Der Kopf, die Flossen und der Schwanz sind in Gold ausgeführt, die Details sind graviert. Unten am Schwanz befindet sich der Nadelhalter, unter dem Kopf war eine Eisenfeder befestigt. Ähnliche zoomorphe Fibeln waren am Bosporus Ende des 1. Jahrhunderts v. Chr. bis zum 1. Jahrhundert n. Chr. modern. Im Altertum waren Delphine allgemein sehr beliebt. Dieses Tier galt als Attribut Neptuns, der mit einem Delphin in der Hand oder zu seinen Füßen dargestellt wurde. In der Kunst ist er ein beliebtes Motiv: Verkörperung uneigennütziger Menschenliebe, Symbol der Freundschaft.

Lit.: A. O. Ščepyns'kyj, Skarby sarmatskoi znati / Visnyk AN URSR. 1977, Nr. 10, S. 75–77, Abb. 4.

Kat.-Nr. 62

FIBEL IN BROSCHENFORM

1.–2. Jh. n. Chr.
Gold, Granat, Glas, geschmiedet, gelötet.
51 x 54 mm.
Kurgan Nogajčinskij bei Čeronoe, R. Razdol'nenskij, Obl. Krym.
Grabung A. A. Ščepinskij, 1974.
MIDU, Inv.-Nr. AZS-2864.

Die goldene Fibel in Broschenform diente zum Festmachen der Kleidung und zu ihrer Verzierung. Sie ist eines der prägnantesten Denkmäler der sarmatischen Kunst.
Die Fibel ist aus einer dünnen Goldplatte gefertigt. In der Mitte ist sie mit einer großen Rosette aus grünem Glas geschmückt, in der Nähe des Randes befinden sich tropfenförmige (eine herzförmige) Granateinlagen. Die große Meisterschaft des Juweliers zeigen die kegelförmigen Platten mit den Granulatkügelchen und die äußerst feinen Drahtringe auf der Basis der Brosche.
Das Erzeugnis ist im sogenannten polychromen Stil ausgeführt, der in den ersten Jahrhunderten n. Chr. mit der Ankunft der Sarmaten im nördlichen Schwarzmeergebiet weite Verbreitung fand.
Polychrome Schmuckstücke kamen bei den Sarmaten unter dem Einfluß nahöstlicher Traditionen in der Epoche des Hellenismus in Mode. Sie waren in der ganzen antiken Welt weit verbreitet. Es ist bekannt, daß eines der größten Herstellungszentren für polychromen Schmuck das Bosporanische Reich war. Goldschmiedewerkstätten deckten den Bedarf der aristokratischen Spitze der Bevölkerung des nördlichen Schwarzmeergebietes. Der gezeigte Gegenstand wurde möglicherweise hier erzeugt.

Lit.: Erstpublikation.

Kat.-Nr. 63

ARMREIF

1. Jh. n. Chr.
Gold, Karneol, Glas, geschmiedet, Granulat, Filigran, Inkrustation.
Durchmesser des Armbands 65 mm, Breite 11 mm.
Kurgan Sokolova Mogila bei Kovalevka, R. Nikolaev, Obl. Nikolaevskij.
Grabung G. T. Kovpanenko, 1974.
MIDU, Inv.-Nr. AZS-3013/1.

Der Reifen des Armbands besteht aus vier zusammengelöteten Golddrähten: zwei dünnen, gewundenen in der Mitte, und zwei etwas massiveren an den Rändern. Der flache, sechseckige, bewegliche Schild ist durch zwei Scharniere mit dem Reifen verbunden. Eines der Scharniere ist zu öffnen, seine Achse ist mit einem Goldkettchen am Schild befestigt.
Auf dem Schild sind drei Fassungen vertikal angeordnet: zwei mit Karneoleinlagen und eine (die mittlere) mit einer Einlage aus grünem Glas. Die Steine und das Glas sind in goldene Fassungen eingefügt, die mittlere wird von rhombenförmigem Granulat gesäumt. Die vier Kanten des Schilds sind mit aufgelöteten Drähten verziert, deren Enden spiralförmig eingerollt sind, im Zentrum jeder Spirale befindet sich eine Öffnung. Möglicherweise wurden hier nicht erhaltene Anhänger befestigt. Der Reifen und die Scharniere sind von Granulat umrahmt.
Der Armreif ist im polychromen Stil gefertigt, er ist eine Variante der in den ersten Jahrhunderten n. Chr. in der graecorömischen Kunst und in der Kunst des nördlichen Schwarzmeergebietes verbreiteten Schmuckstücke.

Lit.: G. T. Kovpanenko, Sarmatskoe pogrebenie 1. v. n. e. na Južnom Buge.- Kiev 1986, S. 32–33, Abb. 30.

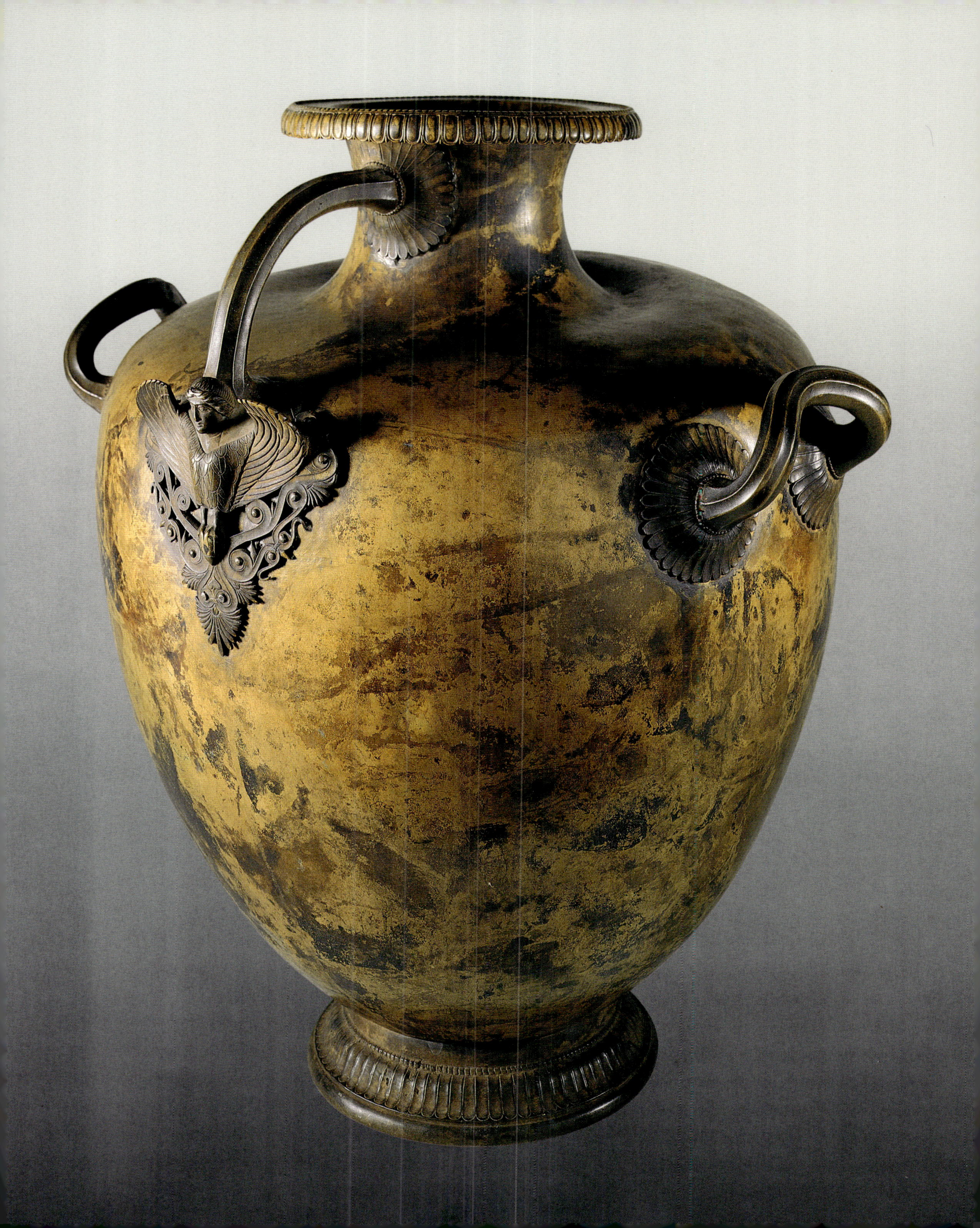

Kat.-Nr. 64

HYDRIA

5. Jh. v. Chr.
Bronze, gegossen, geschmiedet.
Höhe 440 mm, Durchmesser 320 mm.
Zufallsfund bei Peščanoe, R. Zolotonošskij,
Obl. Čerkassy, 1961.
NMIU, Inv.-Nr. B 41–433.

Am Körper dieser Hydria sind drei kannelierte, geschliffene Griffe befestigt, zwei davon horizontal, die Griffplatte ist mit vielblättrigen Rosetten geschmückt. Der dritte Griff ist vertikal vom Hals zu den Schultern befestigt, die Griffplatte hat die Form einer Sirene mit ausgebreiteten Flügeln, deren Spitzen nach außen gebogen sind. Die Sirene trägt ein ovales Medaillon am Hals. Die Figur der Sirene ist auf drei Seiten von einer durchbrochenen Platte mit Palmetten und ഗ-förmigem Ornament umgeben.

Die Hydria wird von einem ringförmigen Fuß abgeschlossen, dessen Rand mit Eierstabornament und einem schmalen Streifen Perlstabornament geschmückt ist.

Die Hydria gehört zu einem großen Komplex von Bronzegefäßen (15), welcher einmalige, künstlerisch hochstehende Werke der griechischen Toreutik umfaßt. Die Darstellungen verschiedener Tiere, der Sirenen, mit welchen die griechischen Meister Metallgeschirr verzierten, hatten magische Bedeutung und sollten die Besitzer vor dem Bösen schützen. Diese Gefäße wurden ohne jeden Zweifel in Griechenland hergestellt.

Lit.: O. D. Ganina, Antični bronzy z Piščanogo.-Kiev 1970, S. 84–85, Abb. 42, 44.

Kat.-Nr. 65

SITULA

5. Jh. v. Chr.
Bronze, gegossen, geschmiedet.
Höhe 230 mm, Durchmesser 155 mm.
Zufallsfund bei Peščanoe, R. Zolotonošskij,
Obl. Čerkassy, 1961.
NMIU, Inv.-Nr. B 41–437.

Der eiförmige Körper dieser Situla verjüngt sich stark zum Boden hin, unten sind zwei trapezförmige Platten angelötet (die dritte fehlt).

Die Henkelansätze betonen zwei Köpfe in Hochrelief, der eine stellt Pallas Athene dar, der andere einen Löwen.

Athene ist mit korinthischem Helm abgebildet, unter dem dichte Locken hervorquellen, die zu beiden Seiten des Kopfes Schlingen bilden. Die Gesichtszüge sind streng realistisch, die Augen weit geöffnet. Die Pupillen sind tief eingeschnitten, die Nase ist gerade, die Lippen sind zusammengepreßt. Auf dem Hals sind drei Relieflinien eingeritzt, die Halsschmuck andeuten.

Auf dem anderen Henkelansatz befindet sich ein Löwenkopf, der auf einem Sieb zum Ausgießen des Wassers befestigt ist. Der Rachen des Löwen ist vorgestreckt, sein verlängerter Unterkiefer bildet den Ausguß. Die Mähne des Löwen ist auf dem Kopf durch zwei Reihen enger Relieflinien wiedergegeben. Den grimmigen Gesichtsausruck unterstützen die aufgerissenen Augen mit den nach oben gezogenen Augenbrauen.

Über der Löwenmähne und dem Helm der Athene sind zwei Ösen angebracht, durch die der im Schnitt rechteckige Henkel (Doppelhenkel) läuft. Seine Enden sind nach oben gedreht und werden von einem kleinen Zapfen bekrönt.

Die Situla gehört zu einem Komplex von 15 antiken Bronzegefäßen, die im nördlichen Schwarzmeergebiet gefunden wurden. Sie wurden von griechischen Meistern hergestellt und gelangten durch die Handelsbeziehungen mit Griechenland ins Dneprgebiet.

Lit.: O. D. Ganina, Antični bronzy z Piščanogo.-Kiev 1970, S. 90.

Kat.-Nr. 66

RING

7. Jh. v. Chr.
Gold, Steatit, Filigran, geschmiedet.
Schild: 13 x 18 mm, Durchmesser des Bügel 23 mm.
Zufallsfund. Neapolis scythica, westliche Nekropole.
MIDU, Inv.-Nr. AZS-1545.

Dieser Ring besteht aus einem, vermutlich aus Steatit geschnittenen Skarabäus und einem einfachen aus Golddraht gebogenen Bügel. Der Skarabäus ist realistisch mit deutlich abgesetztem, gezackten Clypeus gearbeitet. Thorax und Elytra sind durch eingeritzte Linien angegeben. Die flache Basis trägt den in einer Kartusche eingeschriebenen Thronnamen des altägyptischen Königs Thutmosis III (Mencheper-Re). Die Kartusche wird zu beiden Seiten von einer Feder, dem Symbol der Ma'at (Wahrheit), und einer Uräusschlange flankiert.
Skarabäen galten im Alten Ägypten als Symbole der zyklischen Erneuerung und Wiedergeburt und waren als Amulette weit verbreitet.
Der Fingerring wurde weit später hergestellt, wahrscheinlich im 7. Jahrhundert v. Chr., als sich der Kult dieses Pharaos verbreitete.
Ähnliche Ringe wurden im Mausoleum der Neapolis scythica geborgen. In der antiken Kunst wird der Skarabäus häufig dargestellt, er galt als heilig und als Symbol der Wiedergeburt.

Lit.: Erstpublikation.

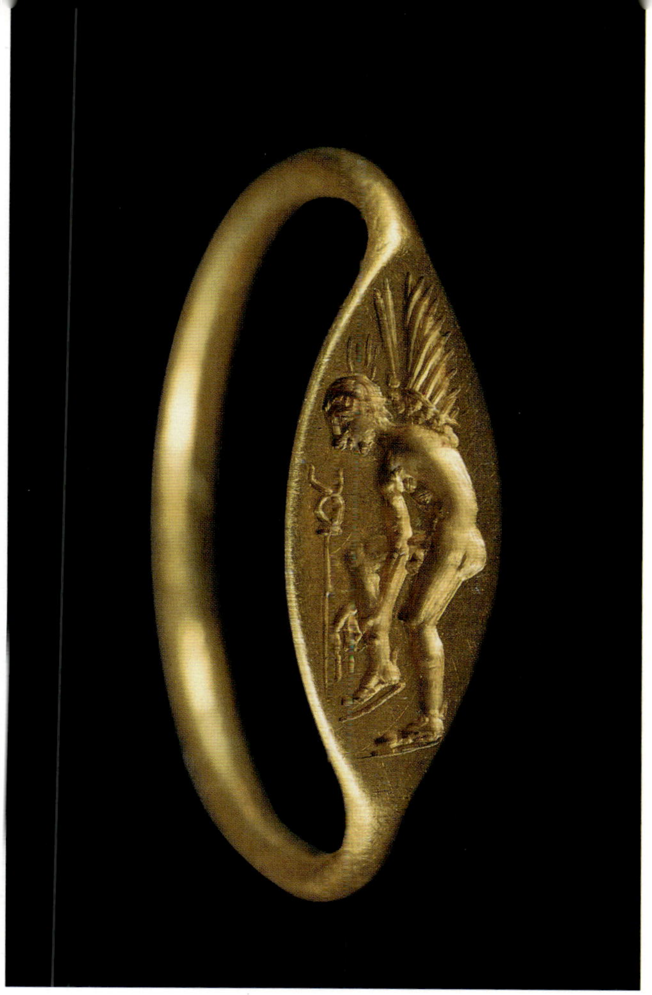

Kat.-Nr. 67

ANHÄNGER MIT GEMME

5. Jh. v. Chr.
Gold, Karneol, geschmiedet, Filigran, gezogen, Glyptik.
Länge des Anhängers 22 mm, Schild: 15 x 11 mm.
Kerč, Obl. Krym.
Zeit der Auffindung unbekannt.
Aus der Sammlung B. I. und V. N. Chanenko.
MIDU, Inv.-Nr. DM-6093.

Anhänger an einem beweglichen Bügel mit einem Skarabäus aus Karneol in goldener Fassung, verziert mit Flechtfiligran. Auf der flachen Seite des Gegenstandes ist die nackte Figur eines knieenden Kriegers mit Schild und Speer eingraviert (Intaglio).
Eine ähnliche Darstellung auf einem Skarabäus gibt es im Nationalen Archäologischen Museum der Stadt Madrid.

Lit.: B. I. Chanenko und V. N. Drevnosti, Pridneprov'ja.-Kiev 1907, Ausg. VI, S. 18, Taf. VIII, 620.

Kat.-Nr. 68

RING MIT DARSTELLUNG DES HERMES

5. Jh. v. Chr.
Gold, gegossen, geschmiedet, graviert.
Durchmesser 19 mm.
Zufallsfund auf dem Gebiet der Stadt Kerč.
MIDU, Inv.-Nr. AZS-1692.

Auf dem blattförmigen Schild ist Hermes eingraviert, wie er sich die Sandale des rechten Fußes schnürt. Hermes ist der Sohn des Zeus und der Maia, ihm öffnen sich alle Wege und versperrten Tore auf der Erde und in der Welt der Toten.
Der horizontale Schild ist hervorgehoben, die Schiene ist im Schnitt rund und im unteren Teil etwas verdickt.
Ringe dieses Typs waren im nördlichen Schwarzmeergebiet weit verbreitet: Vier stammen aus der Nekropole Olbia, drei aus Phanagoreia, drei aus Nymphaion.

Lit.: Skyyttien Kulta-aare.-Turku 1990, G 58 (Kat.-Nr. 133)

Kat.-Nr. 69

RING

2.–3. Jh. n. Chr.
Gold, gegossen, graviert.
Durchmesser 23 mm.
Tyras. Heutiges Belgorod-Dnestrovskij, Obl. Odessa.
Grabung A. I. Furmans'ka, 1958.
MIDU, Inv.-Nr. AZS-1882.

Der Ring ist in Form einer Schlange gestaltet. Er ist mit einer netzartigen, Schuppen imitierenden Gravierung bedeckt.
Fingerringe ähnlicher Form waren in der Antike ab dem 4. Jahrhundert v. Chr. bis in die ersten Jahrhunderte n. Chr verbreitet.
Der Schlangenkult existierte bei vielen Völkern auf verschiedenen Entwicklungsstufen. Die Schlange galt als Verkörperung der Seele eines Vorfahren, als Beschützerin seiner Nachkommen, der Familien und Häuser.

Lit.: A. I. Furmans'ka, Rozkopky Tipy v 1958 r. / AP URSR, 1962, T. XI, S. 128, Abb. 10 (2); Antičnye gosudarstva Severnogo Pricernomor'ja.-Moskva 1984, S. 29, Taf. III, Abb. 22.

Kat.-Nr. 70

HALSREIF

1. Jh. n. Chr.
Gold, Karneol, geschmiedet, gezogen, Glyptik.
Durchmesser 164 x 170 mm.
Pantikapaion. Heutiges Kerč, Obl. Krym.
Grabung L. I. Čuistova, 1953.
MIDU, Inv.-Nr. AZS-1719.

Der Halsreif wurde in einer Kinderbestattung gefunden. Er besteht aus zwei gewundenen Drähten, welche in der Mitte einen Heraklesknoten bilden, in dem sich eine Karneoleinlage befindet. Auf der flachen Oberfläche des Steins ist ein Brustbild Apollons im Profil tief eingraviert (Intaglio). Der unbekannte Graveur zeichnete ein junges Gesicht mit ebenmäßigen Zügen, Hals und Schultern sind mit fließenden Umrissen abgebildet. Apollon trägt einen Chiton, der in weichen Falten auf die Brust und die Schultern fällt. Auf dem Kopf des Gottes mit dem gewellten Haar ruht ein Lorbeerkranz, der über der Stirn angehoben ist, vor der Brust hält er eine Kithara.
Der Kult des Apollon, des Gottes der Sonne, des Frühlings und Sommers, des Schutzherren der Bauern, Seefahrer, Kolonisten und Fischer, der die Menschen von vielen Unannehmlichkeiten und Krankheiten befreite, war in den antiken Staaten des nördlichen Schwarzmeergebietes, insbesondere in Olbia und am Bosporus verbreitet.
Interessant ist die Kombination des Heraklesknotens, dem wunderbare Heilkräfte zugeschrieben wurden, mit der Darstellung des Gottes. Dies verstärkte die sakrale Bedeutung des Gegenstandes.
Ähnliche Halsreife sind von sarmatischen Denkmälern am Kuban' und im Kaukasus bekannt. Ein Element wie der Herakleskoten stellt einen Zusammenhang zwischen verschiedenen Goldschmiedeerzeugnissen her (Diademe, Armbänder, Ohrringe, Halsreifen), welche in der antiken Welt ab dem 3. Jahrhundert v. Chr. weit verbreitet waren.

Lit.: L. I. Čuistov, Novye nachodki iz nekropolja Kerčensk ogo poluostrova / MIA, 1959, Nr. 69, S. 240, Abb. 1–2

Kat.-Nr. 71

SCHWERT

4.–5. Jh.
Gold, Eisen, Granat, Granulat, Filigran, Inkrustation.
Länge 430 mm.
Ort und Zeit der Auffindung unbekannt.
MIDU, Inv.-Nr. DM-1638.

Kurzes Eisenschwert mit zweischneidiger Klinge. Knauf, Körper und Parierstange des Griffes sind aus Goldblech mit einer Füllmasse gefertigt.
Der Griff ist mit Granaten, Granulat und Filigran geschmückt. Granulatdekor befindet sich auf den Stirnseiten der Parierstange (je 4 Granulatdreiecke) und auf der Stirnseite des Knaufs (in Form von Weintrauben). Auf der Vorderseite der Parierstange sind zwei Granateinlagen, auf dem Körper vier, auf dem Knauf eine. Die Fassungen sind aus schmalen, an der Kante aufgelöteten Goldbändchen mit geschlossenen Enden. Diese sind von Granulat umrahmt.
In den meisten erforschten Bestattungen der Epoche der Völkerwanderung im Steppengebiet der ehemaligen UdSSR fand man Waffen, Kopfbedeckungen, Gürtel und Pferdegeschirre, verziert mit Goldfolie, inkrustiert mit färbigen (hauptsächlich rötlichen) Einlagen, hergestellt im polychromen Stil der Hunnenzeit.
Es war kein Kampfschwert, sondern vermutlich eine Paradewaffe. Denn erstens sind für die Hunnen Schwerter mit längerer Klinge charakteristisch, und zweitens ist der Griff mit Granulat, Filigran und Granateinlagen geschmückt, sodaß das Schwert unbequem zu handhaben war.
Dieses Schwert ist eines der besten Beispiele aus dem Erbe der Goldschmiedekunst der Hunnenzeit, und wie viele andere Gegenstände dieser Zeit wurde es vermutlich von bosporianischen Meistern erzeugt.
Das Schwert ist ein Unikat, bis heute wurden unter den Denkmälern der Hunnenzeit in der Ukraine keine Vergleichsstücke gefunden.

Lit.: T. N. Vysockaja, N. N. Čerepanova, Nachodki iz pogrebe nij IV–V vv. v Krymu / SA, 1966, Nr. 3, S. 187–195, Abb. 2, 9.

Kat.-Nr. 72

BESCHLAGPLATTE

4.–5. Jh.
Gold, Karneol, geprägt, Granulat, Inkrustation.
57 x 29 mm.
Kurgan in der Kalinin-Sowchose, R. Krasnogvardejskij, Obl. Krym. Grabung 1959.
MIDU, Inv.-Nr. AZS-1512.

Kleine, rechteckige Platte mit drei Reihen von aufgelöteten dreieckigen, tropfenartigen und ovalen Fassungen mit Karneoleinlagen. Die Platte ist auf drei Seiten von zwei dünnen Goldstreifchen umrandet, die so aufgelötet sind, daß die eingestanzten Linien ein Fischgrätenmuster ergeben.
Die Platte war wahrscheinlich Teil eines prunkvollen Diadems, welches in einzelne Stücke zerschnitten wurde und später als Aufnähplättchen Verwendung fand.
Besonders prunkvoll wirkt die Platte wegen der Granulatverzierung um jeden Stein; diese, das Fischgrätenmuster und die feine Ausführung bringen sie in Zusammenhang mit einer Reihe von Funden in Südrußland und v. a. am Bosporus, wo Granulat- und Filigranornamente noch in den letzten Jahrhunderten v. Chr. entstehen und ziemlich lange neben neuen Elementen weiterbestehen. Im 4.–5. Jahrhundert setzt sich Granulatdekor durch und findet weite Verbreitung. Das ähnlichste Vergleichstück, welches uns eine Vorstellung über ihren ursprünglichen Zweck vermitteln kann, ist ein goldenes, mit Almandinen geschmücktes Diadem aus dem Gebiet des Tiligul-Limans, Obl. Nikolaev. Ähnlichen Typs ist der Schmuck aus dem Schatzfund von Marfovka, Obl. Krym. Es ist keine Ausnahme, daß derartige Objekte wiederverwendet wurden. So kennen wir ein Beispiel aus einer Bestattung des 5. Jahrhunderts in Deutschland, wo Teile eines zerstückelten Diadems als Zier eines ledernen Gürtelriemens dienten.
Polychrome Gegenstände der Hunnenzeit wurden in vielen Ländern Europas entdeckt, in Polen, Rumänien, Jugoslawien, in der Tschechoslowakei, Ungarn und Deutschland. Was ihr Herstellungszentrum angeht, kann man bis jetzt mit Sicherheit nur vom Bosporus sprechen, welcher seine Bedeutung als Zentrum der Kultur und des Handwerks bewahren konnte. Er versorgte die lokale Steppenbevölkerung mit seinen Produkten.

Lit.: T. N. Vysostkaja, E. N. Čerepanova, Nachodki iz pogre benij IV–V vv. v Krymu. / SA, 1966, Nr. 3, S. 187–195.

Kat.-Nr. 73

ZAUMZEUGBESCHLAG

4.–5. Jh.
Gold, Bronze, Karneol, geprägt, gelötet, Inkrustation.
43 x 36 mm.
Kurgan in der Kalinin-Sowchose, R. Krasnogvardejskij, Obl. Krym.
Grabung 1959.
MIDU, Inv.-Nr. AZS-1519.

Kreuzförmige Beschlagplatte eines Zaumzeugriemens. Der Kern ist aus einer Bronzeplatte geschnitten, der mit Goldblech überzogen ist. Auf der Vorderseite befinden sich fünf Fassungen mit runden, ovalen und tropfenförmigen Karneoleinlagen. Die Fassungen sind aus schmalen, an der Kante aufgelöteten Bändchen mit übereinanderlaufenden Enden. Die zentrale Fassung und die Ränder des Beschlagblechs sind von Pseudogranulat umgeben. Das Ornament wurde mit einem zwischen den Bronzekern und die Goldschicht gelegten Draht geprägt. An den Enden unter den Einlagen sind vier Bronzestifte angebracht, welche zur Befestigung des Blechs auf dem Lederriemen diente.
Laut Berichten von Augenzeugen waren zwei Platten in der Bestattung, es ist jedoch nur eine erhalten. Analoge Gegenstände treten in der Regel paarweise auf.
Mit dem Auftreten der Hunnen findet origineller Pferdeschmuck weite Verbreitung. Die Lederriemen wurden mit flachen Blechen in geometrischen Formen geschmückt. Hauptsächlich handelt es sich um schmale, rechteckige Besatzstücke. An der Stelle, wo sich der Stirn- und der Nüsternriemen mit den Seitenriemen kreuzen, wurden kreuzförmige Besatzstücke, ähnlich diesem, angebracht.
Bestattungen mit Waffen und einem deutlich ausgeprägten Pferdekult sind für reiche Nomadengräber aller Zeiten charakteristisch. Bei den Denkmälern der Hunnenzeit aus dem 4.–5. Jahrhundert kommen sie mit wenigen Ausnahmen von Kasachstan bis Westeuropa vor.
Entsprechende Platten wurden in den Kurganen bei Zdviženskoe bei Stavropol' geborgen und in der Bestattung bei Novogrigor'evka, Obl. Zaporož'e. Sie sind auch aus Fundkomplexen des Nordkaukasus und den Steppen des Wolgagebietes bekannt.

Lit.: T. N. Vysotskaja, N. N. Čerepanova, Nachodki iz pogrebenij IV–V vv. v Krymu. / SA, 1966, Nr. 3, S. 187–195, Abb. 2, 9.

Kat.-Nr. 74

GÜRTELSCHNALLE

4.–5. Jh. n. Chr.
Gold, Karneol, gegossen, inkrustiert.
40 x 26 mm.
Zufallsfund bei Čikarenko, R. Oktjabr'skij, Obl. Krym (Halbinsel Krim).
Grabung 1952.
MIDU, Inv.-Nr. AZS-1537.

Die Gürtelschnalle besteht aus einem Rahmen und einem Ring mit einem beweglichen Dorn.
Der Rahmen ist rund; die goldene Riemenplatte ist oval.
Anstelle eines Scharnieres sind Ösen vorhanden. Auf der Vorderseite der Platte ist eine herzförmige Fassung eingeschnitten, die durch goldene Stege in sieben Zellen unterteilt ist, in die flach geschliffene Karneolsteine eingelegt waren. Zwei Steine fehlen.
Die vorliegende Schnalle gehört zur zweiten Gruppe der polychromen Erzeugnisse aus der Zeit der Hunnen, worauf die Tatsache, daß sie in der Technik der Einzelfeldinkrustation gearbeitet ist, schließen läßt.
Bei den Denkmälern des Steppengürtels sind Schmuckstücke dieser Art eine Seltenheit. In erster Linie wurden diese Schnallen für Gürtel und Endstücke verschiedenster Art verwendet.
Als Herstellungszentrum galt der Bosporus.
Schnallen kommen gewöhnlich in den Männerbestattungen und nur selten in den Frauenbestattungen der Nomadenvölker vor.
Im Laufe einiger Jahrhunderte (vom 4.–7. Jahrhundert n. Chr.) wiesen sie innerhalb des großen Gebietes, daß sich zwischen Wolga und Rhein erstreckte, eine verblüffend einheitliche Form auf.
Nur die in Einzelfeldinkrustation hergestellten Erzeugnisse in der Form eines Bügels mit jeweils drei Nieten längs der Seiten finden sich sehr selten.
Ähnliche Schnallen wurden in den Grabkomplexen von Kerč, Obl. Krym, in Bestattungen bei Wolfsheim in Deutschland und Jakušovicy in Polen und in Grabanlagen Ungarns gefunden.

Lit.: Scythian Gold, Museum of Historic Treasures of Ucraine.-Tokio 1992. – Kat.-Nr. 178.

Kat.-Nr. 75

RIEMENSCHNALLE

4.–5. Jh. n. Chr.
Gold, Karneol, gegossen, inkrustiert.
33 x 16 mm.
Ort und Zeit der Auffindung unbekannt.
MIDU, Inv.-Nr. AZS-1904.

Diese Riemenschnalle ist klein umd dem Typus nach der vorangegangenen ähnlich.
Die einzigen Unterschiede liegen in der Form des Dornes und der Anzahl der Zellen.

Lit.: Scythian Gold, Museum of Historic Treasures of Ucraine.-Tokio 1992. – Kat.-Nr. 179.

Kat.-Nr. 76

GÜRTELGARNITUR

6.–7. Jh. n. Chr.
Gold, Kupfer, Silber, Granate.
Geprägt, gegossen, granuliert, inkrustiert.
Kurgan bei Vasil'evka, Obl. Cherson.
Grabung A. I. Kubyšev, 1984.
MIDU, Inv.-Nr. AZS-3648 / 1–19.

Gürtelgarnitur bestehend aus 19 Schmuckplatten:

a) Vier Riemenzungen aus Silber. Auf der Vorderseite Goldbeschläge mit zwei Reihen Granulation längs der Ränder; in der Mitte granulierte Rhombenornamente. Auf jedem Stück je ein Niet mit durchgehendem Stiel zur Befestigung der Riemen.
31 × 14 mm.

b) Ein knebelförmiger Kupferbeschlag mit T-förmigem profiliertem Abschluß.
19 × 28 mm.

c) Zwei Riemenzungen mit abgerundetem Rand. Die Unterplatte besteht aus Silber, darüber Goldblatt mit zwei Reihen Granulation längs des Randes. In der Mitte Dreiecke aus Granulation, deren Spitzen sich berühren. Auf jedem Stück je ein Niet.
11 × 11 mm.

d) Zwei runde Goldbeschläge mit zwei konzentrischen Kreisen aus Granulation.
Auf jedem in der Mitte je ein Niet.
Durchmesser: 11 mm.

e) Acht runde Goldbeschläge mit Granateinlagen in Form von oben abgeplatteten Cabochons. Ihre hohen Fassungen sind an der Basis mit Granulation umgeben. An drei Beschlägen sind Spitzen erhalten, bei fünf Stücken sind diese am Ansatz abgebrochen.
Durchmesser: 11 mm.

f) Eine Riemenzunge mit abgerundetem Rand aus Silber. Auf der Vorderseite Goldbeschläge mit zwei Reihen Granulation längs der Ränder. In der Mitte in zwei Reihen ein traubenförmiges Ornament in Granulationstechnik?
Zwei Niete vorhanden.
48,5 × 21,5 mm.

g) Ein goldenes rechteckiges Endstück mit einer abgerundeten Seite. Längs der Ränder sind großkörnige Granulatkügelchen angelötet. Die Platte ist mit kleinen Dreiecken in Granulationstechnik verziert.
32,5 × 14 mm.

Für alle späteren Gürtel aus den Bestattungen reicher Nomaden ist ihre prunkhafte und vielfarbige Gestaltung charakteristisch. Die goldenen Endstücke mit ihrer reichhaltigen Granulation werden durch polychrome Platten komplettiert. Hergestellt wurden sie von byzantinischen Meistern.

In den Steppen Osteuropas fanden die Archäologen bis zum heutigen Tag nur wenige Denkmäler der Awaren. Man versucht, dies durch deren kurze Präsenz im nördlichen Schwarzmeergebiet zu erklären.

Zu den am häufigsten unter den wertvollen Grabbeigaben in awarischen Bestattungen gefundenen Stücken zählen heraldische Gürtelgarnituren aus Silber; sie waren aus figürlichen Platten gegossen und dienten zur Verzierung von Ledergürteln.

Analoges Gürtelschmuckwerk wurde auch in den awarischen Bestattungen in Ungarn geborgen.

Lit.: Scythian Gold, Museum of Historic Treasures of Ucraine.-Tokio 1992. – Kat.-Nr. 180.

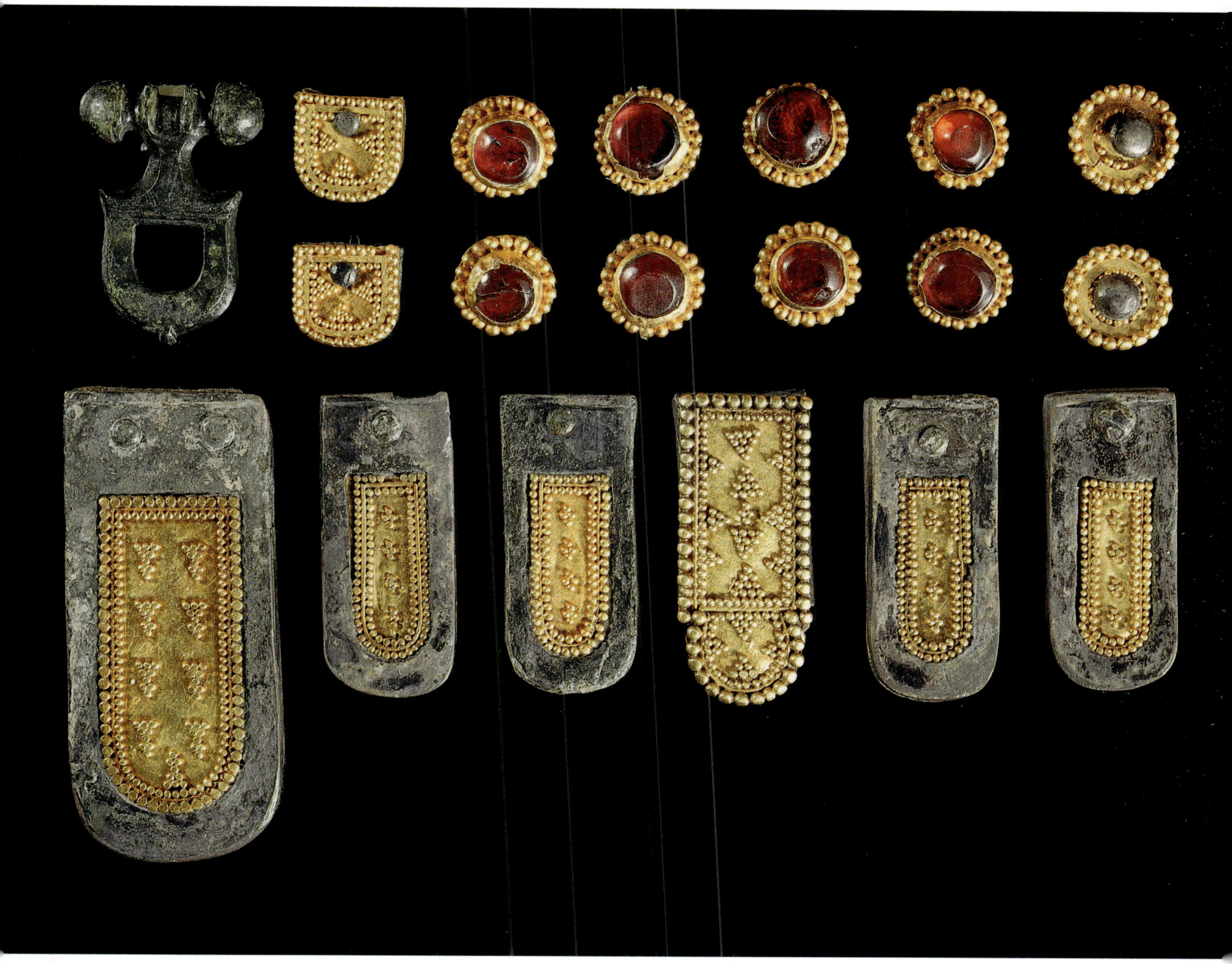

Kat.-Nr. 77

GÜRTELGARNITUR

6.–7. Jh. n. Chr.
Gold, Silber, Bronze, Granate, Glas.
Gegossen, geprägt, granuliert, inkrustiert.
Kurgan bei Razdol'noe, Obl. Krym (Halbinsel Krim).
Grabung 1966.
MIDU, Inv.-Nr. AZS-2831–2840.

Gürtelgarnitur bestehend aus zehn Beschlagplatten:

a) Drei Silberbeschläge mit abgerundetem unteren Rand und paarweise angeordneten Vogelköpfchen als oberen Abschluß.
Die Vorderseite ist mit Glas und Granaten eingelegt und mit Granulatkügelchen verziert.
24 × 31,5 mm.

b) Zwei knebelförmige Silberbeschläge mit T-förmigen Abschlüssen, die Haken bilden. Sie sind mit Granulat und einer Einzelfeldinkrustation mit Glas- und Granateinlagen verziert.
34,5 × 24; 35 × 24 mm.

c) Eine figürliche Beschlagplatte mit zwei seitlichen Einschnürungen. Verziert mit Granulat und einer Einzelfeldinkrustation.
24,5 × 32,5.

d) Ein figürlicher Bronzebeschlag, inkrustiert mit zwei Granateinlagen.
21 × 17 mm.

e) Drei Riemenzungen mit abgerundetem unteren Rand. Verziert mit Einzelfeldinkrustation und Granulat. In die Zellen ist eine Goldplatte eingelegt.
26,5 × 23,5 mm.

Auch diese Gürtelgarnitur wurde, wie die vorangegangene, von byzantinischen Meistern hergestellt.
Mehrteilige Gürtelgarnituren wurden im 6. und 7. Jahrhundert zu einer eurasischen Mode und dienten den Zeitgenossen als Kennzeichen der Zugehörigkeit zu einer Gefolgschaft, als Ausdruck der sozialen Stellung, des materiellen Wohlstands und der kriegerischen Verdienste.
Der heutigen Forschung dienen die Gürtelgarnituren, zusammen mit den sonstigen Beigaben, als wichtige Quelle für sozioökonomische und ethnokulturelle Rekonstruktionen.
Der reichen Ausgestaltung nach zu urteilen, waren diese Gürtel Kennzeichen der Oberschicht.
Entsprechende Gürteltypen sind, mit einigen Veränderungen des Zierbesatzes, auch heute noch bei manchen Völkern Nordkaukasiens und Mittelasiens üblich.

Lit.: Scythian Gold, Museum of Historic Treasures of Ucraine.-Tokio 1992. – Kat.-Nr. 180.

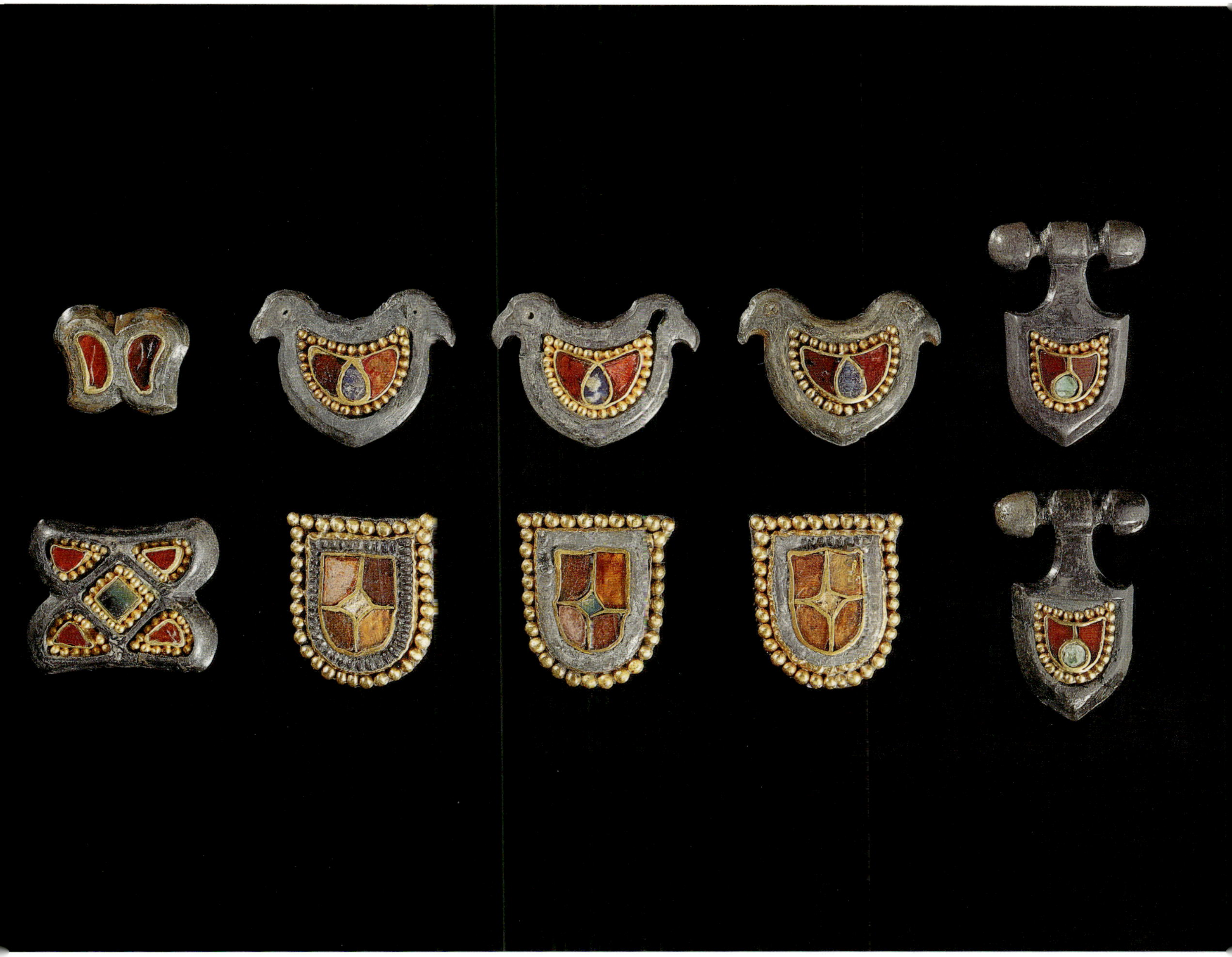

Kat.-Nr. 78

ZWEI PSEUDOSCHNALLEN

7.–8. Jh. n. Chr.
Gold, Turmaline.
Gegossen, geprägt, granuliert, inkrustiert.
59 x 83 mm; 61 x 33 mm.
Aus dem sogenannten Kelegejskij-Hort bei Gladkovka,
R. Golopristan'skij, Obl. Cherson.
Grabung 1927.
MIDU, Inv.-Nr. AZS-1432–1433.

Massive aus zwei, mit einem Scharnier verbundenen, Teilen bestehende Pseudoschnallen für Riemen.
Die Mittelfelder sind von 15 goldenen Halbkugeln umgeben, die „Rahmen" mit einem gegossenen Ornament versehen.
Jede der Pseudoschnallen hat vier mit Granulierung umgebene Fassungen. In einigen Fassungen sind die Einlagen erhalten; in der einen Schnalle ohne Dorn zwei Turmaline, in der anderen Schnalle ein Turmalin.
Gürtel mit Pseudoschnallen waren den Vertretern der oberen Gesellschaftsschicht vorbehalten. (Wertvolle Gürtel wurden in Malyj Pereščepin, in den Kelegejskie-Anlagen, entlang des mittleren Laufes der Donau, in Tepe, Boči, Kunbabonja, Pakapusta u. a. gefunden).
Allein schon die Idee, Scharnierplatten in Form von Gürtelschnallen mit einem unbeweglichen Dorn, der entweder am Rahmen angegossen oder angelötet wurde, an einem Gürtel anzubringen, ist ungewöhnlich.
In ihrem äußeren Erscheinungsbild weisen diese Gürtel nur eine Ähnlichkeit mit den im Fernen Osten üblichen Gürteln mit durchbrochen gearbeiteten Scharnierplatten auf.
Diese wurden vom 4. bis zum 6. Jahrhundert in Korea, China und Japan hergestellt.
Das Auftauchen solcher Elemente in Osteuropa läßt sich dadurch erklären, daß eines der Nomadenvölker, die sich hier angesiedelt hatten, Verbindungen zu Asien hatte.

Lit.: I. V. Fabricius, Kelegejs'kij skarb / Litopis Chersons'kogo muzeju.-Cherson.-1927-Ausg. 8; Stepi Evrasii v ěpochu srednevekov'ja.-Moskva 1981. S. 16–17. / (Archeologija SSSR v 20-ti tomach).

Kat.-Nr. 79

OHRGEHÄNGE

7.–8. Jh. n. Chr.
Gold, geprägt, gelötet, granuliert.
Höhe 74 mm; 71 mm.
Ort und Zeit der Auffindung unbekannt.
MIDU, Inv.-Nr. AZS-1907/1–2.

Ohrgehänge eines Kopfputzes. Jedes Stück besteht aus einem mit Granulierung verzierten Ring und einer mit der Spitze nach unten hängenden hohlen Pyramide.
An die Spitze ist eine Glasperle mit einer Fassung für eine Einlage auf der Unterseite gelötet; ihre Oberfläche ist mit Granulatdreiecken verziert.
An den Rändern der Pyramiden befinden sich Granulate unterschiedlicher Größe. An den Flächen sind Halbkugeln angebracht, die von einem Granulatornament umrahmt werden.
Ohrgehänge dieser Art schmückten nur den Kopfputz von Angehörigen der Oberschicht. Hergestellt wurden sie von byzantinischen Meistern.
Ähnliche Schmuckelemente wurden nur in den reichsten chazarischen Bestattungen des sogenannten Pereščepino-Kreises (Kelegejskie-Hort, Obl. Cherson; Glodosskij; Maloe Pereščepino) gefunden.

Lit.: Scythian Gold, Museum of Historic Treasures of Ucraine.-Tokio 1992. – Kat.-Nr. 183.

Kat.-Nr. 80

ANHÄNGER

7.–8. Jh. n. Chr.
Gold, geprägt, granuliert, gelötet, inkrustiert.
Höhe 118 mm.
Gefunden in einem Komplex bei Glodosy, R. Maloviskovskij, Obl. Kirovograd.
Grabung A. Ja. Smilenko, 1961.
MIDU, Inv.-Nr. AZS-1957.

Massiver Anhänger eines Kopfputzes in Form einer mit der Spitze nach unten gekehrten Pyramide. An diese Spitze sind drei kleine Hohlkugeln mit Fassungen für Einlagen angelötet und eine größere, die mit Granulation verziert ist und ebenfalls eine Fassung für eine Einlage aufweist.
An den Pyramidenrändern sitzen Hohlkugeln, die Granulierung imitieren. Auf den Seitenflächen der Pyramide befinden sich Fassungen für Einzelfeldinkrustation mit Resten einer glasartigen Masse und auf der Pyramidenbasis Reihen feinerer und gröberer Granulierung; in der Mitte ein Aufsatz, an dem der massive Bügel festgelötet ist.
Der vorliegende Anhänger wurde in einer der am reichsten ausgestatteten Grabanlagen aus der Zeit der Blüte des chazarischen Reiches (7./8. Jahrhundert) entdeckt.
Die Auffindung 1961 erfolgte zufällig von Schülern, worauf dann die genaue archäologische Untersuchung folgte.
Die Funde setzten sich aus künstlerisch sehr wertvollen Objekten zusammen, die aus Edelmetallen mit einem Gesamtgewicht von mehr als fünf Kilogramm (Gold 2,5 kg, Silber 3 kg) hergestellt worden waren.
Die Schmückstücke sind uns leider wegen Feuereinwirkung bei der Bestattung nicht in ihrer ursprünglichen Schönheit erhalten.
An der Fundstelle wurden neben den Gegenständen aus Gold und Silber auch verbrannte Reste von Knochen und Kohle gefunden, woraus geschlossen werden kann, daß es sich um eine Leichenverbrennung gehandelt hatte.
Die Chazaren glaubten, wie viele andere Völker auch, an die reinigende Kraft des Feuers.

Lit.: A. T. Smilenko, Glodos'ki skarbi.-Kiev 1965. S. 18–21; Taf. 3.

Kat.-Nr. 81

BRUSTSCHMUCK

7.–8. Jh. n. Chr.
Gold, geprägt, gelötet, granuliert, Filigran.
Länge 267 mm.
Gefunden in einem Komplex bei Glodosy, R. Maloviskovskij, Obl. Kirovograd.
Grabung A. T. Smilenko, 1961.
MIDU, Inv.-Nr. AZS-1967–1968.

Der Brustschmuck besteht aus einer Kette und einem halbmondförmigen Anhänger.
Die massive goldene, aus mehreren Strängen geflochtene Kette ist mit einem zentralen Schmuckstück in Form eines hohlen, rechteckigen Medaillons und zwei runden Fassungen für Einlagen auf jeder Seite versehen.
Die zweite Hälfte der Kette ist nicht erhalten. Am Halbmond sind drei Anhänger angebracht.
Die Vorderseite des Halbmondes ist in drei Ornamentzonen gegliedert, die mit feinerer und gröberer Granulierung und einer vertikal angelöteten wellenförmigen Platte und Hohlkugeln geschmückt sind.
Der vorliegende Brustschmuck hebt sich von den vielen anderen Juweliererzeugnissen aus diesem Grabkomplex durch seine Schönheit und die Kompliziertheit seiner Ausführung ab.
In seiner Herstellungsart lassen sich Spuren der byzantinischen Goldschmiedekunst erkennen. Auch die stilistischen Besonderheiten und die technischen Details in der Ausstattung des Schmuchstückes belegen dies.

Lit.: A. T. Smilenko, Glados'ki skarbi.-Kiev 1965. S. 15–17; Taf. II, 2; IV, 5.

Kat.-Nr. 82

ZAUMZEUGSCHMUCK

10.–11. Jh. n. Chr.
Silber, gegossen, graviert, Niello, vergoldet.
Riemenkreuzungen: 40 x 40 mm.
Endstücke: 55 x 22 mm; 62 x 14 mm.
Riemenbeschläge: 80 x 55 mm.
Durchmesser der runden Plättchen: 15 mm.
Kurgan bei Novo-Kamenka, R. Kachovskij, Obl. Cherson.
Grabung A. I. Kubyšev, 1974.
MIDU, Inv.-Nr. AZS-3289, 1–21.

Die Verzierung des Zaumzeuges besteht aus 21 Beschlägen. Es handelt sich dabei um Plättchen unterschiedlicher Form, die mit Stiften an den Lederriemen befestigt waren.
Alle Plättchen sind vergoldet und mit Nielloeinlagen versehen. Sie tragen pflanzliche Ornamente.
Herstellungstechnik: Guß und anschließende Nacharbeit mit dem Gravierstichel.
Zaumzeugschmuck gehört zu den am häufigsten gefundenen Beigaben in den Gräbern der späten Nomaden, besonders der Pečenegen.
Die dekorativen Elemente spielten zu dieser Zeit jedoch keine so große Rolle mehr wie in den Zeiten davor. Sie wurden nicht mehr als ein Zeichen der Würde verwendet, sondern dienten lediglich als Schmuck. Die Erzeugnisse wurden in Werkstätten auf der Krim hergestellt.

Lit.: A. I. Kubyšev, R. O. Orlov, Usdečnyj nabor XI v. iz Novo-Kamenki / SA. 1982.-Nr. 1. S. 238–246.

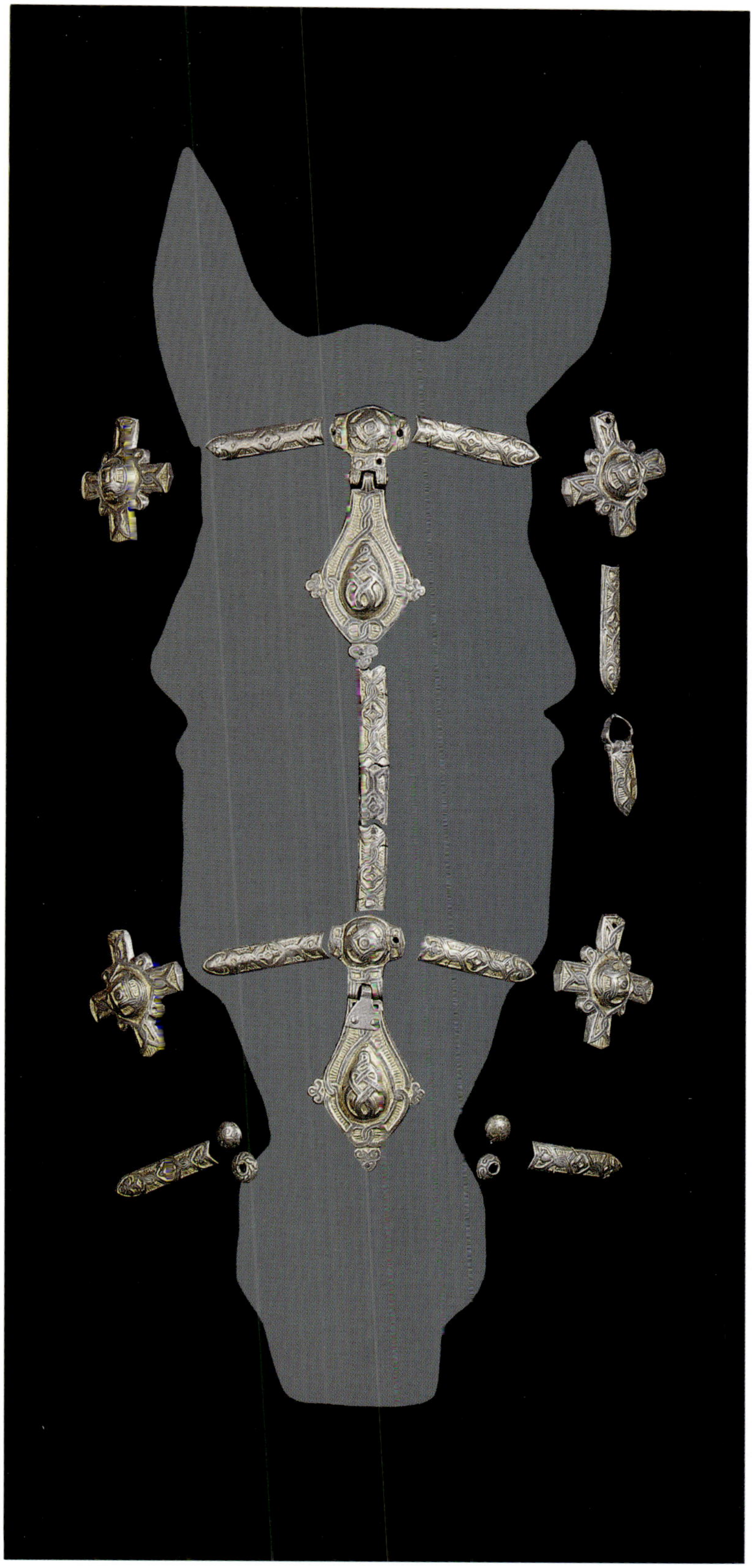

Kat.-Nr. 83

SCHILDBUCKEL

40–50er Jahre des 13. Jh. n. Chr.
Silber, geprägt, vergoldet.
Durchmesser: 187 mm.
Čingul'skij-Kurgan bei Zamožnoe, Obl. Zaporož'e.
Grabung V. V. Otroščenko, 1981.
MIDU, Inv.-Nr. AZS-3624.

Schildbuckel, der die zentrale Verzierung eines hölzernen, mit Leder überzogenen, Schildes bildete. Er hat die Form einer runden Platte mit einem plastischen Kegel in der Mitte.

Platte wie Kegel sind entlang des Randes mit Silbernieten beschlagen.

Dieser Schildbuckel gehörte zur Ausstattung einer polovzischen Bestattung aus dem 13. Jahrhundert n. Chr.

Dieses Denkmal ist aufgrund des hervorragend erhaltenen Grabkomplexes von großem Interesse für die Wissenschaft. Dem Reichtum der Ausstattung nach zu schließen handelt es sich um die Bestattung einer Persönlichkeit von sehr hohem sozialen Rang; ihrem Aufbau nach gleicht die Grabanlage sogar der eines Khans.

Lit.: V. V. Otorščenko, Ju. Ja. Rassamakin, Polovec'kij kompleks Čingul's'kogo kurgany / Archeologija. -1986. Nr. 53. S. 21–27; Abb. 6.

Kat.-Nr. 84

„SZEPTER“

12.–13. Jh. n. Chr.
Gold, geschmiedet.
Länge 420 mm.
Čingul'skij-Kurgan bei Zamožnoe, Obl. Zaporož'e.
Grabung V. V. Otroščenko, 1981.
MIDU, Inv.-Nr. AZS-3608.

„Szepter“ aus einem massiven geschmiedeten vierkantigen Goldstab, der um seine Achse tordiert wurde, sich an den Enden verjüngt und in Ösen endet.

Ähnliche massive tordierte silberne und bronzene Stäbe wurden in einer Reihe reicher männlicher und weiblicher Bestattungen der Polovzer entdeckt. Sie haben eine Länge von 30 bis 35 cm.

Die Archäologen hielten sie lange Zeit für die Reste von Peitschen, auch deswegen, weil sie meistens in den rechten Händen der Toten gefunden wurden. Doch durch die Erforschung der späteren Bestattungen wurde diese Meinung widerlegt. Als Griffe für Peitschen konnten sie deshalb nicht dienen, weil sie viel zu brüchig waren.

Außerdem war in einer Bestattung aus dem Gebiet am Unterlauf des Don, in der das Leder sehr gut erhalten geblieben war, der silberne gewundene Stab nicht mit dem Riemen der Peitsche verbunden, sondern lag neben der rechten Hand.

Der äußeren Form nach erinnern die Stäbe an die sogenannten „falschgewundenen“ altrussischen Halsreifen.

Einige von ihnen wurden in der Mitte gebrochen und weisen nur ein Ende auf; andere sind ohne Zweifel lediglich geradegebogene Halsreifen, deren beide Enden schmal und glatt sind, deren Mittelstück aber gewunden ist.

Anscheinend stellten diese Halsreifen, die in kleine Stäbe verarbeitet wurden, Zeichen einer besonderen Würde oder etwas eigentümliche Machtsymbole nach der Art eines Szepters dar.

Dieser Stab wurde in der rechten Hand des Toten gefunden.

Lit.: V. V. Otroščenko, Ju. Ja. Rassamakin, Polovec'kij kompleks Čingul'skogo kurgany / Archeologija. 1986.-Nr. 53. S. 25; Abb. 10.

Kat.-Nr. 85

HELM

12.–13. Jh. n. Chr.
Eisen, gegossen, geschmiedet, vergoldet.
Durchmesser 200 mm; Höhe 230 mm.
Čingul'skij-Kurgan bei Zamožnoe, Obl. Zaporož'e.
Grabung V. V. Otroščenko, 1981.
MIDU, Inv.-Nr. AZS-3607.

Eisenhelm mit kuppelförmigem Oberteil und Gesichtshalbmaske.
Helmzier in Form eines Eisenstiels mit Ring.
Am Unterrand des Helmes ist der Gesichts- und Nackenschutz aus Ringketten (russ. barmica) befestigt und wird vom Nasenschutz der Halbmaske bedeckt.
Auf der Maske sind die Augenbögen markiert, unter denen mandelförmige Augenschlitze angebracht sind.
Helmoberfläche und Halbmaske sind vergoldet. Üblicherweise gehören Helme dieses Typus zur altrussischen Schutzrüstung und sind in die 2. Hälfte des 12. bzw. in die 1. Hälfte des 13. Jahrhunderts zu datieren.
Unter den Gegenständen aus dem Čingul'-Kurgan kommt jenen altrussischer Herkunft besondere Bedeutung zu: der hier gezeigte Helm, Verschlüsse, Messer, einzelne Stoffe und Glaseinsätze auf der Kleidung.
Charakteristisch für die Rus' war auch die weit verbreitete Anwendung von vergoldetem Silber bei Pferdegeschirr, Waffen und Kleidung. Die Beschreibung der Paradekleidung von Danil Galickij im Jahre 1248 führt uns dies genau vor Augen.
Die zweifellos ähnliche Ausstattung eines russischen Fürsten und eines polovzischen Khans aus dem Čingul'-Kurgan ist nicht nur für die Datierung des Komplexes von großer Bedeutung, sondern untermauert auch die Tatsache, daß im Heer des Danil Galickij eine kleine Horde der Polovzer unter der Führung des Khans Tičak diente.
Nach der Erwähnung der Polovzer in der sogenannten Chronik „Galicko-Bolynskaja Letopic'" aus der Zeit zwischen 1245 bis 1253 taucht ihr Name in den Chroniken der alten Rus' nicht mehr auf.

Lit.: V. V. Otroščenko, Ju. Ja. Rassamakin, Polovec'kij kompleks Činguls'kogo kurganu / Archeologija. 1986.-Nr. 53.-S. 20, 27, 32; Abb. 7; A. M. Kirpičnikov, Drevnerusskoe oružie.-Moskva,1971. S. 29–32 (SAI. Ausg. E-I-36).

Kat.-Nr. 86

RÄUCHERGEFÄSS

12.–13. Jh. n. Chr.
Silber, gegossen, geschmiedet, graviert, vergoldet.
Höhe 310 mm.
Maximaler Durchmesser der Schale und des Deckels 165 mm.
Durchmesser des Fußes 105 mm.
Čingul'skij-Kurgan bei Zamožnoe, Obl. Zaporož'e.
Grabung V. V. Otroščenko, 1981.
MIDU, Inv.-Nr. AZS-3623.

Vergoldetes silbernes Räuchergefäß in Form einer halbrunden Schale auf hohem trichterförmigen Fuß mit halbkugeligem Deckel.
Dieser ist mit einem durchbrochen gearbeiteten Aufsatz verziert, der von einer Rosette mit Knospe bekrönt wird.
Der Fußteil geht in eine Innenröhre über, auf die im Inneren der Schale eine größere Röhre mit konischer Basis aufgesetzt ist.
Den oberen Abschluß bildet ein stilisierter Pinienzapfen, zu dem sich ein auf den Hintertatzen stehender Löwe hinaufzuziehen sucht.
In der konischen Basis der Röhre sind sechs Öffnungen angebracht.
Auf den inneren Schalenwänden befinden sich vier vergoldete Medaillons mit der Darstellung eines Wolfes, eines Greifen, eines Stieres und eines Adlers, der eine Schlange im Schnabel hält.
Fuß, Schale und Deckel des Räuchergefäßes sind mit horizontalen Friesen aus reichem Pflanzenornament verziert.
Der Konstruktion und der äußeren Gestaltung nach weist die Räucherschale Ähnlichkeiten mit Meßgeschirr vom Ziboriumtyp auf.
Entsprechende Gefäße wurden im 12./13. Jahrhundert von französischen und deutschen Meistern gefertigt.
Auf dem Boden des Gefäßes wurden organische Reste, Pollen und Sporen vieler verschiedener Pflanzen, gefunden.
Die Ergebnisse ihrer Analyse bestätigten die Archäologen in ihrer Vermutung, daß das Räuchergefäß hauptsächlich mit Kräutern (Blüten, Blätter, Stengel) gefüllt war, die als Räucherwerk zu Heilzwecken und rituellen Zwecken verwendet wurden.

Lit.: V. V. Otroščenko, Ju. Ja. Rassamakin, Polovec'kij kompleks Čingul'skogo kurganu / Archeologija.-1986.-Nr. 53. S. 28–29; Abb. 13, 14.

Kat.-Nr. 87

BECHER

Ende 13./Anfang 14. Jh. n. Chr.
Silber, geschmiedet, graviert, vergoldet.
Höhe 140 mm; Durchmesser Schale 100 mm;
Durchmesser Fuß 72 mm.
Kiev, Zeit der Auffindung unbekannt.
MIDU, Inv.-Nr. AZS-865.

Becher auf hohem Fuß. Seine Schale ist mit gravierten, vergoldeten Medaillons geschmückt, auf denen eine lotusähnliche Blüte dargestellt ist.
Dieses Motiv wiederholt sich auf dem ornamentalen Fries unterhalb des Randes.
Solche ornamentalen Motive stammen aus der chinesischen Kunst. Sie sind für die Toreutik der Goldenen Horde des 13. und beginnenden 14. Jahrhunderts charakteristisch.

Lit.: B. I. Chanenko und V. N. Drevnosti, Pridneprov'ja.-Kiev 1907. Ausg. VI. S. 25; Taf. XXV, 405.

Kat.-Nr. 88

GEFÄSS (KOVŠ)

Ende 13./Anfang 14. Jh. n. Chr.
Silber, geschmiedet, graviert, vergoldet.
Höhe mit Griff 60 mm; Durchmesser 130 mm.
Kiev, Zeit der Auffindung unbekannt.
MIDU, Inv.-Nr. AZS-863.

Diese Schale mit einem Griff in der Form eines stilisierten Drachenkopfes wurde in erster Linie als Schöpf- und nicht als Trinkgefäß verwendet.
Der Griff besteht aus zwei nach einer Matrize gearbeiteten Teilen. Der Schalenrand hat eine geschmiedete Randleiste, die an der Außenseite mit einem ornamentalen Bordürenband verziert ist. Der Innenboden ist durch ein Medaillon mit stilisiertem Pflanzenmotiv und einer lotusartigen Blüte in der Mitte verziert.
Dieses Stück gehört zu den Erzeugnissen der Goldenen Horde des ausgehenden 13. und des beginnenden 14. Jahrhunderts n. Chr. Entsprechende Gefäße mit Griffen aus Drachenköpfen sind selten. Der Meister benutzte offensichtlich ein chinesisches Vorbild; die Verarbeitung des verwendeten Materials jedoch weist auf Einflüsse aus dem Vorderen Orient hin.

Lit.: B. I. Chanenko und B. N. Drevnosti, Pridneprov'ja.-Kiev 1901. Ausg. IV; Taf. XVII, 390; M. G. Kramarovskij, K atribycii zolotoordynskogo kovša s tjurkskoj nadpis'ju / Kul'tura i iskusstvo Indii i stran Dal'nevo Vostoka.-Leningrad 1976. S. 74–75; Abb. 4.

Kat.-Nr. 89–91

FUNDE AUS DEM HORT VON MARTYNOVKA

(Martynovka, R. Kanevskij, Obl. Čerkassy)

Dieser Schatzfund, der insgesamt ca. 120 Objekte umfaßt, ruft sowohl aufgrund seiner Bestandteile als auch aufgrund der Geschichte, wie die einzelnen Funde in das Museum gelangten, ungewöhnliches Interesse hervor.
Entdeckt wurde er 1907; die Funde gelangten aber nicht gleichzeitig, sondern erst im Laufe einiger Jahre auf unterschiedlichen Wegen in die Sammlung.
Kurz vor Beginn des Ersten Weltkrieges wurde dem Kiever Museum eine Sammlung von Edelmetallgegenständen aus dem Dorf Martynovka im Kreis Kanev, Gouvernement Kiev, übergeben, die die Wissenschafter sofort in ihren Bann zog.
In der vorrevolutionären Zeit gelangten unter bisher nicht geklärten Umständen ungefähr 30 Stücke aus dem Hort in das Britische Museum in London.
Bei der Beschäftigung mit den sechs Gruppen, in die der Hort gegliedert ist, stellt man fest, daß die stilistisch einheitlichen Elemente zu unterschiedlichen Zeitpunkten in das Museum eingingen. So kommen beispielsweise in der ersten, in der dritten, in der vierten und in der sechsten Gruppe verhältnismäßig seltene, gegossene anthropomorphe und zoomorphe Figürchen vor. (Ein Teil von ihnen ist auf der Ausstellung zu sehen).
Dies beweist, daß alle Stücke aus den fünf Gruppen in demselben Hort gefunden wurden.
Die ethnische Zugehörigkeit der Garnituren aus dem Martynovka-Hort zeichnet sich nur undeutlich ab.
Dies ist durch den „internationalen" Charakter der Mehrzahl der Fundstücke oder ihre ethnisch unterschiedliche Herkunft bedingt. Einige von ihnen sind slawischen, die anderen finno-ugrischen, die dritten sarmatischen und hunnischen und die vierten byzantinischen Ursprungs.
Die meisten Objekte datieren in das 6./7. Jahrhundert n. Chr..
Der gesamte Fundbestand setzt sich aus verschiedenen Erzeugnissen, wie z. B. Frauenschmuck, Gürtelgarnituren, Geschirr etc. zusammen.
Am wahrscheinlichsten ist, daß es sich bei den Gegenständen des Schatzfundes von Martynovka um Kriegstrophäen handelte, die sich im Laufe der Feldzüge angesammelt hatten.
Archäologische Grabungen legen weiters Zeugnis davon ab, daß die Mehrheit der Gegenstände, die eine Ähnlichkeit zu den in Martynovka gefundenen aufweisen, im Siedlungsgebiet der Anten im 6./7. Jahrhundert verbreitet waren.
Es wird angenommen, daß der Schatz von einem Angehörigen der heimischen Oberschicht vergraben wurde.

Lit.: B. A. Rybakov, Drevnie rusy / SA. 1953. Nr. 17. S. 23–105; B. A. Rybakov, Remeslo Drevnej Rusi.-Moskva 1948. S. 80–81; O. M. Prichodnjuk, A. M. Šovkopljas, S. Ja. Ol'govskij, T. A. Struina, Martynovskij klad / Materialy po Archeologii Istorii i Ětnografii Tavrii.-Simferopol' 1991. S. 72–92; Abb. 4.

Kat.-Nr. 90

Kat.-Nr 89

Kat.-Nr. 89

PLATTE

6.–7. Jh. n. Chr.
Silber, gegossen, graviert, vergoldet.
Länge 96 mm; Breite 62 mm.
MIDU, Inv.-Nr. AZS-82.

Platte in Gestalt eines Pferdes oder Fabelwesens, dessen Kopf mit einem aufgesperrten, Zähne fletschenden Maul, einer langen Zunge und einer großen Mähne dargestellt ist. Das Tier befindet sich gerade auf Verfolgungsjagd, was durch eine dynamische Pose zum Ausdruck kommt.
Das Stück weist drei Löcher für die Befestigung auf.
Im Hort wurden drei ähnliche Platten gefunden. Zwei davon befinden sich im Museum für Historische Kostbarkeiten der Ukraine, eine im Britischen Museum in London.
Fünf zoomorphe und vier anthropomorphe Figürchen aus dem Martynovka-Hort entziehen sich durch ihre Seltenheit und die wenigen Vergleichsstücke einer ethnischen Zuordnung.
Nach Technik und Art der Ausführung zu urteilen wurden sie in ein und derselben Werkstätte hergestellt und bildeten eine einheitliche Garnitur.
Aller Wahrscheinlichkeit nach wurden sie als Schmuckbesatz eines Kleidungsstückes oder eines Pferdegeschirrs verwendet.
Aus dem Europa des 6./7. Jahrhunderts sind nur einige vereinzelte zoo- und anthropomorphe Erzeugnisse dieser Art bekannt. Analoge zoomorphe Platten wurden in Nordgriechenland gefunden.
Erst kürzlich wurde im Gebiet der Stadt Trubčaevsk, Obl. Brjansk, ein Schatzfund, der aus 148 Objekten besteht, geborgen.
Neben vielen anderen Schmuckstücken stieß man hier auch auf zoomorphe Figürchen in der Art des Martynovka-Typus.

Kat.-Nr. 90

PLATTE

6.–7. Jh. n. Chr.
Gegossen, graviert, vergoldet.
Länge 76 mm.
MIDU, Inv.-Nr. AZS-86.

Gegossene Platte in Form einer Männerfigur. Die Beine sind angewinkelt, die Hände ruhen auf den im Reitersitz gespreizten Oberschenkeln. Den Kopfbereich umgibt eine Art Nimbus, der auf die Haartracht oder eine Kopfbedeckung hinweist. Die Figürchen sind mit eng anliegenden Hemden und Hosen wiedergegeben. Die Einkerbungen im Brustbereich imitieren Stickerei. Die kurzen Stiefelchen haben keine Absätze.
Zwei Löcher dienten zur Befestigung auf einer Unterlage.
Insgesamt waren vier Besatzplatten dieser Form unter den Objekten des Horts von Martynovka. Sie erinnern entfernt an die anthropomorphen Figürchen aus der Grabstätte von Kušnarenkovo im nördlichen Uralgebiet, einer Nomadenbestattung in der Nähe des Bahnhofes Pregradnaja am Kuban, in einer Pen'kovka-Siedlung in Trebuženj in Moldawien.

Kat.-Nr. 91

FÜNF-KNOPF-BÜGELFIBEL

6./7. Jh. n. Chr.
Silber, gegossen, graviert, vergoldet.
Höhe 170 mm; Breite 81,5 mm.
MIDU, Inv.-Nr. AZS-36.

Große gegossene vergoldete Bügelfibel, die an der Bügelbasis in zwei Teile zerbrochen ist.
Sie besteht aus einer halbrunden Kopfplatte, einem gewölbten Boden und einem länglichen Mittelfeld. Längs des Randes befinden sich fünf strahlenförmig („fingerförmig") ausgehende Knöpfe. Die Oberfläche des Mittelfeldes und der Kopfplatte ist mit einem Ornament aus S-förmigen Spiralen verziert. Der enge Fuß endet in einem schlangen- oder schildkrötenartigen Kopf.
Entsprechende Fibeln gehörten zur Grundausstattung der Damenoberbekleidung sowohl im Gebiet zwischen Dnepr und Dnestr als auch im Gebiet des unteren und mittleren Laufes des Donau.
Es gilt für sehr wahrscheinlich, daß sie in den Werkstätten des Dneprgebietes nach dem Vorbild der früheren bosporanischen Muster hergestellt wurden. Ihre Datierung wird von den Wissenschaftern einheitlich mit 6./7. Jahrhundert n. Chr. angegeben.
Diese Spangen wurden als Fibeln des „Dnepr"-Typus bezeichnet. Besonders stark verbreitet waren sie im Kulturkreis der Anten; ja man kann sie sogar als ethnisches Merkmal dieser slawischen Gruppierung bezeichnen.
In den letzten Jahren wurden Bügelfibeln bei Ausgrabungen rein slawischer Siedlungen und Bestattungen aus dem 6./7. Jahrhundert n. Chr. gefunden.

Kat.-Nr. 92

OHRGEHÄNGE

7.–8. Jh.
Silber, vergoldet, granuliert, geprägt, gegossen, gelötet.
Höhe 60 mm, 57 mm, 59 mm.
Kurgan bei Char'evka, R. Putivl'skij, Obl. Sumy.
Zufallsfund 1949.
MIDU, Inv.-Nr. AZS-2179, 2180/1–2.

Ohrgehänge in Form eines dreizackigen Halbmondes. Die beiden äußeren Spitzen sind mit Perlen versehen. Am mittleren Außenrand der Mondsichel ist eine Halbkugel angelötet, von der aus einem Pseudogranulat Strahlen ausgehen. Mondsichel und Halbkugel sind an ihrer Oberfläche mit Granulatdreiecken, -pyramiden und -rhomben verziert.
Die slawische Frauentracht des 7. bis 8. Jahrhunderts wies weiters noch metallischen Schmuck – meist aus Silber – auf: Arm- und Halsreifen, Fibeln und Schläfengehänge. Beinah in allen frühslawischen Schatzfunden und Gräbern des Mittleren Dnjeprgebiets stößt man auf Ohrgehänge oder Schläfengehänge ähnlicher Art.
In ihrer Form spiegelt sich der Glaube der Ostslawen, die die Himmelskörper, Sonne, Mond und Sterne verehrten. Damit sind auch altslawische Kulte verbunden – Erd- und Fruchtbarkeitskult, der Kult der Ehe und der Familienkult. Deshalb gestalteten die Goldschmiedemeister ihre Werke mit Darstellungen der Himmelskörper.
Solche Schmuckstücke konnten Bestandteil des Hochzeitskleides sein oder zum Schutz vor bösem Zauber dienen.

Lit.: V. M. Vasilenko, Russkoe prikladnoe iskusstvo.-Moskva 1977. S. 114–116, Abb. 38.

Kat.-Nr. 93–94

DIRHAMS

9.–10. Jh.
Silber, geprägt.
Durchmesser: 26 x 23 mm.
Zeit und Ort der Auffindung unbekannt.
MIDU, Inv.-Nr. SR-717, 718.

Runde Silbermünze, arabische Geldeinheit im 7. Jahrhundert.
Beide Seiten der Münze sind ohne Darstellungen, wie dies der mohammedanische Glaube verlangt. Es finden sich lediglich Aufschriften, die neben einem Zitat aus dem Koran über die Namen der Herrscher sowie Jahr und Ort der Prägung Aufschluß geben.
Ende des 8. Jahrhunderts wurde in Osteuropa, vor allem im Gebiet der heutigen Ukraine, eine Fülle von arabischen Silbermünzen eingeführt – die sogenannten kufischen Dirhams. Die Bezeichnung dieser Münzen ergab sich aus ihrer Aufschrift in stilisierter arabischer Schrift.
Mit der Einführung des Dirhams in Osteuropa begann ein reger Geldverkehr. Der Warenaustausch wich dem Handel mit geprägten Münzen.
Im Arabischen Kalifat des 8. und 9. Jahrhunderts (seiner Blütezeit) wurde pro Jahr eine bestimmte Anzahl von Münzen geprägt, um so den Handel zu beleben. Zum Kauf von Waren legten die arabischen Kaufleute große Entfernungen zurück und bereisten die fernsten Länder. Sie waren häufig in den ostslawischen Städten zu Gast, besonders in Kiev und Černigov. Die arabischen Händler führten Dirhams aus hochkarätigem Silber mit sich und tauschten sie gegen Pelze, Kupfer, Wachs u. ä. Auf dem Gebiet der heutigen Ukraine werden immer wieder große Schatzfunde arabischer Münzen entdeckt, oft fünf- bis siebentausend Exemplare. Die slawische Bevölkerung legte beim Handel nur Wert auf Gewicht und Qualität des Silbers.
In der altrussischen Chronik und anderen schriftlichen Quellen wird das Wort „Rezana“ erwähnt. So bezeichnete man die Dirhamstücke, die häufig in ostslawischen Schatzfunden enthalten waren. Der Dirham war nämlich eine zu große Geldeinheit und für den Erwerb von Kleinigkeiten ungeeignet, weshalb man ihn in zwei, vier oder acht Teile zerhackte.
Die arabischen Dirhams fanden bei der altrussischen Bevölkerung bis Anfang des 11. Jahrhunderts Verwendung. Danach brach die Einfuhr dieser Münzen nach Osteuropa plötzlich ab.

Lit.: N. F. Kotljar, Kladoiskatel'stvo i numismatika.-Kiev 1974. S. 87–89.

Kat.-Nr. 95–96

SILBERLINGE (SREBRENNIK)

11. Jh.
Silber, gegossen, geprägt.
Durchmesser 28 mm, 32 mm.
Schatzfund bei Nežin, Obl. Černigov.
Zufallsfund 1852.
MIDU, Inv.-Nr. AU-725, 726.

Auf dem Avers der Münze ist der Kiever Großfürst Vladimir thronend mit einem Kreuz dargestellt. Auf dem Revers wurde das große Herrschaftszeichen der Rurikiden in Form eines Dreizacks geprägt, das das Staatswappen ablöste. Rund um den Dreizack steht eine altslawische Aufschrift, die den ganzen Rand der Münze ausfüllt: „Vladimir auf dem Thron, und dieses ist sein Silber.“
Der Silberling ist die erste Silbermünze der Kiever Rus', die unter Großfürst Vladimir geprägt wurde.
Im Jahre 988 machte Vladimir das Christentum zur Staatsreligion der Kiever Rus', um die Macht der Fürsten zu festigen und sein Land in die erste Reihe der Weltstaaten zu rücken. Die Münzen sollten in der ganzen Welt vom Aufstieg der Kiever Rus' zeugen. Dies wurde dadurch erleichtert, daß im Land eine große Zahl von Dirhams vorhanden war, aus denen die neuen Münzen geprägt wurden.
Die Silberlinge wurden auf besondere Weise hergestellt: die Rundung der Münzen wurde – anders als bei den byzantinischen und arabischen Münzen – nicht aus einer Platte herausgeschnitten, sondern gegossen.
Die Silberlinge sind eine Besonderheit unter den Kulturdenkmälern der Alten Rus'.

Lit.: M. P. Sotnikova, Nežinskij klad.-Moskva 1967. S. 17–24.

Kat.-Nr. 97

SCHWERT

10. Jh.
Silber, Eisen, geschmiedet, graviert, Niello.
Grifflänge 170 mm, Länge der Klinge 640 mm.
Grabfund in Kiev, ul. Vladimirskaja (beim Goldenen Tor).
Grabung 1901.
MIDU, Inv.-Nr. AZS-329.

Zweischneidiges Eisenschwert, dessen versilberter Schwertgriff mit silbernen Nägeln vernietet ist. Das üppige Pflanzengeflecht mit Schlingknoten ist eine gravierte Treibarbeit. Eine genaue Entsprechung zu diesem Ornament wurde auf dem Horn eines Auerochsen im Fürstengrab des Kurgans Černaja Mogila (in Černigov) gefunden. Nicht nur die Art der Darstellung ist auf beiden Arbeiten gleich, auch die Technik, in der sie angefertigt wurden: die Zeichnung ist doppelt umrahmt, die Innenfläche schraffiert und vergoldet. In beiden Fällen handelt es sich um Kunstwerke südrussischer Meister,die östliche Motive verwendeten. Das Schwert unterscheidet sich von westeuropäischen Varianten unter anderem durch die Ornamentierung des halbkugeligen Knaufs. Während man im Westen für den Knauf nur Silber verwendete, wählte man hier eine Golddrahtinkrustation. Die Gesamtgestaltung des Schwertgriffs ist in engem Zusammenhang mit dem Kreis russischer Goldschmiedearbeiten des 10. und 11. Jahrhunderts zu sehen.
Dieses Schwert wurde neben einer Reihe von Goldblechen, Fibeln und anderen Gegenständen im Grab eines Kriegers gefunden. Insgesamt weist diese Bestattung äußerliche Ähnlichkeiten mit anderen Bestattungen des königlichen Gefolges in Kiev und Černigov auf.

Lit.: B. A. Rybakov, Remeslo Drevnej Rusi.-Moskva 1948. S. 225–226.

Kat.-Nr. 98

BLECHE IN BLATTFORM

10. Jh.
Silber, vergoldet, graviert, gestanzt.
56 x 70 mm.
Grabfund in Kiev, ul. Vladimirskaja (beim Goldenen Tor).
Grabung 1901.
MIDU, Inv.-Nr. AZS-297–299.

Silberbleche in Blattform. Ihre Vorderseiten sind mit Ornamenten einer erblühten Lilie oder eines Lebensbaums verziert. Der Lebensbaum erfreute sich besonders in der Kunst des Mittelalters großer Beliebtheit.
Die reliefartigen Vertiefungen sind vergoldet. Auf der Rückseite der Platten befinden sich je sieben Stifte zur Befestigung an Lederriemen.
Bei vielen Völkern des Altertums war das Bild der Lilie ein Symbol für das Ansehen eines Geschlechts. Im Mittelalter ließ sich allein schon aus Tracht und Schmuck die gesellschaftliche Stellung des Trägers ablesen. Der frühmittelalterliche Schmuck eines Kriegers umfaßte in der Regel auch Zaumzeugschmuck. Die Kunstgegenstände aus den altrussischen Kurganen des 10. und 11. Jahrhunderts waren in Art und Fertigung den eurasischen Vorbildern aus der Kunst der Turknomaden nachempfunden. Die äußeren Einflüsse auf das Kiever Kunsthandwerk sind bei blattförmigen Blechen, analog der hier gezeigten, deutlich erkennbar. Sie stammen aus Kriegerbestattungen in Kiev und Černigov.
Über den Verwendungszweck derartiger Bleche geben die noch erhaltenen Darstellungen von Pferdegeschirr aus dem 10. und 11. Jahrhundert Aufschluß.

Lit.: B. A. Rybakov, Remeslo Drevnej Rusi.-Moskva 1948. S. 225–226; R. S. Orlov, Nekotorye osobennosti formirovanija drevnerusskogo chudožestvennogo remesla / Novye pamjatniki drevnej i srednevekovoj chudožestvennoj kul'tury.-Kiev 1982. S. 163–174.

Kat.-Nr. 99

FIBEL

10. Jh.
Silber, vergoldet, gegossen, geschmiedet.
Ringdurchmesser 76 mm, Länge des Bügels 240 mm.
Fundort: Kiev.
Zufallsfund 1900.
MIDU, Inv.-Nr. AZS-339.

Ringförmige Silberfibel skandinavischen Typs, bestehend aus einem Ring mit vergoldeten Wildtier- und Vögelköpfen und einer vierkantigen Nadel.
In den Kurganen des 10. und 11. Jahrhunderts entdeckte man unter den Grabbeigaben eine Reihe von Fibeln skandinavischer Herkunft. Nach Berechnungen der Archäologen wurden etwa dreihundert Exemplare in Osteuropa gefunden. Der Großteil der Funde konzentriert sich auf die nördlichen Gebiete der Alten Rus'.
Derartige Fibeln waren Bestandteil der männlichen Tracht.

Lit.: V. S. Dedjuchina, Fibuly skandinavskogo tipa. Očerki po istorii russkoj derevni X–XIII vv.-Moskva 1967. S. 191.

Kat.-Nr. 100

AQUAMANILE

(Wassergießgefäß)

1. Hälfte 13. Jh.
Bronze, gegossen, geschmiedet.
183 x 195 mm.
Černigov.
NMIU, Inv.-Nr. v2001

Das Aquamanile in Form einer Löwenfigur wurde für kultische Zwecke verwendet. Der massive zylindrische Rumpf des Löwen wird von vier dünnen kurzen Beinen gestützt. In den nach vor gestreckten Löwenrachen ist ein kurzes Wasserablaufrohr eingesetzt. Das Maul ist durchgehend reliefartig gerundet, vorne und an den Seiten wird die Mähne durch Relieflinien nachgezeichnet. Die Augen sind im Rundrelief herausgearbeitet, die Pupillen durch runde Vertiefungen, die als Inkrustationsfassungen gedacht sind, betont. Die Ohren sind kurz, die Ohrmuscheln vertieft. Zwischen den Ohren befindet sich eine rechteckige Öffnung zum Eingießen von Wasser, die mit einem aufklappbaren Deckel geschlossen werden konnte. Auf dem Rücken des Löwen ist reliefartig der Schwanz angedeutet, der an eine Palmette erinnert. Unterhalb der Eingießöffnung war bis zur Mitte des Löwenrumpfes ein einfaches flaches Band als Griff angebracht.

Das Wassergießgefäß ist unter die nordgermanischen, vielleicht holländischen Aquamanile des 13. Jahrhunderts einzuordnen und gehört zur Hildesheimer Gruppe der Wassergießgefäße in Löwengestalt. Exemplare dieser Art sind im nördlichen Donez-Gebiet und in Černigov anzutreffen. Wahrscheinlich wurden sie über das Baltikum eingeführt.

Lit.: B. I. und V.N. Chanenko, Drevnosti Pridneprov'ja.-Kiev 1902. Taf. X, Abb. 255; V. P. Darkevič, Proizvedenija zapadnogo chudožestvennogo remesla v Vostočnoj Evrope (X–XIV vv.).-Moskva 1966. S. 17, Taf. 5, Abb. 1–3.

Kat.-Nr. 101

AQUAMANILE

(Wassergießgefäß)

I. Hälfte 13. Jh.
Bronze, gegossen, geschmiedet.
240 x 200 mm.
Stadt Černigov.
NMIU, Inv.-Nr. v2013.

Wassergießgefäß in Form eines Kentauren mit hervortretenden umrahmten Augen. Die markante Nase ist langgezogen und plattgedrückt. Die Ohren sind klein und rund, die Haartracht im Relief angedeutet. Die kurzen dünnen Hände halten ein Wasserablaufrohr im Mund. Die beiden Vorderbeine und ein Hinterbein sind abgebrochen. Als Wasserhahn dient eine runde Öffnung auf der Brust des Tiers. Der Deckel der Wassereingießöffnung am Scheitel des Kentauren fehlt. Sein runder Leib ist kaum modelliert und von der Menschenbüste durch eine ringförmige Abstufung mit gravierten doppelten Zickzacklinien getrennt. Als Griff dient ein einfaches flaches Band.
Dieses Wassergießgefäß stammt aus Niedersachsen und wurde wahrscheinlich in einer Hildesheimer Werkstätte gegossen.
Meist gelangten derartige Gegenstände über Ungarn oder das westliche und südöstliche Baltikum ins Dnjeprgebiet.

Lit.: B. I. und V. N. Chanenko, Drevnosti Pridneprov'ja.-Kiev 1907. Vyp. VI. Taf. XXXIX, Abb. 594; V. P. Darkevič, Proizvedenija zapadnogo chudožestvennogo remesla v Vostočnoj Evrope (X–XIV vv.).-Moskva 1966. S. 18, Taf. 5, Abb. 8–10.

Kat.-Nr. 102

Kat.-Nr. 103

Kat.-Nr. 102

KREUZRELIQUIAR

10–11. Jh.
Bronze, gegossen, geschmiedet, graviert.
870 x 680 mm.
Fundort bei Sivki, Obl. Černigov.
NMIU, Inv.-Nr. v883.

Das Kreuz besteht aus einer Hälfte. Die Vorderseite ist glatt, die Enden sind auf allen Seiten im rechten Winkel nach unten gebogen. Oben und unten sind Ösen angebracht, von denen sich nur eine unten erhalten hat. Die Darstellung auf der Vorderseite wurde in Flachrelief graviert. In der Mitte des Kreuzes befindet sich ein Bild des Kaisers Konstantin – über seinem Kopf ist in griechischen Buchstaben sein Name geschrieben. Er trägt ein langes fürstliches Kleid, das gerade die Schuhspitzen hervorragen läßt. Das Gewand ist hemdartig mit langen Ärmeln und weist eine Fülle von Rechtecken auf, die vom Gürtel abfallend gerade und nach oben hin schräg verlaufen. Die Hände Konstantins sind erhoben, seine Handflächen weisen zur Seite. Er trägt einen Kopfschmuck in Form einer von rechts nach links gezogenen rechteckigen Platte, deren Oberfläche strichliert ist. Darauf ist in der Mitte ein Kreuz befestigt. Rechts und links von der Platte hängen Rjasny auf die Schultern herab, an deren Enden Kreuzchen angebracht sind. Den Kopf Konstantins ziert ein Heiligenschein. Die Darstellung ist oben und unten durch Relieflinien abgegrenzt. Zur rechten Seite der Figur ist in einem Medaillon ein Brustbild eines Heiligen mit Aufschrift zu sehen. Zu ihrer linken – ebenso in einem Medaillon – ein Brustbild eines zweiten Heiligen, wobei hier die Innenseite glatt und vertieft ist.

Lit.: Erstpublikation.

Kat.-Nr. 103

KREUZRELIQUIAR

12–13. Jh.
Bronze, gegossen.
110 x 65 mm.
Ort und Zeit der Auffindung unbekannt.
NMIU, Inv.-Nr. V 885.

Das Kreuz besteht aus zwei Flügeln, die oben an einer Halterung befestigt sind und darüber einen massiven geschliffenen Zapfen haben. Darunter sind zwei kleine ineinandergreifende Ösen angebracht. Das Kreuz mit abgerundeten Enden wurde in Hochrelief gearbeitet, die Darstellung ist schematisch, die Gesichtszüge sind mit Ausnahme des Gesichts der Gottesmutter mit dem Kind nur angedeutet. Die Darstellung ist symmetrisch: auf der einen Seite ist die Kreuzigungsszene dargestellt. Der Kopf Christi ist von einem Heiligenschein umgeben, um die Hüften hat er ein Tuch geschlungen. Links und rechts sind in Medaillons Brustbilder der Evangelisten zu sehen, über seinem Kopf eine Darstellung eines weiteren Evangelisten.
Auf der Rückseite ist die Gottesmutter dargestellt, das Kind auf ihrer linken Hand sitzend. Sie trägt ein langes Gewand, ihr Kopf ist bedeckt und leicht zum Kind hingeneigt, das sie an der rechten Hand hält. Zu ihrer Linken und Rechten befinden sich in Medaillons Brustbilder von Heiligen, über ihr eine Heiligenfigur. Die Monogramme der Heiligen und Evangelisten sind unleserlich.
Diese Kreuze dienten zur Aufbewahrung von Reliquien und Räucherwerk und sollten die Menschen vor dem Bösen bewahren. Sie waren im alten Rußland ab dem 10. Jahrhundert, als der christliche Glaube übernommen wurde, weit verbreitet.

Lit.: Erstpublikation.

Kat.-Nr. 104

ARMREIF

11–13. Jh.
Silber, gewunden, geschmiedet, gegossen, gelötet, Niello.
Durchmesser 80 mm.
Teil eines Schatzfundes in Kiev. Zehentkirche.
Zufallsfund 1936.
MIDU, Inv.-Nr. SR-608.

Gewundener Silberarmreif aus drei geschlungenen Drähten, die im Mittelteil im Schnitt zunehmend breiter werden. An die flachgeklopften Enden sind von außen in Lilienform gegossene Figurenschilder angelötet. Die Ansichtsseite dieser Schilder ist mit einem Ornament aus vier einander zugewandten Lilien geschmückt. Das Ornament ist graviert und mit Niello ausgefüllt.
Dieser Armreif war Teil eines altrussischen Schatzfundes, in dem neben anderen Gegenständen noch zwei weitere Armreifen dieser Art gefunden wurden.
Dieser Armschmuck war bei den slawischen Völkern von alters her verbreitet. Die besondere, hier gezeigte Art kam in der zweiten Hälfte des 11. Jahrhunderts auf und fand bis ins 13. Jahrhundert Verwendung.
Archäologischen Funden zufolge waren diese Armreifen ausschließlich Bestandteil der weiblichen Tracht. Sie wurden auf der linken oder rechten Hand getragen, oft auf beiden Händen mehrere, bis zu acht Stück. Das Lilienornament auf den Schildern war Symbol der Fruchtbarkeit. Armbänder mit wellenartigem Drahtgeflecht waren Symbole des Wasserkults.

Lit.: T. I. Markov, Černevoe delo Drevnej Rusi.-Moskva 1986. S. 127, Abb. 14

Kat.-Nr. 105

HALSREIF

11–13. Jh.
Silber, gewunden, geschmiedet, gezogen.
Durchmesser 160 mm.
Schatzfund bei Černyši, R. Kanevskij, Obl. Čerkassy.
Zufallsfund, 1899.
MIDU, Inv.-Nr. SR-520.

Silberner Halsreif aus einem komplizierten Geflecht vier doppelt gewundener Drähte. Die Endstücke sind flachgehämmert. Als Schließe dienten die sich in einem Röhrchen verjüngenden Enden, durch welche ein ledernes Band gezogen werden konnte.
Metallreifen waren als Halsschmuck in der Rus' des 10. bis 13. Jahrhunderts verbreitet, jedoch bei weitem nicht in allen Bevölkerungsschichten. Den zahlreichen russischen Schatzfunden des 10. bis 13. Jahrhunderts nach waren sie integrierender Bestandteil der Tracht der Fürsten und Bojaren. In den Bestattungen einfacher Menschen sind Funde von Halsreifen eher selten. Es handelte sich in der Regel um Grabbeigaben für Frauen reicher Herkunft. Man unterscheidet einige Arten dieser Schmuckstücke: gewundene Halsreifen wie die hier beschriebene waren in der Rus' besonders beliebt.

Lit.: G. F. Korzuchina, Russkie klady.-Moskva 1954. S. 131.

Kat.-Nr. 106

HALSREIF

11–13. Jh.
Silber, gewunden, geschmiedet, gezogen.
Durchmesser 185 mm.
Zeit und Ort der Auffindung unbekannt.
MIDU, Inv.-Nr. SR-522.
Wie Kat.-Nr. 105.

Kat.-Nr. 107–112

GRIVNY (MÜNZEN)

11–13. Jh.
Silber, gegossen.
Länge: AZS-2207–2208 81 mm, 75 mm.
AZS-2204–2205 175 mm, 165 mm.
SR-502, 482 128 mm, 136 mm.
Teil des Schatzfundes (AZS-2204, 2205, 2207, 2208) in Kiev, ul. Trechsvjatitel'skaja.
Zufallsfund 1949.
Teil des Schatzfundes (SR-482, 502) bei Čubarov, Obl. Černigov.
MIDU, Inv.-Nr. AZS-2204, 2205, 2207, 2208; SR-482, 502.

In der sogenannten „münzenlosen Periode" in der Rus' des 12. und 13. Jahrhunderts wurden neben byzantinischen Solidi und arabischen Dirhams auch Grivny als Geldeinheit eingesetzt.

In den Schatzfunden des 12. bis 13. Jahrhunderts sind importierte Münzen nur in Einzelstücken zu finden, und selbst da nur zusammen mit Grivny, die zur damaligen Zeit das wichtigste Zahlungsmittel darstellten.

In der Numismatik werden die Grivny als Silberbarren von unterschiedlicher Form und Gewicht bezeichnet. Nach diesen Merkmalen werden sie in drei Kategorien eingeteilt: die Kiever, die Novgoroder Grivny und die Grivny aus Černigov. Sie alle waren auf dem Gebiet der Kiever Rus' verbreitet.

Die ersten genormten silbernen Grivny kamen gegen Ende des 11. Jahrhunderts in der Hauptstadt der Kiever Rus' – in Kiev – auf. Das waren sechseckige Silberbarren mit einem Durchschnittsgewicht von fast 160 Gramm. Sie waren beinah bis zur Mitte des 13. Jahrhunderts im Umlauf, genauer gesagt, bis zum Einfall der Mongolo-Tataren im Jahre 1240. Die Schatzfunde der Kiever Grivny sind von beachtlichem Ausmaß: sie umfassen 30 bis 50 Exemplare. Meist werden sie zusammen mit Gold- und Silberschmuck entdeckt.

In Gebieten Südrußlands waren Grivny des Novgoroder Typs verbreitet, die die Form langer, dünner Silberstangen hatten und 200 Gramm wogen. Man nimmt an, daß sie erstmals in Novgorod aufschienen, woraus sich auch ihr Name herleitet. Im Gegensatz zu den Kiever Barren waren diese Silberstangen in der Regel Teil reiner Münzfunde und blieben lange Zeit im Umlauf. So scheinen unter anderem in den ukrainischen Münzschätzen aus dem 14. Jahrhundert Novgoroder Grivny auf.

Bis heute sind die Grivny aus Černigov, die nach einem ihrer Fundorte so benannt wurden, ein Rätsel. Ihre tatsächliche Herkunft ist ungewiß. Auffallend ist ihre bizarre Form: rhombenförmige Stangen mit plattgedrückten Enden. Sie wogen annähernd 200 Gramm.

Lit.: N. F. Kotljar, Kladoiskatel'stvo i numismatika.-Kiev 1974. S. 91–93.

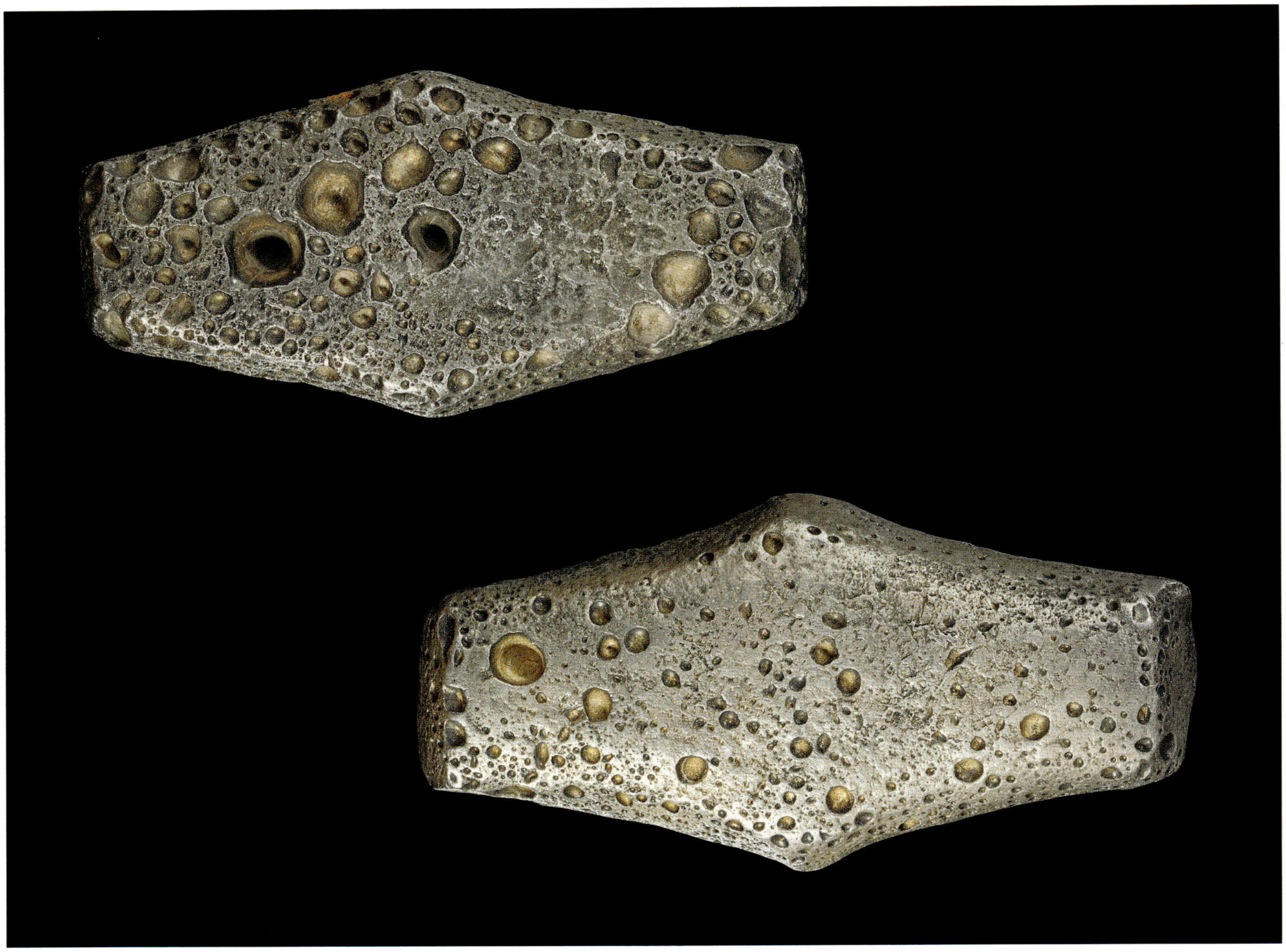

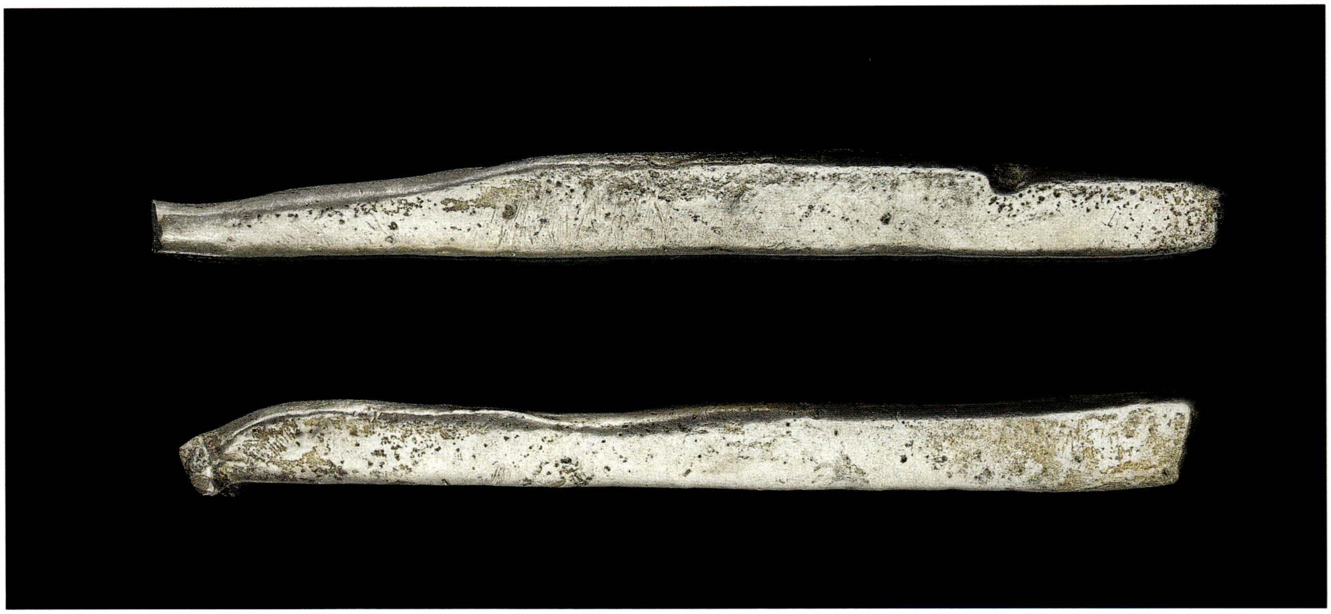

Kat.-Nr. 113

BRUSTKETTE

10–12. Jh.
Silber, geflochten, gezogen, gegossen.
Länge 680 mm.
Fundort Kiev.
Zufallsfund.
MIDU, Inv.-Nr. SR-678.

Vierfach geflochtene Brustkette, deren Endstücke Schlangenköpfe zieren. Diese bestehen aus zwei verlöteten gegossenen Hälften, durch die ein Verbindungsring gestoßen wurde. Ihre Oberfläche ist mit Pflanzenornament verziert.

Wie viele andere altrussische Kunstwerke, dienten Brustketten nicht nur zum Schmuck der Tracht, sie hatten auch schützende Funktion.

Solche Ketten waren im altrussischen Staat überall bekannt. Man fand sie in Schatzfunden in Kiev, Černigov und im Gebiet von Kanev. Der Großteil stammt aus dem 12. und 13. Jahrhundert, einige Exemplare gehen auf das 11. Jahrhundert zurück.

In Chroniken des 12. und 13. Jahrhunderts werden die goldenen und silbernen Brustketten in den Beschreibungen verschiedener historischer Ereignisse erwähnt. Aus den Texten geht hervor, daß sie als Schmuck für die männliche Tracht dienten, jedoch auch Teil des weiblichen Schmuckes waren. Archäologischen Forschungen nach waren derartige Goldschmiedearbeiten charakteristisch für die vornehme Feudalgesellschaft.

Lit.: M. A. Popudrenko, Starodavni znachidki z Černigova / Archeologija. 1975. N. 16. S. 82.

Kat.-Nr. 114

KOLT

11–13. Jh.
Gold, Cloisonné-Email, gelötet, geprägt.
Durchmesser 32 x 26 mm.
Schatzfund in der Gorodišče Knjaža Gora, R. Kanevskij, Obl. Čerkassy.
Zeit der Auffindung 1896.
MIDU, Inv.-Nr. DM-1773.

Der Kolt besteht aus zwei runden gewölbten Platten, deren oberer Teil oval ausgeschnitten ist. Sie wurden zunächst mit Email verziert, danach mit Hilfe eines Goldbändchens verbunden, das so an die Platten angelötet wurde, daß eine kleine Vertiefung für den Perlenbesatz rund um den Kolt entstand. Oben am Kolt ist ein Bügel angebracht. Kolty sind hohl, unterhalb des Bügels befindet sich eine Duftöffnung. Auf der Vorderseite wurde in der Technik des Cloisonné-Email ein Vogel in heraldischer Pose abgebildet. Auf der Rückseite ist ein schreitender Vogel (vielleicht ein Hahn) im Profil dargestellt.

Der Hahn war bei den Altslawen mit dem Sonnenkult verbunden, er galt als Symbol des Morgengrauens.

Im Mittelalter gab es bei den Slawen Gewänder und dazugehörigen Schmuck, der schützende Funktion hatte: die Gegenstände sollten ihre Träger vor allem Bösen bewahren.

Goldene Kolty mit vielfarbigem Cloisonné-Email wurden vor allem in den Hauptsitzen der Fürstentümer, in Černigov und Vladimir, entdeckt. Der Großteil dieser Schmuckstücke stammt jedoch aus Kiev, aus dem vornehmen Teil der Altstadt rund um den fürstlichen Terem-Palast. Das weist darauf hin, daß sich die Verbreitung dieser prächtigen und aufgrund des Materials und der komplizierten Fertigung sehr teuren Kunstwerke der russischen Ornamentik auf eine bestimmte Gesellschaftsschichte beschränkte. Mit ziemlicher Sicherheit befanden sich die goldenen Kolty im Besitz der Großfürstinnen.

Mit vielfarbigem Email verzierte goldene Kolty sind Beispiele großartiger dekorativer Miniaturen. Sie wurden in der Technik des Cloisonné-Email gearbeitet, die im folgenden kurz beschrieben werden soll. Mit einem Stift wird auf einer Goldplatte eine Zeichnung angefertigt, auf deren Konturen mit einem dünnen Goldfaden ein bis zu einem Millimeter hoher Steg aufgelötet wird, der die Emailschichten voneinander abgrenzt. In die so entstandenen Zellen wurde unter Beimischung verschiedener Metalloxyde Glaspulver gehäuft und danach Zelle für Zelle gebrannt. Die Schwierigkeit bestand darin, daß alle Emailfarben bei unterschiedlichen Temperaturen gebrannt werden mußten. Der Schmelztemperatur betrug 300 bis 800 Grad.

Es gab Meister, die es verstanden, auf einer nur wenige Millimeter tiefen Oberfläche ein Gesicht darzustellen, wobei Augenfarbe, Lippen und Haare deutlich erkennbar waren. Kunstwerke mit Cloisonné-Email sind die höchste Errungenschaft der altrussischen Goldschmiedekunst.

Ein großartiger Gelehrter des Mittelalters, der Mönch Theophilus Presbyter, schrieb in seinem Traktat über das Handwerk Anfang des 12. Jahrhunderts, daß man die Goldschmiedekunst am besten von den Meistern aus Byzanz und der Rus' erlernen könne.

Die Entwicklung der altrussischen Kunst war stark von Byzanz beeinflußt. Doch die russischen Meister verliehen dem Erbe von Byzanz eine künstlerisch neue Form und schufen so einzigartige Meisterwerke der Goldschmiedekunst.

Lit.: G. F. Korzuchina, Russkie klady.-Moskva, Leningrad 1954. S. 129. Taf. X L IX, 9, 10.

Kat.-Nr. 115

Kat.-Nr. 115

Kat.-Nr. 115

KOLT

11–13. Jh.
Gold, Cloisonné-Email, gelötet, geprägt.
Durchmesser 49 x 58 mm.
Kiev.
Zufallsfund
MIDU, Inv.-Nr. DM-7070.

Kolty mit Darstellungen der Sirenen zu beiden Seiten der Lilie bzw. des Lebensbaumes sind bis heute nur in kleiner Zahl erhalten geblieben, insgesamt etwa 15 Exemplare.
Die zentrale Komposition auf der Ansichtsseite des Kolts bilden Sirenen – Vögel mit weiblichen Köpfen, die ein Kopfschmuck mit Heiligenschein ziert. Feierlich und erhaben stehen sie an den Seiten des Lebensbaumes um ihn zu schützen. Die Sirenen mit Nimbus galten als heilige Paradiesvögel, die den Baum des Paradieses schützten.
Den Mittelpunkt der Rückseite bildet ein Kreis, der eine runde vierteilige Komposition aus jungen Trieben umschließt. Man wollte damit den Segen der Natur erflehen, daß der einzige Same im Zentrum der Komposition aufkeimen möge. Außerhalb des Kreises sind zu beiden Seiten zwei Hörner mit der Öffnung nach oben abgebildet.
Die Trinkhörner – Rhyta – waren heilige Gefäße, die uns aus den Darstellungen auf slawischen Idolen bekannt sind. Sie waren mit Himmelswasser (Tau oder Regen) gefüllt und dienten den Nymphen zur Bewässerung der Felder. In der Vorstellung der altrussischen Goldschmiede begossen die zu jener Zeit verehrten Nymphen die Felder mit Tau.
Die Darstellungen der Sirenen führen uns zu einem wichtigen Abschnitt des altrussischen heidnischen Glaubens, wo sich eine Parallele der antiken Sirenen zu den slawischen Nymphen des Feldes ergibt.
War auf den frühen Kolty die heidnische Symbolik vorherrschend, so ist hier ein Sujet dargestellt, das nicht nur den Aberglauben der einfachen Menschen widerspiegelt, sondern auch der höchsten Gesellschaftsschichten der Alten Rus'. Dies zeigt sich in der Darstellung der Seelenvögel, die einen Heiligenschein um den Kopf haben – ein christliches Symbol der Heiligkeit.

Lit.: T. I. Makarova, Peregorodčatye emali Drevnej Rusi.-Moskva 1975. S. 102.

Kat.-Nr. 116, 117

KOLTY MIT RJASNY

11–13. Jh.
Gold, Cloisonné-Email, gelötet, geprägt.
Kolty: Durchmesser 45 x 31 mm.
Rjasny: Länge 220 mm.
Fundort der Kolty: Gorodišče Knjaža Gora, R. Kanevskij, Obl. Čerkassy, 1897.
Fundort der Rjasny: bei Sachnovka, R. Kanevskij, Obl. Čerkassy, 1900.
MIDU, Inv.-Nr. DM-1838–1839; DM-1645–1646.

Kolty und Rjasny waren integrierender Bestandteil des Kopfputzes von Fürsten und Bojaren. Die Rjasny wurden in Schläfenhöhe am Kopfschmuck befestigt und reichten bis zu den Schultern herab. An ihren unteren Rand wurden die Kolty gehängt.
Das hier gezeigte Paar Kolty ist aus Gold und sternenförmig. Die Schmuckstücke bestehen aus zwei Teilen: einem komplizierten Rahmen und Emaileinlagen. Der Rahmen besteht aus zwei miteinander verbundenen Platten, die in 23 Strahlen enden. Ihre Unterlage bildet ein Granulationsimitat aus goldenen Halbkugeln. Die Details am Rahmen werden durch aufgelöteten Filigrandraht hervorgehoben.
Dieser in komplizierter Weise gefertigte Kolt stammt offensichtlich aus der Hand eines Meisters, der alle Techniken der Goldschmiedekunst beherrschte. Allein das bemalte Schild wurde von einem Emailleur gemacht.
Auf der Vorderseite ist in der Technik des Cloisonné-Email ein schreitender Vogel im Profil dargestellt. Er ist in leichter, feiner Art gezeichnet. Kreise bilden sein Gefieder, ein halber Lilienzweig seinen Flügel. Auf der Rückseite befindet sich ein geometrisches Pflanzenornament, das von seiner Symbolik her bei der Landbevölkerung zur Herbeirufung des Segens der Natur gedient haben dürfte.
Kolty dieser Art sind weitaus seltener als solche mit glatter Oberfläche und Perlenbesatz.
Die Rjasny bestehen aus 25 hohlen rechteckigen Klötzchen. Sie sind aus zwei Hälften zusammengelötet, wobei auf jeder Hälfte je vier Ösen zum Auffädeln angebracht sind.

Lit.: G. F. Korzuchina, Russkie klady IX–XIII vv.-Moskva, Leningrad 1954. S. 129; T. I. Makarova, Peregorodčatye emali drevnej Rusi.-Moskva 1975. S. 106.

Kat.-Nr. 118

STERNFÖRMIGER KOLT

11–13. Jh.
Gold, gegossen, geschmiedet, granuliert, Filigran.
Durchmesser 43 x 36 mm.
Zufallsfund in Kiev, 1876.
Aus der Sammlung B. I. Chanenko.
MIDU, Inv.-Nr. DM-1774.

Sternförmiger Kolt mit fünf Strahlen, aus zwei Teilen zusammengelötet. Die Strahlen sind von einem durchbrochenen Spitzenband aus Golddraht eingefaßt, was diesem erlesenen Schmuckstück eine gewisse Leichtigkeit gibt.

Der Mittelteil des Kolt ist konisch, mit kleinen Granulatdreiecken und Filigranringen dekoriert. Sein Bügel besteht aus einer klar erkennbaren Mondsichel und einem dünnen oberen Rand zur Befestigung am Kopfschmuck.

Im Gegensatz zum ländlichen Kunstschaffen mit seinem eigentümlichen Volksstil, in dem jahrhundertelang flächige, zweidimensionale Erzeugnisse vorherrschend waren, zeigen die Arbeiten der städtischen Meister einen Hang zu erlesenen, plastischen Formen.

Diese vielstrahligen Kolty sollten nach alter heidnischer Tradition offensichtlich einen strahlenden Himmelskörper darstellen.

Am ähnlichsten sind diesen sternförmigen Kolty die sternförmigen Schläfenringe aus den Schatzfunden von Zarajsk und Novotroickoe (aus dem Gebiet der Severianen), sowie die Ringe der Radimičen. Dies beweist, daß der heidnische Glaube auch unter der Stadtbevölkerung verbreitet war.

Allgemein waren Sternen-, Sonnen- und Blumenmotive in der altrussischen Kunst sehr beliebt. In der Blütezeit des altrussischen Staates vom 11. bis zum 13. Jahrhundert fanden einige Varianten der sternförmigen Kolty Verbreitung. Sie waren gegossen, glatt und gänzlich mit Granulat überzogen. Ein goldener Kolt dieser Art ist höchst selten zu finden. In Kunstfertigkeit und Kompliziertheit der Herstellung kann er mit Arbeiten in Cloisonné-Email auf eine Stufe gestellt werden. Hier handelt es sich zweifellos um eine Arbeit eines Goldschmiedes bei Hofe.

Lit.: G. F. Korzuchina, Russkie klady IX–XIII vv.-Moskva, Leningrad 1954. S. 141.

Kat.-Nr. 119

OHRGEHÄNGE

11.–13. Jh.
Gold, Granulat, Filigran, gezogen.
Durchmesser 37,5 x 35 mm, 36 x 35 mm.
Knjaža Gora, R. Kanevskij, Obl. Čerkassy.
Zufallsfund.
MIDU, Inv.-Nr. DM-6483–6484.

Das Ohrgehänge besteht aus einem goldenen Ring mit drei aufgesetzten, hohlen Glasperlen. Ein Ende des Bügels ist flachgehämmert und hat eine Öffnung, das andere ist röhrchenförmig eingerollt.

Jede Perle ist aus zwei Hälften zusammengelötet, auf welchen sich je vier gewölbte, von einem Filigrankreis umgebene Halbkreise befinden. An den Lötstellen und zwischen den Ringen ist Granulat. Der Bügel zwischen den Perlen ist mit Filigrandraht umwickelt.

Solche Gehänge sind ein weit verbreiteter Schmuck des 11.–13. Jahrhunderts, der sowohl in Kiev als auch in Perejaslavl, Černigov, Smolensk, Pskov und Vladimir verbreitet war und als „Schläfengehänge mit drei Perlen" oder Ohrgehänge des „Kiever Typs" bezeichnet wird.

In Schatzfunden kommen sie immer gemeinsam mit anderen Schmuckstücken weiblicher Tracht vor. Es besteht kein Zweifel, daß diese Erzeugnisse in Zusammenhang mit Kopf- oder Schläfenschmuck stehen.

Ihre Tragweise ist allerdings noch nicht ausreichend geklärt, da der Großteil der Fundstücke aus Horten stammt. Die mittelalterliche Malerei zeigt uns, daß mehrere Stück solcher Anhänger im Unterteil einer weiblichen Kopfbedeckung in der Schläfengegend angebracht waren. Eine Reihe von Wissenschaftern nimmt an, daß die altrussischen Frauen sie in die Zöpfe eingeflochten hatten.

Die goldenen Ohrgehänge mit drei Perlen sind einmalige Beispiele der altrussischen Goldschmiedekunst. Sie wurden von den Juwelieren mit Hilfe äußerst komplizierter Filigran- und Granulattechniken gestaltet. Aus einem Gramm Gold zogen die alten Meister einen ganz feinen Draht von bis zu einem Kilometer Länge. Das russische Wort für Filigran „skan'" geht auf das Wort „skati" – winden – zurück; Filigran besteht aus gewundenen Drähten, welche ein Muster bilden. Es geht immer Hand in Hand mit der Technik der Granulation, wobei winzige Goldkügelchen auf eine Oberfläche aufgelötet werden.

Die altrussischen Goldschmiedemeister schufen durch verschiedene Dekorkombinationen aus Filigran und Granulat über dreißigtausend Ringe mit drei Perlen. Ihre Ornamentierung hängt fast immer mit der Sonne zusammen, und sie sind selbst irgendwie Miniaturabbildungen der Sonne in ihren drei Tagesstadien. Ihre Form und die Semantik der Darstellung stellen einen unmittelbaren Zusammenhang mit der oberen Reihe, der Himmelsreihe der weiblichen Kopfbedekung her, welche Bezug zur Oberwelt hat.

Lit.: B. A. Rybakov, Jazyčestvo drevnich slavjan.-Moskva 1987, S. 572–574.

Kat.-Nr. 120

OHRGEHÄNGE

11.–13. Jh.
Gold, Filigran, Granulat, gezogen.
Durchmesser 38 x 40 mm.
Gefunden in der Gorodišče Knjaža Gora, R. Kanevskij, Obl. Čerkassy.
Zufallsfund, 1897.
MIDU, Inv.-Nr. DM-1793.

Das Gehänge besteht aus einem Ring und drei darauf aufgesetzten Glasperlen. Jede Perle ist aus zwei Hälften mit je vier Öffnungen zusammengelötet, die Ränder sind mit einem doppelten Filigrandraht verziert. Die Verbindungsstellen der Hälften sind mit Granulat verziert.

Lit.: V. M. Vasilenko, Russkoe prikladnoe iskusstvo.-Moskva 1977, S. 232.

Kat.-Nr. 120

Kat.-Nr. 119

Kat.-Nr. 121

Kat.-Nr. 122

Kat.-Nr. 121, 122

OHRGEHÄNGE

11.–13. Jh.
Gold, Filigran, Granulat, gezogen.
Durchmesser 34 mm (DM-6491), Durchmesser 41 mm (AZS-406).
DM-6491 wurde in der Gorodišče Knjaža Gora, R. Kanevskij, Obl. Čerkassy, gefunden.
AZS-406 ist ein Zufallsfund.
MIDU, Inv.-Nr. DM-6491, AZS-406.

Diese beiden Ohrgehänge sind aus Gold, bestehen aus einem Ring und drei aufgesetzten Glasperlen, welche aus Kreisen von Filigrandraht, verziert mit Granulat, zusammengelötet sind. Sie sind in der höchst komplizierten Technik des Ajourfiligran hergestellt.
Diese Geschmeide vermitteln ein Gefühl der Leichtigkeit und mindern den Eindruck der Schwere des Materials.
Sie verliehen der Kopfbedeckung besondere Eleganz und Schönheit. Diese Kopfbedeckungen bildeten den Abschluß farbenprächtiger, stattlicher, mit Ornamenten verzierter Kleidung, die uns leider nicht erhalten geblieben ist. Ein Vorstellung von diesen prächtigen Frauengewändern vermitteln uns die altrussischen Heldenlieder.

Lit.: B. A. Rybakov, Jazyčestvo drevnich slavjan.-Moskva 1987, S. 572–574.

Kat.-Nr. 123

OHRGEHÄNGE

11.–13. Jh.
Gold, Filigran, Granulat, gezogen, geprägt.
Durchmesser 47 x 44 mm.
Im einem Hort in Kiev gefunden.
Zufallsfund, 1938.
MIDU, Inv.-Nr. AZS-915.

Das Ohrgehänge besteht aus einem Ring und drei aufgesetzten Glasperlen. Die aus zwei Hälften zusammengelöteten Perlen sind mit kleinen Kreisen aus Filigran, in deren Mitte Dreieckchen aus Granulat sind, verziert. Die Fläche zwischen dem Filigran ist mit grobem Granulat in Blumenform ausgelegt.

Lit.: G. F. Korzuchina, Russkie klady IX–XIII vv.-Moskva, Leningrad 1954, S. 114.

Kat.-Nr. 124

BRUSTSCHMUCK

12.–13. Jh.
Gold, geprägt, gezogen.
Länge der Kette 420 mm
Anhänger 36 x 27 mm.
Hort in Knjaža Gora, bei Kanev, Obl. Čerkassy.
Zufallsfund.
MIDU, Inv.-Nr. DM-1789, DM-6343.

Der Brustschmuck besteht aus einer Kette mit Gliedern in Form von röhrchenförmig eingerollten Platten und einem lilienförmigen Anhänger.

Der Anhänger des Brustschmucks wurde auf einer Bronzematrize geprägt und mit der Rückseite an eine glatte Platte angelötet. Die Konturen des Anhängers erinnern an heraldische Lilien (z. B. auf dem französischen Königswappen). Im alten Rußland wurde diese Form als „Krin" bezeichnet. Heute sind einige Bronzematrizen für Kriny bekannt: eine aus dem Schatzfund von Sachnovka, eine andere aus der Sammlung des Staatlichen Historischen Museums (Moskau).

Lilienförmige Anhänger wurden in mehreren reichen Schatzfunden gefunden. Sie waren ein Teil des weiblichen Schmucks. Sechs bis acht solcher Anhänger, abgewechselt von Glasperlen, waren schon ein ganzer Halsschmuck. Sie zeigen immer mit dem spitzen Ende nach unten. Das bedeutet, daß die himmlische Kraft, die den Lebensatem gibt, immer auf die Erde gerichtet sein muß, zu den Wurzeln und Trieben der Pflanzen.

Das einzige Ornament auf einigen Anhängern ist ein Muster aus tropfenförmigen Wölbungen, welche die Vertiefungen zwischen den Spitzen ausfüllen. Wahrscheinlich ist dies eine Fortsetzung des bei den Slawen äußerst wichtigen Regenthemas: Die Rjasny (siehe Kat.-Nr. 117) bedeuten den Weg der Regentropfen vom Himmel herab, und die Kriny weisen auf das endgültige Ziel dieser Tropfen hin, auf die Erde. Das Fruchtbarkeit bringende Regenwasser der Rjasny und die nach unten weisenden Kriny zeugen in gleichem Maße von dem Bestreben, auf die Fruchtbarkeit der Erde, bzw. auf die Fruchtbarkeit des Besitzers einzuwirken.

Lit.: B. A. Rybakov, Remeslo Drevnej Rusi.-Moskva 1948, S. 315–316; B. A. Rybakov, Jazyčestvo Drevnej Rusi.-Moskva 1987, S. 618–619, 637.

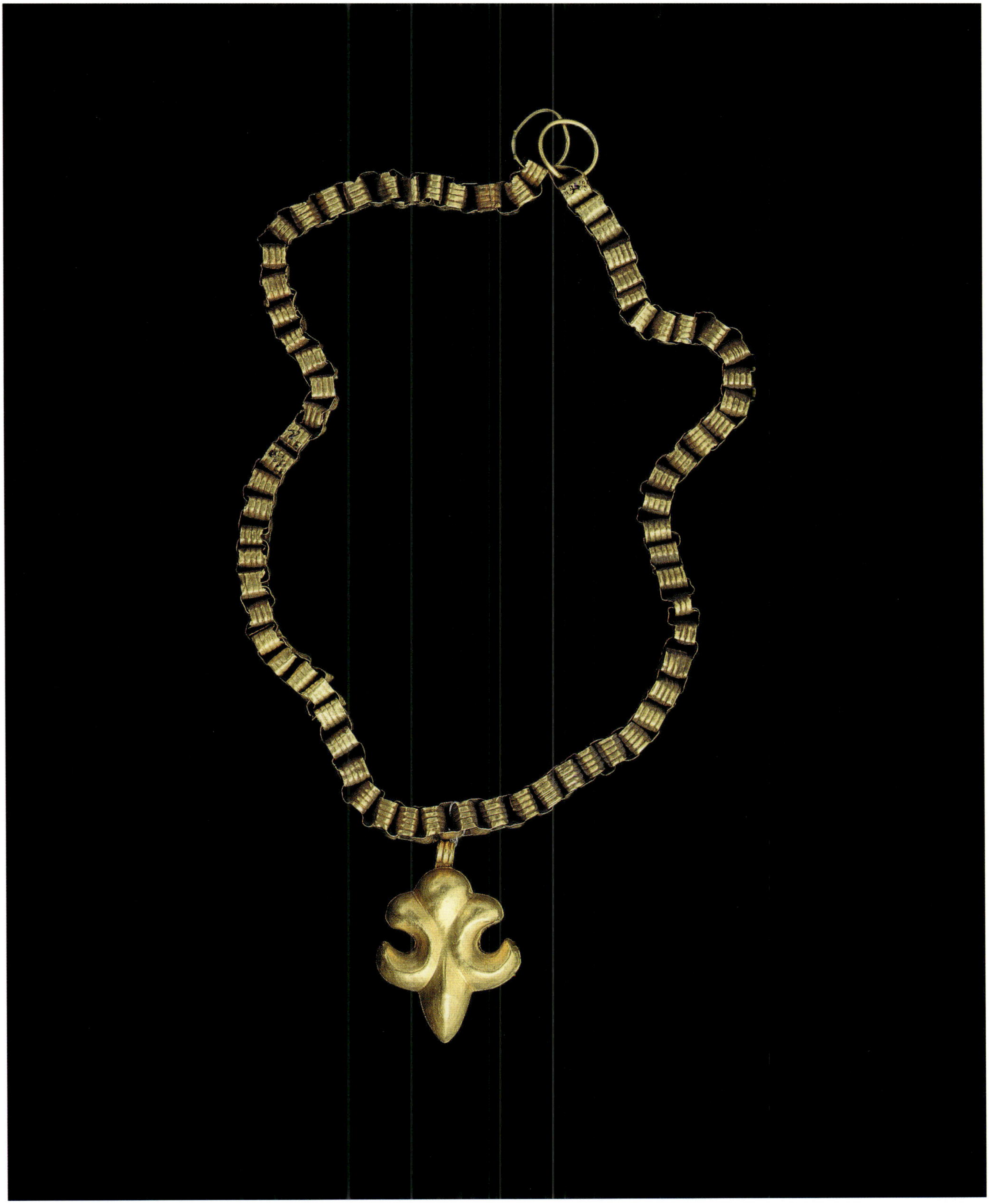

Kat.-Nr. 125

HALSREIF

12.–13. Jh.
Gold, geschmiedet.
Durchmesser 185 x 190 mm.
Hort bei Sachnovka, R. Korsun'-Ševčenkovskij, Obl. Čerkassy.
Zufallsfund, 1900.
Aus der Sammlung B. I. Chanenko.
MIDU, Inv.-Nr. DM-1636.

Halsreif, um die Achse gedreht, im mittleren Teil im Schnitt quadratisch, runder Schnitt an den sich verjüngenden Enden, welche schlingenförmig eingedreht sind.
Er gehört zum sogeannnten „Polovcer"-Typ. Bei seiner Fertigung wurde ein dicker Golddraht auf vier Seiten gehämmert. Danach wurde er in erhitztem Zustand gedreht. Danach wurde der Draht mit Hilfe einer speziellen Form reifenförmig gebogen. Die Enden des Halsreifs wurden gehämmert, um Kanten zu beseitigen und zu glätten.
Halsreife aus einem Draht mit facettiertem Schnitt sind bei den Denkmälern der Kiever Rus' des 9.–13. Jahrhunderts bekannt. Im 9. Jahrhundert wurden sie an der Brust geschlossen, weshalb die Verschlüsse reich verziert wurden, ab dem 10. Jahrhundert wurden sie mit einer Schnur, die durch die Ösen an den Enden verlief, am Hals befestigt. Meist wurden sie aus Kupfer, Bronze und Silber hergestellt, sehr selten aus Gold.
Darstellungen von Halsreifen des beschriebenen Typs gibt es auf den steinernen „Polovcer Weibern" des 12.–13. Jahrhunderts. In einer Reihe von Polovcerbestattungen von Männern und Frauen wurden massive, gedrehte Stäbe aus Broze, Silber und Gold gefunden. Das sind geradegebogene Halsreife, welche bei den Polovcern ein Zeichen besonderer Würde waren. Ein ähnlicher Stab wurde im Kurgan von Čingul' gefunden (siehe Kat.-Nr. 84).
Wenn man berücksichtigt, daß im Sachnovka-Hort noch fürstliche Machtsymbole – ein Diadem und eine Barma gefunden wurden, so könnte dieser Halsreif einer Person von hohem sozialen Rang gehört haben, d. h. einem Fürsten.

Lit.: B. I. und V. N. Chanenko, Drevnosti Pridneprov'ja.-Kiev 1902, Vyp. V, Taf. XXX, Abb. 1086; G. F. Korzuchina, Russkie Klady.-Moskva, Leningrad 1954, S. 131, klad 127.

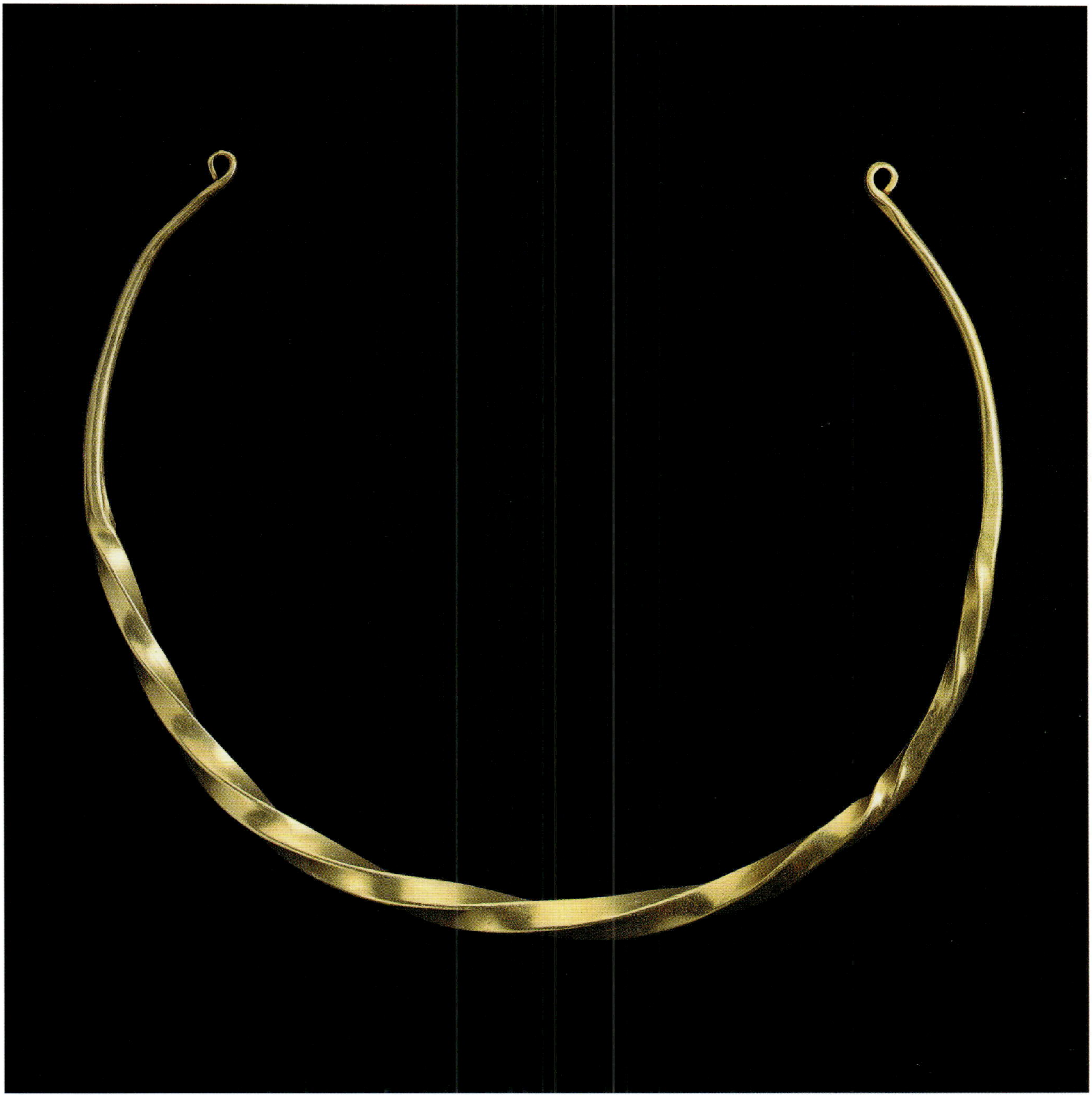

at.-Nr. 126

HALSREIF

12.–13. Jh.
Gold, geschmiedet.
Durchmesser 215 x 220 mm.
Hort bei Sachnovka, R. Korsun'-Ševčenkovskij, Obl. Čerkassy.
Zufallsfund, 1900.
Aus der Sammlung B. I. Chanenko.
MIDU, Inv.-Nr. DM-1637.

Innen hohler Halsreif, aus einer massiven, spiralförmig gewundenen Goldplatte, die im Mittelteil verbreitert ist. Die im Schnitt runden Enden werden von Ösen abgeschlossen.
Bei der Herstellung des Halsreifs wurde ein dicker Stab im Mittelteil flachgehämmert, worauf eine länglich ovale Platte entstand. Diese wurde dann spiralförmig gedreht und gleichzeitig in die halbrunde Form gebogen. Danach wurden noch die Enden zurechtgebogen und zu Ösen eingedreht, an denen der Halsreif mit einer Schnur am Hals befestigt wurde.
Silberne Werkstücke in Form massiver, gehämmerter Platten wurden 1899 in Kiev auf dem Gebiet der Zehentkirche (1 Exemplar) und 1938 in der Stadt Miropol' in der Gegend von Žitomir (2 Exemplare) geborgen.
Ähnliche Halsreife wie der oben beschriebene (siehe Kat.-Nr. 125) sind Teil der Fürsten- und Bojarentracht und kommen häufig in altrussischen Schatzfunden frühestens in der zweiten Hälfte des 12. Jahrhunderts vor.

Lit.: B. I. und V. N. Chanenko, Drevnosti Pridneprov'ja.-Kiew 1902, Vyp. V, Taf. XXX, Abb. 1088; G. F. Korzuchina, Russkie Klady.-Moskva, Leningrad 1954, S. 131, klad 127.

Kat.-Nr. 127

BRUSTIKONE MIT BESCHLAG UND KETTE

Kamee: Byzanz 12. Jh.
Beschlag: russische Arbeit des 14.–15. Jh.
Gold, Silber, Gagat, Granat, Quarz, geschnitten, Filigran.
Höhe der Kamee mit Beschlag 66 mm.
Länge der Kette 680 mm.
Aus der Sammlung B. I. und V. N. Chanenko.
MIDU, Inv.-Nr. DM-1643, DM-1632.

Die Brustikone ist aus Gagat geschnitten, rund, einseitig, umrahmt von einem goldenem Filigranbeschlag, mit einer Halterung mit Scharnier an einer Goldkette aus plattenförmigen Gliedern befestigt. In flachem, rundlichen Relief ist ein Brustbild der Gottesmutter dargestellt. Die Gesichtszüge sind vereinfacht gezeichnet, die Falten des Maphorions durch Relieflinien wiedergegeben. Der Heiligenschein ist in flachem Relief ausgeführt und ornamentiert. Im Hintergrund ist links und rechts vom Heiligenschein die abgekürzte griechische Aufschrift „Jungfrau Maria" eingeritzt. Ein nahes Vergleichsstück zu dieser Kamee ist die Kamee aus der Sammlung der Staatlichen Waffenkammer, Inv.-Nr. 4013.

Die Werke der byzantinischen Plastik waren im Kiever Raum sehr bekannt. Dies läßt sich anhand von zahlreichen Fundstücken, zusammengetragen von Kiever Sammlern, feststellen.

Die Fassung der Kammee ist auf der Schauseite mit spiral- und schlingenförmigem Ornament in Filigrantechnik verziert und auf beiden Seiten von einem eng gedrehten Filigrandraht umrahmt. Auf dem filigranen Ornament sind sechs runde bzw. ovale Steineinlagen kreisförmig angeordnet: vier Granateinlagen, ein blauer Quarz, ein Stein wurde zerstört.

Die Kamee ist mit Hilfe von sechs an den Beschlag angelöteten Ösen aus Golddraht befestigt.

Die Rückseite der Fassung bildet eine glatte Silberplatte.

Die Halterung ist mit einem Granat geschmückt.

Lit.: B. I. und V. N. Chanenko, Drevnosti Pridneprov'ja.-Kiev 1902, Ausg. V, S. 10, Taf. XXVII, Nr. 1307; T. V. Nikolaeva, Drevnerusskaja melkaja plastika iz kamnja XI–XV vv. SAI, Ausg. EI 60.-Moskva 1983, S. 24, Taf. 7, Nr. 2; L. V. Pisarevskaja, Pamjatniki vizantijskogo is- kusstva V–XV vekov v Gosudarstvennoj Oružejnoj palate.-Leningrad.-Moskva 1965, S. 22, Taf. XXXIV.

Kat.-Nr. 128

SCHALE

12. Jh.
Byzanz (?)
Silber, geschmiedet, getrieben, graviert, vergoldet, Niello.
Höhe 120–140 mm.
Durchmesser 260 mm.
Černigov.
Zufallsfund, 1957.
MIDU, Inv.-Nr. AZS-1832.

Schale mit der charakteristischen zwölfblättrigen Form auf niedrigem Fuß, der Körper der Schale ist aus einem Silberblech geschmiedet. Der Fuß wurde extra gefertigt und angelötet.
Außen sind auf sechs Blättern in Relieftreibtechnik und Gravur je zwei Greifen, Sirenen und Löwen, mit dem Rücken zueinander dargestellt. Weiter unten sind Vogel- (manchmal mit dem Rücken, manchmal mit dem Kopf zueinander) und Tierpaare zwischen Pflanzenornamenten abgebildet. Diese innen und außen vergoldeten Blätter wechseln mit sechs anderen Blättern ab, die innen glatt sind und außen mit gravierten, vergoldeten Darstellungen und mit Niello verziert sind. Dort sind Reiter, wilde Tiere und Vögel eingraviert, umrahmt von Flechtornament. Auf den gewölbten, dreieckigen Zellen zwischen den Blättern sind dreiblättrige Kleeblätter auf Niellogrund eingraviert. Mit Niello sind auch die Felder mit Pflanzenmotiven auf dem Fuß verziert. Dieser besteht aus einen breiten Basis und einer vertikalen Wand, getrennt durch einen gewundenen Reifen.
Im vergoldeten Medaillon am Boden der Schale ist in Hochrelief ein Harfe spielender Jüngling abgebildet, daneben sitzt ein Mädchen, das einen Finger an die Lippen gelegt hat. Sie sind von Vögeln und Tieren umgeben. Diese Komposition ist sehr bekannt und wurde in den Miniaturen der Psalterien von Konstantinopel des 10.–11. Jahrhunderts mehrmals wiederholt.
Die früheste Miniatur ist das Frontispiz des Psalmenbuchs der Pariser Nationalbibliothek aus der ersten Hälfte des 10. Jahrhunderts: König David wird von der allegorischen Figur der Melodie inspiriert. Man kann annehmen, daß gerade diese Buchminiaturen als Prototyp der auf dem Grund der Schale abgebildeten Szene dienten.
Der Jüngling trägt Kleidung mit mittalalterlichem Schnitt, sein Haupt wird von einem Kranz bekrönt. Die dreieckige Harfe steht rechts neben dem Musiker. Mit den Fingern der rechten Hand berührt er die Saiten.
Das Mädchen, die Verkörperung der Melodie, hat glattes, langes Haar, es ist in der Mitte gescheitelt und fällt frei auf den Rücken. Sie trägt eine Tunika mit engen Ärmeln, über die Schulter hat sie ein Tuch geworfen. An den Füßen trägt sie Schuhe. Ihr einziger Schmuck ist ein gedrehter Halsreif des Polovcer-Typs.
Die gravierten Reiterfiguren rufen unweigerlich die Turknomaden in Erinnerung. Es sind abwechselnd ein Reiter mit bloßem Haupt, rundlichem Gesicht, gewelltem Haar, bewaffnet mit einem Speer, und ein anderer mit Helm, unter welchem ein langer Zopf hervorschaut, mit länglichem Gesicht des orientalischen Typs dargestellt. Dieser bewegt sich in die gleiche Richtung, schaut jedoch zurück und schießt mit dem Bogen auf seinen Verfolger. Die turksprachigen Nomaden (Pečenegen, Polovcer) waren für den Staat eine ständige Bedrohung.
Die Schale wurde im Sommer des Jahres 1957 in der Stadt Černigov bei Erdarbeiten an der Ecke der Ščors- und der Komsomol'skaja-Straße gefunden. Bei den Grabungen unter der Leitung des Museums von Černigov wurden 1958 an dieser Stelle Spuren eines reichen Fürstenhofes aus dem 11.–13. Jahrhundert gefunden. Die Schale ist vor allem in ihrem Oberteil beschädigt. Auf der Unterseite des Fußes ist der Name „NAUM“ eingeritzt. Die Orthographie der Aufschrift zeigt uns, daß sie frühestens Mitte des 12. Jahrhunderts erzeugt wurde. Scheinbar wurde die wertvolle Schale während des Tatarenüberfalls auf Černigov im Jahr 1239 in der Erde vergraben. Es ist hier zu erwähnen, daß ein vergleichbares Denkmal existiert, eine bei Vil'gort im Uralgebiet aufgefundene Schale, welche in der Eremitage (St. Petersburg) aufbewahrt wird. Die Schale aus Černigov scheint eine Kopie der Schale aus Vil'gort zu sein.

Die Forschung kommt immer wieder auf die Frage zurück, unter welchen Bedingungen diese Gefäße hergestellt wurden: Entweder wurden sie in einer Werkstätte gefertigt, oder die Schale aus Černigov wurde zu einer anderen Zeit und an einem anderen Ort nach dem Vorbild der Schale aus Vil'gort hergestellt. Beide Schalen gehören zu einer ganzen Gruppe von Gefäßen, welche schwierig einzuordnen sind, da sie byzantinische und orientalische Elemente organisch vereinigen. Diese Tatsache wirft eine ganze Reihe von Problemen im Zusammenhang mit diesem profanen Silbergefäß auf, welches nur im weitesten Sinn als byzantinisch bezeichnet werden kann.

Der erste Erforscher der Schale aus Vil'gort, I. A. Orbeli, gelangte zu dem Schluß, daß sie kilikischen Ursprungs sei, N. M. Tokarskij führte Analogien bei armenischem Architekturornament und Miniaturen armenischer Handschriften an; er hält sie für armenisch, jedoch nicht unbedingt kilikisch. N. V. Cholostenko brachte die Schale aus Černigov mit altrussischen Erzeugnissen in Zusammenhang, B. A. Šolkovnikov bezeichnet kurz darauf beide Gefäße als russisch, der gleichen Ansicht ist A. N. Svirin. V. P. Darkevič schrieb ihnen byzantinische Attribute zu. Er nahm an, daß sie als Gaben des byzantinischen Herrschers Manuel I. Komnenos (1143–1180) an den Kiever Fürsten 1164 in die Rus' gelangten. Die in Treibtechnik dargestellten Figuren des Harfe spielenden Jünglings, des Mädchens mit dem an die Lippen gelegten Finger und der um sie schreitenden Tiere, betrachtete V. P. Darkevič als eine Art Illustration einer Episode aus dem berühmten byzantinischen Epos „Digenis Akritas“. Da V. P. Darkevič die Schale aus Černigov und jene aus Vil'gort für fast identisch hält, führt er keine vergleichende Analyse dieser Denkmäler durch. Sie weisen jedoch grundlegende Unterschiede in der Auslegung der Sujets und in der Treib- und Gravurtechnik und beim Niello auf. Eine 1977 in der Eremitage durchgeführte Qualitätsanalyse des Silbers beider Schalen konnte auch nicht bestätigen, daß bei ihrer Fertigung das gleiche Material verwendet wurde. Diese Unterschiede widerlegen die These, daß beide Werke in der gleichen Werkstätte hergestellt wurden. A. V. Bank ist der Ansicht, daß ihr byzantinischer Ursprung zu bezweifeln ist, und schließt sich der Meinung I. A. Orbelis an.

Aufgrund einiger Merkmale werden die Gefäße spätestens ans Ende des 12. Jahrhunderts datiert, u. a. wegen der Paläographie der auf dem Boden der Schale aus Černigov eingeritzten russischen Aufschrift. Die Frage, an welchem Ort die Schale aus Černigov hergestellt wurde, ist jedoch bis heute ungeklärt.

Lit.: N. V. Cholostenko, Novyj pamjatnik drevnerusskogo prikladnogo iskusstva. / Iskusstvo.-Moskva 1958, Nr. 9, S. 62–65; B. A. Šelkovnikov, Russkoe chudožestvennoe steklo.-Leningrad 1969, S. 35; A. N. Svirin, Juvelirnoe iskusstvo Drevnej Rusi XI- XVII vekov.-Moskva 1972, S. 70–73, Taf. 29, 30; I. A. Orbeli, Kilikijskaja serebrjanaja čaša XIIv. Aus dem Buch: Pamjatniki epochi Rustaveli.-Leningrad 1938, S. 244–261, Taf. 47, 48; V. P. Darkevič, Svetskoe iskusstvo Vizantii.-Moskva 1975, S. 17–59, 132–154; N. M. Tokarskij, Serebrjanaja čaša iz Vil'gora v sobranjach Gosudarstvennogo Ermitaža. Istoriko- filologičeskij žurnal AN Armjanskoj SSR.-Erevan 1976, Nr. 3; A. V. Bank, Prikladnoe iskusstvo Vizantii IX–XII vv.-Moskva 1978, S. 58–61, Abb. 46–49; N. V. Fedorova, Dva serebrjanych sosuda iz rajona g. Surguta / SA.-Moskva 1982, Nr. 1, S. 188–189; G. N. Bočarov, Chudožestvennyj metall Drevnej Rusi X- načalo XIII vv.-Moskva 1984, S. 98–100.

Kat.-Nr. 129

ARMREIF

Mitte 12. Jh.
Silber, geschmiedet, gelötet, vergoldet, graviert, Niello.
Breite 45 mm, Durchmesser 65 mm.
Aus einem Hort von Schmuckstücken, gefunden in Kiev, Kudrjavskaja-Straße 10, 1986.
NMIU, Inv.-Nr. RDM-1556.

Hier und im weiteren (RDM-1556, 1557, 1576, 1579, 1580, 1581, 1582–1604) wird zum ersten Mal auf einer Ausstellung ein Teil eines Schatzfundes von Schmuckstücken vorgestellt, welche am 6. 08. 1986 in Kiev in einer Tiefe 2,65 m während der Restaurierung des Hauses Nr. 10 in der Kudrjavskaja-Straße gefunden wurde. Es ist der jüngste in Kiev gefundene Komplex, und er bringt am besten das äußerst hohe Wohlstandsniveau der Stadt, das Wachstum seiner Handwerksproduktion, die Erfolge des Binnen- und Außenhandels und den Reichtum zum Ausdruck. Die Materialien aus dem Hort vermitteln eine Vorstellung von der Blüte des Goldschmiedehandwerks des alten Kiev in den letzten 100 Jahren vor dem Einfall der Mongolo-Tataren.

Der Schatzfund besteht aus 75 Einheiten aus 55 ganzen Stücken (inklusive Perlen, Anhänger, Klötzchen der Rjasny) und 20 Fragmenten silberner und goldener Schläfenringe und Anhänger.

Er wurde ohne Begleitmaterialien gefunden; aus den erhaltenen Fragmenten von Wollfäden kann man schließen, daß die Gegenstände in ein Stück Stoff eingewickelt waren, das sich mit der Zeit zersetzt hat. Untersuchungen haben gezeigt, daß ein Teil der Gegenstände damals von seinen Besitzern als einzelne Fragmente versteckt wurde. 1986–1987 wurden die Gegenstände vollständig restauriert.

Dieser Armreif wurde an der Handwurzel getragen, um die langen, breiten Ärmel der weiblichen Tracht, die beim Tanz lose herunterhingen, zu fixieren.

Der Reif ist plattenförmig und zweiteilig, die Teile sind mit 11 übereinanderliegenden Ösen verbunden welche sich an den Enden befinden und mit Hilfe eines Knochen- oder Silberstifts geschlossen werden. Die Ränder der Teile sind mit einem gerippten, Granulat imitierenden Draht verziert. Jeder Teil ist durch genau gezeichnete Linien in vier Bereiche und zwei Reihen unterteilt: Die obere Reihe nimmt zwei Drittel, die untere ein Drittel der Fläche ein. In den vier oberen, rechteckigen Abschnitten, die durch vergoldete, vertikale Reliefsäulchen und zwei flache Streifen unterteilt, und mit gewundenen Ranken verziert sind, befinden sich vier Sujets auf samtartigem Niellogrund. Eines stellt eine Kampfszene zwischen einem Krieger und einem Löwen dar; das zweite ein Phantasiewesen, die Sirenen, und einen Vogel seitlich von einem Baum aus Flechtwerk, in den übrigen zwei Feldern befinden sich Vogelpaare zu beiden Seiten eines Baums aus Flechtwerk. Die untere Reihe der Felder ist mit Flechtornament gefüllt.

Die Darstellungen sind mit klaren Linien gezeichnet, die auf dem Niellogrund wunderbar wirken; die silhouettenhaften Formen der Bilder sind detailliert ausgearbeitet: die Körper und Flügel sind mit Punkt- und Strichdekor dargestellt. Die Flechtmuster unterstreichen die dekorative Wirkung und verstärken die Flächigkeit der Darstellungen. Die Figuren sind betont individuell gezeichnet: Sie neigen zu großer Sättigung und komplizierter Komposition.

In den Motiven spiegelt sich die Verbindung von heidnisch-magischer und christlicher Symbolik wider. So bedeutete das Bild das Vogels mit dem Lebensbaum außer einem Symbol des Guten auch das Verweilen der Seele im Paradies oder in der Kirche; der Kampf des Menschen gegen den Löwen in der Ornamentik verkörperte die Idee der Kraft und Macht.

Der besprochene Armreifen gehört zu den Meisterwerken der angewandten Kunst der Kiever Rus'. Er ist gekennzeichnet durch vollkommene Formen, genaue Proportionen, Eleganz, reichliche Dekormotive und kunstvolle Bearbeitung.

Kat.-Nr. 130

ARMREIF

Mitte des 12. Jh. n. Chr., Kiev.
Silber, geschmiedet, granuliert, gelötet, vergoldet.
Breite 45 mm; Durchmesser 61 mm.
Aus einem Schatzfund in Kiev, ul. Kudrjavskaja, 10, 1986.
NMIU, Inv.-Nr. RDM-1557.

Ein Armreif aus zwei „Flügeln“, die durch Scharniere miteinander verbunden sind.
Die Außenseite der beiden „Flügel“ ist vergoldet. Auf jedem ist längs des Randumfanges ein Rechteck mit Draht aus Pseudofiligran eingelegt. Innerhalb des Rechteckes ist ein zweifacher rechteckiger kleiner Rahmen eingelegt, der in einem symmetrischen Muster aus zwei Reihen Pyramiden (= granulierten Dreiecken) gestaltet ist. Die Spitzen der Pyramiden zeigen in die Mitte, wodurch der Hintergrund als bestimmendes Element der künstlerischen Komposition hervorgehoben wird.
Dem Urheber dieses Kunstwerkes ist ein einfacher, aber stilistisch eleganter Aufbau gelungen. Die präzisen kalligraphischen Konturen der Dekoration betonen die Raffiniertheit und Feinheit dieses Meisterstückes.
Der Armreif zeichnet sich durch die gelungene Ausführung und die meisterhaft hergestellte Wechselbeziehung zwischen Dekor und Hintergrund aus. Er gehört zu den einzigartigen Werken der angewandten Kunst der Kiever Rus'.

Kat.-Nr. 129, 130

Kat.-Nr. 131

Kat.-Nr. 131

HALSSCHMUCK

2. Hälfte des 12. Jh. n. Chr., Kiev.
Kupfer, gegossen, vergoldet, Email.
24 x 30 mm.
Aus einem Schatzfund in Kiev, ul. Kudrjavskaja, 10, 1986.
NMIU, Inv.-Nr. RDM-1576.

Bestehend aus acht aufeinanderfolgenden Glasperlen und sieben Anhängern.
Die vergoldeten ovalen Glasperlen sind gerippt und haben eine durchlaufende Öffnung zum Auffädeln.
Die Anhänger haben die Form eines quadratischen Blattes mit einer runden Öse zum Aufhängen; die äußeren Ecken sind mit tropfenförmigen Enden versehen.
Die Vorderseite der Anhänger ist mit einem Ornament in weißem Email verziert, die Rückseite ist glatt.
Die Kiever Meister verwendeten mit Vorliebe weißes Email, das in helle Halbtöne überging, deren Variationen wiederum dem Erzeugnis eine besondere Eleganz und Ausdruckskraft verliehen.
Sie stellten auch eine hervorragende Verbindung zu den sich rhythmisch verdoppelnden feinen Konturen der Stege her.

Kat.-Nr. 132

KOLT

12. Jh. n. Chr., Kiev.
Gold, geschmiedet, Email, gelötet, geprägt.
31 x 28 mm.
Aus einem Schatzfund in Kiev, ul. Kudrjavskaja, 10, 1986.
NMIU, Inv.-Nr. RDM-1579.

Als Kolt bezeichnet man einen großen, innen hohlen und mit wohlriechenden Stoffen gefüllten, Anhänger an der Kopfbedeckung.
Die Oberfläche ist gewölbt und mit einer runden Vertiefung längs des oberen Randes und paarigen Ösen für die Verbindung mit dem Bügel versehen.
Den Rand säumt eine Vertiefung mit drei Ösen für den Perlenbesatz, der nicht mehr erhalten ist.
Auf der Vorderseite befindet sich eine Darstellung eines nach rechts gehenden Vogels. Dieser wird im Profil gezeigt, mit ausgestreckten Flügeln und einem senkrecht gespaltenen Schwanz.
Die Darstellung ist aus geometrischen Formen zusammengesetzt und mit blauem, hellblauem, rotem und weißem Email eingelegt; der Körper des Vogels ist mit weißen Punkten verziert.
Auf der Rückseite befindet sich die geometrisch genaue Komposition der Darstellung: sechs symmetrisch angeordnete Dreiecke, deren Spitzen in die Mitte zeigen.
Die Innenfelder der Dreiecke schmücken einzigartige Muster geometrisch-pflanzlichen Charakters – eine lilienförmige Knospe, Korn, eine Weinrebe und Pinien.
Der Dekor ist in der Technik des Cloisonné-Emails in Rot, Blau, Weiß und Grün ausgeführt.
Er zeichnet sich durch die sorgfältige und präzise Bearbeitung der kleinen Details, der feinen parallelen Linien der Stege und der Reinheit seines Kolorits aus.
Kolte komplettierten die wunderschöne Festtagstracht der Frauen der oberen Schicht.

Kat.-Nr. 133

RJASNA

12. Jh. n. Chr., Kiev.
Gold, geprägt, gelötet.
Größe eines Klötzchens 11 x 6 mm.
Aus einem Schatzfund in Kiev, ul. Kudrjavskaja, 10, 1986.
NMIU, Inv.-Nr. RDM-1580.

Als Rjasna bezeichnet man einen aus einem Kettenband bestehenden Anhänger zum Tragen der Kolte.
Er besteht aus dreizehn länglichen, an der Vorderseite abgerundeten Halbzylindern. Jeder der Halbzylinder besteht aus zwei Teilen.
An das flache Plättchen, das in der Mitte leicht konkav ist, ist längs der Ränder außen eine gewölbte Blechplatte mit querlaufenden Rillen angelötet. Die Seitenränder des Schmuckstückes sind mit drei Löchern für die Verbindungsfäden versehen.
An den äußersten Rändern der Halbzylinder sind Verbindungsteile angebracht; am oberen eine Miniaturkette aus zwölf flachen Gliedern, am unteren ein Ring mit offenen aufeinanderfolgenden Enden.
Rasny und Kolte waren Zubehör zur Prunkkleidung der Frauen aus der Gefolgschaft der Fürsten und Bojaren.

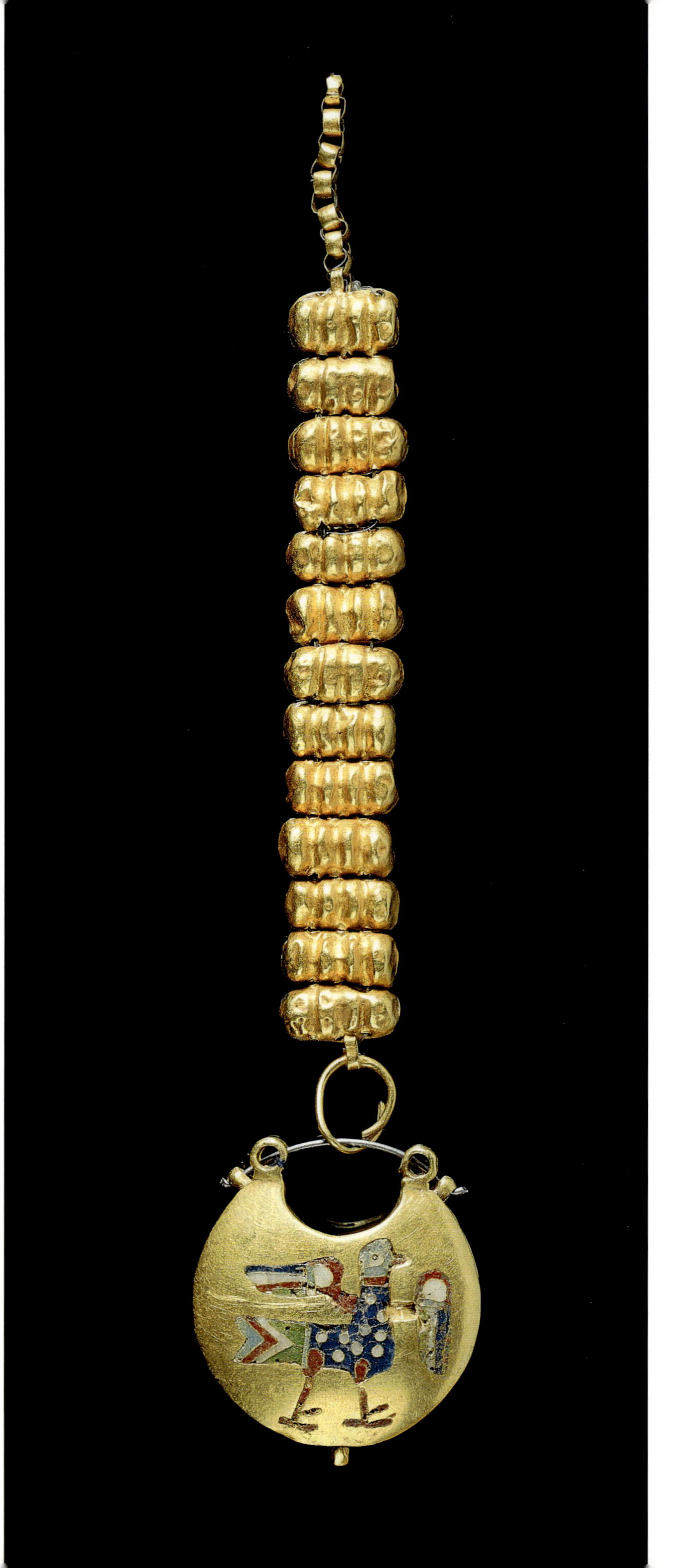

Kat.-Nr. 134

HALSSCHMUCK

2. Hälfte des 12. Jh. n. Chr., Kiev.
Gold, geschmiedet, getrieben, gelötet, Filigran.
Größe einer Glasperle 17 bis 25 mm.
Aus einem Schatzfund in Kiev, ul. Kudrjavskaja, 10, 1986.
NMIU, Inv.-Nr. RDM-1582–1604.

Bestehend aus 23 hohlen goldenen ovalen Glasperlen, die mit Reihen von zwölf getriebenen und schachbrettartig angeordneten Halbkugeln verziert sind. Die Basis der Halbkugeln wird durch Filigranringe hervorgehoben.
Zwei Glasperlen weisen eine unterschiedliche Dekorierung auf: sie sind in die Länge gezogen und dünner.
Ihre Oberfläche ist mit horizontalen länglichen und zweifachen Bändern mit reliefartigem Filigranornament gestaltet und wird dadurch in acht Segmente gegliedert.
Das Feld zwischen den Bändern ist gänzlich mit kleinen symmetrischen Filigranringen und Spiralen ausgeführt.
Diese beiden Glasperlen bilden das Ende des Halsschmuckes.
Diese Art von Schmuck spielte in erster Linie bei der Kleidung der Kiever Aristokraten eine große Rolle und ist ein Beweis für das meisterhafte Können der Juweliere, deren Aufgabe es war, den Alltag der Aristokraten auf künstlerische Weise zu umrahmen und zu schmücken.
Diese Luxusgüter, die nur einige wenige reiche Leute erwerben konnten, waren aber nicht nur in materieller Hinsicht sehr wertvoll; sie waren ein Zeichen des hohen sozialen Ranges ihres Besitzers, ein Zeichen des Ruhmes und der Ehre.
Weiters stellten sie einzigartige Amulette dar: der Kreis als Symbol des Universums und der Ewigkeit war im Bewußtsein der Alten stark verankert.
Gold drückte die Elementarkraft des Lichtes aus. Der goldene sakrale Glanz bedeutete Energie, Reinheit und Vollkommenheit.

Kat.-Nr. 135

SCHLÄFENRING

(Kiever Typus)

12. Jh. n. Chr., Kiev.
Gold, Perlen, geschmiedet, granuliert, gelötet, Filigran.
28 x 30 mm.
Aus einem Schatzfund in Kiev, ul. Kudrjavskaja, 10, 1986.
NMIU, Inv.-Nr. RDM-1581.

Auf dem bügelartigen Reifen aus Draht mit offenen Enden sind symmetrisch drei durchbrochen gearbeitete Glasperlen angebracht, die sich aus Rhomben mit Filigrangeflecht, deren Ecken grobe Granulatkörner schmücken, zusammensetzen.

Sie werden durch Fragmente verblaßter Perlen auf einem gedrehten Bronzedraht komplettiert. Die Glasperlen sind durch eine dünne Filigrandrahtumflechtung voneinander getrennt.

Diese Ausführungsart spiegelt eine bestimmte Etappe in der Entwicklung der Goldschmiedekunst wider, für die das hohe Maß an Perfektion des Meisters und dessen Fähigkeiten, dem Metall das Gefühl der Schwere zu nehmen und seine Leichtheit zu betonen, und die Ornamente bis ins kleinste Detail genau zu gestalten, charakteristisch waren.

Dreiperlige Ringe gehörten zum Frauenschmuck und bildeten einen Bestandteil der Paradekleidung.

Jeweils mehrere von ihnen wurden an einem Lederreifen oder an einem schmalen Band in der Schläfengegend auf jeder Seite befestigt.

Kat.-Nr. 136

KREUZ

1546, Ukraine.
Silber, Glas, gegossen, graviert, Email, vergoldet.
Höhe 470 mm; Durchmesser 235 mm.
MIDU, Inv.-Nr. DM-6683.

Das Kreuz mit sieben Enden hatte in der orthodoxen Kirche eine alte Tradition; in der Zeit des 16./17. Jahrhundertes war es in der Ukraine zum Symbol des Kampfes gegen die Ausbreitung des Katholizismus geworden.

Das vorliegende Kreuz war für den Gottesdienst bestimmt und auf dem Altartisch aufgestellt.

Auf der Vorderseite ist die „Kreuzigung“ eingraviert. Über Jesu Kopf sind drei Glaseinlagen angebracht. Auf dem oberen Querbalken sind folgende im Hintergrund mit dunkelgrünem Email eingegossene goldene Monogramme ausgeführt: ЦРБ СЛВБІ (Der ruhmreiche Zar) und ИС ХС (Jesus Christus).

Die Schnittpunkte der Kreuzbalken sind mit vier gegossenen Kreisen mit körniger Oberfläche, die von drei Blütenblättern umfaßt werden, verziert.

Auf dem schrägen Querbalken des Kreuzes befindet sich die Inschrift: NIKA (Sieger), die in der Mitte durch eine mit Blättern umfaßte Einlage unterteilt ist.

Der untere Teil des Längsbalkens ist in einem Muster eines sich windenden Stengels mit Blüten, Blättern und kleinen zu einer Spirale gewundenen Ästen, gestaltet.

Auf der Rückseite des Kreuzes befindet sich in der Mitte eine gravierte Darstellung der „Dreifaltigkeit“, darüber die Aufschrift „Heilige Dreifaltigkeit“.

An den Enden der Komposition sind die Symbole der Evangelisten eingraviert – Engel, Adler, Stier und Löwe.

Der Längsbalken ist mit einem pflanzlichen Ornament versehen. Die Kanten des Kreuzes werden von schrägen Einkerbungen umsäumt.

Alle Darstellungen bestechen durch ihre Einfachheit und Unmittelbarkeit.

Die Art der Auseinandersetzung mit den Sujets und die originelle Ornamentik zeugen vom Einfluß der Renaissance.

Das Kreuz ruft auch nicht nur deshalb besonderes Interesse hervor, weil das Datum seiner Herstellung eingraviert ist (1546), sondern auch deshalb, weil am Ende des Längsbalkens das Signum des Meisters eingeprägt ist.

Es hat die Form eines vertikal angeordneten Hakens, der von zwei parallel verlaufenden Linien durchkreuzt wird.

Auf Goldschmiedeerzeugnissen aus dem 16./17. Jahrhundert trifft man selten auf das Signum des Meisters. Zu dieser Zeit unterzeichneten Goldschmiede ihre Werke gewöhnlich durch das Einritzen ihres Vor- bzw. Familiennamens.

Lit.: M. Petrenko, Ukrains'ke zolotarstvo XVI–XVII st.-Kiev 1970. S. 44, 52; Sjaj ukrajinskih riznica.-Zagreb, 1989.-S. 147,177.

Kat.-Nr. 137

PANAGIA

Ende 17. Jh. n. Chr., Ukraine.
Gold, Brillanten, Saphire, Rubine, Korunde, gegossen, getrieben, Email.
Länge 136 mm; Durchmesser 64 mm.
Aus der Sakristei der Eparchie von Černigov.
MIDU, Inv.-Nr. DM-5993.

Goldene doppelseitige Panagia bestehend aus einer runden Platte mit eingekerbten Rändern, einer durchbrochen gearbeiteten, mit Edelsteinen besetzten Krone und einem ebenso ausgeführten Anhänger.

Auf der Vorderseite ist in der Mitte der Komposition ein Kreuz aus großen Saphiren ausgelegt, das von zahlreichen verschieden großen Rubineinlagen umrahmt wird. Die figürlichen Ränder der Platte sind in einem mehrfarbigen Emailornament gestaltet.

Auf der Rückseite befindet sich in einem runden Medaillon ein Brustbild der Mutter Gottes mit dem kleinen Jesus; beide Antlitze sind in konventioneller und schematischer Art dargestellt. In den vier seitlich des Medaillons angeordneten Quadraten sind die Figuren Heiliger auf einem in hellblauem Email gegossenen Hintergrund zu sehen. Zwischen den Umrandungen der Quadrate sind Engelköpfe mit Flügeln eingezeichnet. Die Platte ist mit einem in hellem Email aufgetragenen reliefartigen Pflanzenmotiv versehen. Die Konturen des Ornaments werden von einer dunkelblauen emaillierten Schraffierung umrissen.

Die Panagia stammt aus der Blütezeit der ukrainischen Goldschmiedekunst, in der sich am Ende des 17. Jahrhunderts eine deutliche Zunahme der dekorativen und polychromen Elemente beobachten läßt.

Zur Erlangung der Polychromie trugen die plastische Darstellung der Ornamente, die vermehrte Verwendung von Edelsteinen und die in leuchtenden Farben gehaltenen Emailmalereien bei.

Dieses Streben führte aber zu einer Verlagerung des Verwendungsbereiches der Panagia. Während sie früher eine kleine Brustikone darstellte, diente sie nun den Angehörigen der obersten Geistlichkeit als prachtvoller Brustschmuck.

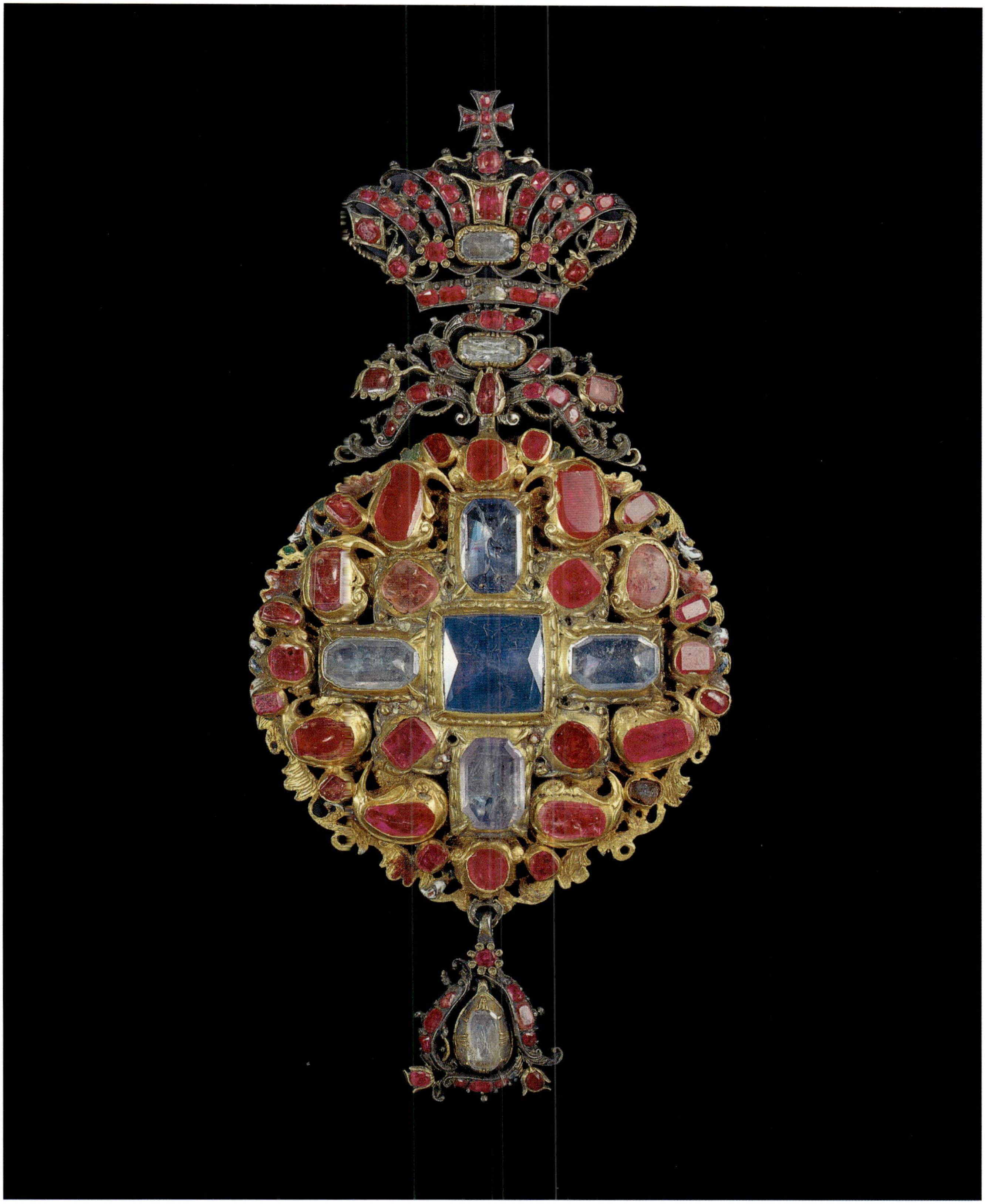

Kat.-Nr. 138

ANHÄNGER / PANAGIA

17. Jh. n. Chr., Deutschland, Ukraine.
Gold, Silber, Smaragde, Saphire, Rubine, Perlen.
Gegossen, getrieben, Email.
Länge 115 mm; Durchmesser 85 mm.
Aus der Sakristei des Dreifaltigkeitsklosters, Eparchie Černigov.
MIDU, Inv.-Nr. DM-5990.

In Westeuropa erfreuten sich vom 16. Jahrhundert an verschiedenartige mit Edelsteinen geschmückte Anhänger großer Beliebtheit.
Aus Porträts der damaligen Zeit geht hervor, daß sie als modische Accessoires für die Prunkkleidung sowohl der Männer als auch der Frauen dienten.
Die genaue Datierung des hier vorgestellten Anhängers gestaltet sich schwierig, da bisher keine ihm entsprechenden Stücke gefunden wurden. Man kann ihn aber aufgrund der in der Mitte befindlichen plastischen Darstellung des heiligen Georg dem südgermanischen Typus zuordnen.
Die Gestalt des heiligen Georg besticht durch ihre expressive und virtuose Wiedergabe. Der Heilige wird in dem Augenblick dargestellt, als er von einem sich aufbäumenden weißen Pferd herab dem Drachen einen Stoß versetzt.
Auf der Innenfläche des Anhängers ist der Name des Besitzers Jakov Lizogub eingeritzt.
Es gilt als sehr wahrscheinlich, daß der Černigover Oberst Jakov Lizogub nach Erhalt dieses Schmuckstückes beschloß, es umändern zu lassen. Er gab bei den heimischen Meistern eine figürliche Silberplatte mit Saphir- und Perleneinlagen in Auftrag. Nach Anbringung des Anhängers an der Platte stiftete Lizogub das Schmuckstück einer der Kirchen von Černigov. In der Inventarliste der Sakristei der Černigover Eparchie war dieser Anhänger als Panagia angeführt.
Traditionsgemäß wurde als Panagia eine kleine Ikone bezeichnet, die außen an einer Kette getragen wurde und der hohen Geistlichkeit vorbehalten war.
Angesichts der Tatsache, daß in der Ukraine Panagien üblich waren, die Darstellungen der Mutter Gottes und Jesu Christi zeigten und oft Kreuzanhänger aufwiesen, läßt sich der vorliegende Anhänger nur schwer als Panagia einordnen.

Lit.: Istoriko-statističeskoe opisanie Černigovskoj eparchii.-Černigov, 1873.-Kn. 2.-S. 50; Kartiny cerkovnoj žizni Černigovskoj eparchii iz IX vekovoj ee istorii.-Kiev 1911.-S.; O. D. Ganina, Muzej istoričeskich dragocennostej USSR.-Kiev 1974.-S. 125.

Kat.-Nr. 139

MITRA

Ende 17. Jh. n. Chr, Ukraine.
Silber, Brillanten, Smaragde, Rubine, Saphire, Zirkone, Spinelle, Türkise, Glas.
Gegossen, getrieben, Email, vergoldet.
Höhe 283 mm; Basisdurchmesser 210 mm.
MIDU, Inv.-Nr. DM-5969.

In den Sakristeien der größten Klöster und Kirchen der Ukraine sind verschieden ausgeführte Mitren, Kopfbedeckungen hoher Geistlicher, erhalten.

Sie wurden aus Stoff nach einem Gestell gearbeitet, aus Gold oder Silber ausgeführt und auf prachtvollste Weise mit Edelsteinen und Medaillons, auf denen Heilige in Email dargestellt waren, geschmückt.

Die gezeigte Mitra krönt ein kleines Kreuz mit vier Enden, das auf einem runden eingeschnittenen mit Email und Rubinen versehenen „Aufsatzkäppchen" angebracht ist.

Das Aufsatzkäppchen wird von einer Platte umrahmt, die mit kleinen geflügelten Engelköpfen verziert ist.

Von der Platte abwärts verlaufen kreuzartig vier Streifen, die mit einem Muster in Form ineinandergeschlungener Bänder und mit edelsteinbesetzten „Knöpfen" versehen sind. Die gezackten Streifenränder sind mit einer Reihe reliefartiger Rhomben und Perlen verziert. Am unteren Ende jedes Streifens sind kleine Aufsätze mit figürlichen Rändern angebracht, die in einem Ornament aus miteinander verflochtenen Bändern getrieben sind.

Zwei der Bänder werden von vierendigen mit kleinen Türkis- und Zirkoneinlagen versehenen Kreuzen geschmückt; die anderen beiden von Edelsteinrosetten.

Zwischen den Streifen ist die Mitra mit Zierknöpfen und Platten mit figürlichen Rändern gestaltet; die Ränder sind wiederum in Ornamenten aus ineinander verflochtenen Bändern ausgeführt.

Der Unterteil der Mitra ist von einem getriebenen Muster, Edelsteineinlagen und einem breiten Besatzband umgürtet.

Dieses Erzeugnis besticht durch präzise Komposition und strenge Ausführung. Der ruhige Rhythmus des getriebenen Ornamentes wird durch die Einlagen grell leuchtender Edelsteine, die wesentlich zur Belebung der Mitra beitragen, hervorgehoben.

Die ukrainischen Meister des 17. Jahrhunderts wußten die fertigen Zierknöpfe, verschiedenartige mit Edelsteinen besetzte Schmuckstücke, die sie aus Konstantinopel einführten, gekonnt einzusetzen. Durch die richtige Wahl der in ihrer Farbenskala unterschiedlichen Zierknöpfe erzielten die Juweliere einzigartige künstlerische Effekte.

Kat.-Nr. 140

PATENE

1686, Moskau.
Werkstätten des Moskauer Kremls.
Gold, Smaragde, Rubine, gegossen, getrieben, graviert, Email.
Durchmesser 230 mm.
Aus der Sakristei der Mariä-Himmelfahrts-Kathedrale des Kiever Höhlenklosters.
MIDU, Inv.-Nr. DM-7866.

Diese Patene (Hostienteller) gehört zu den herausragendsten in den Werkstätten des Moskauer Kremls gefertigten Goldschmiedeerzeugnissen des 17. Jahrhunderts. Sie wurde vom Hetman der linksufrigen Ukraine Ivan Samojlovič im Jahre 1686 dem Kiever Höhlenkloster im Gedenken an seine früh verstorbenen und dort begrabenen Kinder gestiftet.

Die Patene besteht aus einem flachen, runden Teller und einem niedrigen Fuß. Im Zentrum der Darstellung steht die „Agnus Dei" – Szene, Christus in einem Kelch, der von zwei Cherubinen flankiert ist. Ihr glatter Rand wird von farbigen Emaileinlagen (Inschriften, Zierleisten mit Fruchttrauben) und edelsteinbesetzten Rosetten geschmückt. Der Fuß ist durchbrochen gearbeitet und trägt die Symbole der Evangelisten. In deren Bücher befinden sich Inschriften in Email.

Wie Menschen haben auch Gegenstände ihr eigenes Schicksal. Nach der Revolution wurde die Patene zum staatlichen Eigentum erklärt und dem Historischen Museum in Char'kov übergeben. Von dort aber mußte sie nach Beginn des Zweiten Weltkrieges 1941 im Zuge der Evakuierung der musealen Kostbarkeiten in kürzester Zeit weiter ostwärts gebracht werden. Dabei wurden die vorliegende Patene und eine Reihe anderer einzigartiger Gegenstände aus dem Char'kover Historischen Museum während einer Bombardierung durch die Faschisten schwer beschädigt.

Kat.-Nr. 141

KREUZ

1681, Moskau.
Zypressenholz, Silber, Glas, getrieben, Filigran, vergoldet, Holzschnitzerei.
676 x 369 x 35 mm.
Eingegangen aus dem Historischen Museum aus Dnepropetrovsk, 1967.
Aus der Sakristei des erzpriesterlichen Hauses von Ekaterinoslavl'.
MIDU, Inv.-Nr. DM-7848–7852.

Dieses Kreuz besticht durch seine einzigartige und meisterhafte Ausführung. Es ist aus Zypressenholz geschnitzt und mit einer Gold-Silber-Fassung umrahmt. Besonders hervorzuheben ist das in seiner Präzision kaum zu übertreffende Schnitzwerk an den neunzehn Platten der Vorderseite.
Zu sehen sind: „Das letzte Abendmahl", die „Kreuzigung", der „Einzug in Jerusalem", die „Geißelung", der „Kreuzweg", die „Kreuzabnahme", die „Geburt der Gottesmutter Maria", „Mariä Verkündigung", „Die Taufe", „Christi Himmelfahrt", das „Pfingstwunder" und die „Verklärung Christi".
Auf dem Querbalken handelt es sich um folgende Szenen: „Die Geburt Jesu Christi", „Darbringung Jesu im Tempel", ein Brustbild des Apostels Petrus, das möglicherweise als Ersatz für eine verlorengegangene Darstellung diente; weiters „Jesus vor dem Hohen Rat", „Jesus vor Pilatus", die „Geißelung Christi", „Jesu Höllenfahrt" und „Der ungläubige Thomas".
Die Darstellung wird durch Emailplatten mit den Szenen der „Dreifaltigkeit" und der Märtyrer Theodor und Agatha ergänzt. In der Mitte des schrägen Kreuzbalkens ist ein herzförmiger Reliquienbehälter eingelassen.
Das Kreuz gehört zur jenen im 17. Jahrhundert seltenen Kunstwerken, von denen ein genaues Herstellungsdatum und der Name des Auftraggebers – in diesem Fall des russischen Zaren Fedor Alekseevič, geb. 1661 – bekannt sind. Die Aufschrift ist auf der Rückseite in einer Platte eingeritzt.
Das Kreuz ist mit vergoldeter Silberfassung geschmückt, die durchgehend mit einem Filigranornament mit türkisem, blauem, grünem und weißem Email bedeckt ist.

Auf dem durchschimmernden vergoldeten Hintergrund der Fassung läßt sich deutlich ein Muster in Form eines sich rankenden Stengels mit Blättern erkennen. Indem sich dieser abwechselnd frei nach oben und dann wieder sich verflechtend bewegt, entsteht ein herzförmiges Ornament. Den satten Emailfarben wird durch vereinzelt aufgetragene goldig schimmernde Blüten, Blätter und Sternchen eine besondere Ausdruckskraft verliehen.
Aufgrund der in leuchtenden Farben ausgeführten Emailmalerei kann dieses Kreuz Moskauer Werkstätten zugeordnet werden.
Das Kreuz befand sich seit dem 18. Jahrhundert in der Sakristei von Ekaterinoslavl', die auf Initiative des Fürsten Grigorij Alekseevič Potemkin ins Leben gerufen worden war. Diese Sakristei beherbergte nicht nur einzigartige Kirchengeräte aus ukrainischen Kirchen und Klöstern, sondern auch aus Gotteshäusern des Moskauer Kremls, die zum Zarenhof gehörten.
Auch die Möglichkeit, daß der russische Zar Fedor Alekseevič das Kreuz schon vor der Entstehung der Sakristei einer ukrainischen Kirche stiftete, ist nicht auszuschließen, da diesem Zaren eine große Liebe zur Ukraine, ihrer Kultur und Kunst nachgesagt wurde. Beeinflußt von seinem Berater Semen Polockij erlaubte er beispielsweise das Tragen ukrainischer Tracht in Moskau und das Singen ukrainischer Lieder in den Kirchen der Stadt.

Lit.: V. Mašukov, Materialy k isučeniju cerkovnoj stariny Ukrainy.-Char'kov, 1905.-S. 20; Titov G. Pis'ma iz Ekaterinoslava.-Odessa, 1849. S. 61–62.

Kat.-Nr. 142

PLATTE

1723, Kiev.
Meister Ivan Ravič.
Silber, getrieben, punziert, vergoldet.
Durchmesser 440 mm.
Aus der Sakristei des Vydubeckij-Klosters in Kiev.
MIDU, Inv.-Nr. DM-4599.

Ungewöhnlich ausdrucksvolle Silberschale des Meisters Ivan Ravič aus dem Jahre 1723. Boden und Rand der Schale ziert ein wunderschönes Pflanzenornament aus gewundenen Akanthustrieben, stilisierten Blumen und Knospen. Dieses Dekorationsschema wandte der Meister in seinem Kunstschaffen häufig an. Mit Vorliebe versah er die gesamte Fläche eines Gegenstandes mit üppiger Akanthusornamentik. Das zentrale Medaillon wurde hier mit einer Darstellung der Szene „Das Wunder des heiligen Archistrategen Michael“ auf diese Weise gestaltet. Das Bild des Heiligen ist nicht zufällig gewählt. Er galt als Schutzherr der Michaelskirche des Vydubeckij-Klosters, dem die Schale gewidmet war. Die Ikonographie des Sujets ist in der orthodoxen Kirche aus der Malerei bekannt.

Im Vordergrund der Komposition ist der Erzengel Michael dargestellt, der mit einem Speer einen Stein spaltet, aus dem Wasser sprudelt. Zu seiner Rechten kniet ein betender Kirchendiener; im Hintergrund zeichnet sich die Silhouette einer orthodoxen Kirche, mit den für die Ukraine charakteristischen architektonischen Details ab. Im Vergleich zur geschickten Ausführung des Ornaments ist Ravič die Gestaltung der Figuren der Heiligen weniger gut gelungen.

Dieses Kunstwerk entstand im Auftrag des Igumen Feodosij Chomenko, des Abts des Vydubeckij-Klosters.

Lit.: M. Z. Petrenko, Ukrains'ke zolotarstvo XVI–XVII st.-Kiev 1970. S. 110, 124; O. D. Ganina, Muzej istoričeskich dragocennostej USSR.-Kiev 1974. S. 133; S. K. Kilesso, Kievo-Pečerskaja lavra.-Moskva 1975. S. 124.

Kat.-Nr. 143

KELCH

um 1740, Kiev.
Meister Ivan Ravič.
Silber, gegossen, punziert, Email, vergoldet.
Höhe 345 mm, Durchmesser des Kelchfußes 170 mm.
MIDU, Inv.-Nr. DM-340.

Dieses Kunstwerk trägt deutliche Züge des individuellen Stils eines hervorragenden Meisters der Silberschmiedekunst: Ivan Ravič.
Die Kelchschale ist tief, ihr Mittelteil etwas gewölbt und mit Ornamenten aus Früchten und drei bombierten Email-Medaillons in Treibtechnik verziert. Die zentralen Darstellungen Christi, der Gottesmutter und Johannes des Täufers heben sich vom Hintergrund aus hellblauen Wolken ab. Der Schalenrand ist glatt, poliert und leicht gebogen. Den runden Schalengrund zieren abwechselnd große und kleine Akanthusblätter in Treibtechnik. Der glatte gegossene achteckige Schaft wird von Blütenblättern im Relief bedeckt. Auf den hohen, nach oben konischen Kelchfuß sind getriebene Goldblätter aufgelegt. Seine Wölbung ist mit Ornamenten aus Früchten und drei ovalen Medaillons geschmückt, auf denen sich Emailmalereien mit Darstellungen von Heiligen (Basilius der Große, Gregor der Theologe und Ioannes Chrisostomos) vor dunkelbraunem Hintergrund befinden. Die Medaillons werden von schuppig verzierten Rosen in Treibtechnik umrankt. Dazwischen befinden sich Ornamente aus Früchten und Cherubimköpfen. Glatte profilierte Querstreifen teilen den Kelchfuß in zwölf Segmente, die abwechselnd Akanthusblätter und Früchte zeigen.
Am glatten Rand des Fußes sind die Gewichtsangabe des Kelches, die Meistermarke „IR“ und die Stadt „Kiev“ eingeritzt.
Aufgrund der Besonderheit des getriebenen Barockdekors dieses Kunstwerks läßt es sich auf die 30er oder 40er Jahre des 18. Jahrhunderts datieren.

Lit.: M. Z. Petrenko, Ukrains'ke zolotarstvo XVI–XVIII st.-Kiew 1970. S. 111; Sjaj ukrajinskih riznica.-Zagreb, 1989. S. 178.

Kat.-Nr. 144

EVANGELIAR

1. Hälfte 18. Jh., Kiev.
Meister Ivan Ravič.
Papier, Silber, getrieben, graviert, Niello, vergoldet.
450 x 290 x 60 mm.
MIDU, Inv.-Nr. DM-448.

Neben anderem liturgischen Gerät (Kreuzen, Monstranzen und Kelchen) befanden sich auf dem Altartisch einer Kirche auch Evangeliare. Während des Gottesdienstes trugen die Priester das Evangeliar vom Altar in die Mitte der Kirche. Das Bestreben der Geistlichkeit, eine Harmonie zwischen reichgeschmücktem Interieur der Kirche und liturgischem Gerät herzustellen, führte zur prunkvollen Ausstattung der Evangeliare. Ab dem 16. Jahrhundert wurden in der Ukraine die bescheidenen ledernen Einbände der Kirchenbücher durch Silberplatten abgelöst, die mit verschiedenfarbigem Email, hellem Glas und gefaßten Edelsteinen verziert waren.

Beim hier gezeigten Beschlag des Evangeliars ist die Deckplatte mit einem fein niellierten Ornament aus kleinen Gräsern bedeckt und mit fünf Medaillons auf vergoldeter Unterlage geschmückt. Im zentralen Medaillon ist die Kreuzigungsszene dargestellt, davor stehen die Gottesmutter und Johannes. In den Ecken sind die Evangelisten mit ihren Symbolen abgebildet. Sehr harmonisch fügen sich in die Sujetkomposition des Buchdeckels vier kleine ovale Medaillons ein.

Oberhalb der Deckplatte befindet sich eine Darstellung der Dreifaltigkeit in Treibtechnik, darunter eine Kartusche mit dem Auferstandenen.

Auf dem rückwärtigen Beschlag befindet sich zentral ein Medaillon des heiligen Nikolaj. Sein Dekor entspricht dem des mittleren auf der Deckplatte. Vor dem Hintergrund aus kleinen niellierten Gräsern heben sich wirkungsvoll Engelköpfe mit Flügeln ab. Die Ränder des Beschlags schmückt üppiges Rankenwerk aus gewundenen Akanthustrieben und gezackten Blättern. Die Treibarbeit der Platte wird noch durch Engelköpfe in Relief ergänzt.

Diese Art dieses Evangeliarbeschlages ist charakteristisch für die Kunstwerke der Kiever Meister der ersten Hälfte des 18. Jahrhunderts. Sujetkompositionen und dekorative Barockausstattung finden sich in etwas abgewandelter Form in den Arbeiten von Ieremej Beleckij sowie eines unbekannten Meisters mit Monogramm AS. Es ist anzunehmen, daß bei den Meistern dieses Handwerks, die die Silberschmiedekunst in der Werkstätte Ivan Ravičs erlernt hatten und danach selbständig arbeiteten, noch lange Zeit der Einfluß seines Schaffens zu spüren war.

Kat.-Nr. 145

SCHREIN

1756, Kiev
Meister mit russischen Initialen SS.
Silber, gegossen, getrieben, vergoldet.
165 x 125 x 240 mm.
aus der Sakristei der Podol Kirche des Hl. Nikolaj in Kiev.
MIDU, Inv.-Nr. DM-4486.

Im 18. Jahrhundert wurde die Entwicklung der Goldschmiedekunst in der Ukraine in großem Maße von der zeitgleichen Architektur beeinflußt. Inspiriert von den großartigen Denkmälern der sakralen Baukunst schufen die Kiever Meister silberne Schreine, die als Hostienbehältnisse sowie zur Aufbewahrung von Gaben, die in ausziehbaren Laden untergebracht wurden, dienten.

Mit hoher Kunstfertigkeit führte hier ein unbekannter Meister eine Miniaturdarstellung eines doppelgeschoßigen steinernen Glockenturms aus, der mit einer zwiebelförmigen Kuppel bekrönt ist, wie dies für die ukrainische Barockarchitektur typisch war. Die Seitenwände des Kunstwerks sind mit Szenen in Miniaturrelief geschmückt („Einzug in Jerusalem", „Grablegung", „Das letzte Abendmahl" und „Fußwaschung").

Bekrönt wird der Schrein wird von der traditionellen Darstellung des auferstandenen Christus im Strahlenkranz. Die Innenseite des unteren Geschoßes ist mit einer Aufschrift versehen, in der es heißt, daß diese Arbeit im Auftrag des Ivan Bovtok und seiner Frau Maria für 70 Rubel angefertigt wurde.

Lit.: A. Georgievskij, Kievo-Podol'skaja cerkov' Nikolaja Dobrogo.-Kiev 1892. S. 83–84; M. Petrenko, Ukrains'ke zolotarstvo XVI–XVIII st.-Kiev 1970. S. 126, 182.

Kat.-Nr. 146

POSOCH

um 1740, Kiev.
Meister Matvej Narunovič
Silber, Glas, Holz, gegossen, getrieben, vergoldet.
Länge 915 mm, Durchmesser 170 mm.
MIDU, Inv.-Nr. DM-5.

Dieser silberne Posoch – Symbol der kirchlichen Macht und Insigne der hohen Geistlichkeit – besticht durch die Originalität seiner Ausführung. Ab der Mitte des 17. Jahrhunderts wurden in der orthodoxen Kirche die Griffe der Posochi mit den Köpfen zweier stilisierter Schlangen geschmückt. In Kunstwerken wurden die Zaren und die orthodoxe Hierarchie – Patriarchen und Metropoliten – mit Posochi abgebildet.
Dieser silberne Posoch wurde von einem hochbegabten Meister der Silberschmiedekunst, Matvej Narunovič, angefertigt. Insgesamt sind mehr als 500 seiner Arbeiten erhalten geblieben – großteils Beispiele seines erlesenen künstlerischen Geschmacks und hohen Kunstfertigkeit. Im Gegensatz zu vielen Werken der 1. Hälfte des 18. Jahrhunderts, in denen sich die Vorliebe des Meisters für üppige Pflanzenornamentik zeigt, ist der hier gezeigte Posoch in seiner künstlerischen Gestaltung eher zurückhaltend.
Knauf und Stab sind kunstvoll mit einem feinen Pflanzenornament bedeckt. Besonders beeindruckend ist die detaillierte Ausführung des Griffes, der von zwei Schlangenköpfen mit weitgeöffneten Mäulern geziert wird. Die Köpfe der Schlangen bilden Akanthusblätter im Relief.
Nur wenige Posochi dieser Art sind erhalten geblieben. Stilistische Parallelen weisen Posochi auf, die in ukrainischen Radierungen der ersten Hälfte des 18. Jahrhunderts und auf Emailmalereien mit Bildern von Geistlichen dargestellt sind.

Lit.: Kievo-Pečerskij deržavnij Istoriko-kul'turnij zapovidnik.-Kiev 1974. S. 97; O. D. Ganina, Muzej istoričeskich dragocennostej USSR.-Kiev 1974. S. 137.

MÜNZEN DES NÖRDLICHEN SCHWARZMEERGEBIETES

Münzprägung und Münzumlauf im 5. und 4. Jahrhundert vor Christus

Die griechische Kolonisation der nördlichen Schwarzmeerküste reicht bis an den Anfang des 6. Jahrhunderts v. Chr. zurück, als vor allem Ionier unter der Führung Milets hier ihre Siedlungen errichteten. Zu den bedeutendsten dieser neuen griechischen Poleis zählten Olbia, an der Mündung des Borysthenes (Dnjepr) gelegen, sowie Pantikapaion, das am Westufer der Straße von Kertsch direkt an der Meerenge zwischen Pontos Euxeinos und Maiotis (Asowsches Meer) errichtet wurde – ein Gebiet, das man damals als Kimmerischen Bosporus bezeichnete.

Für den rasch erlangten wirtschaftlichen Wohlstand der griechischen Küstenstädte im nördlichen Schwarzmeergebiet sorgte das ungemein fruchtbare Hinterland, das zusammen mit Ägypten und Sizilien zu den wichtigsten Kornkammern der antiken Welt zählte. Neben dem Getreideexport waren Viehzucht und Fischfang weitere Eckpfeiler der Exportwirtschaft. Der rege Warenaustausch, vor allem mit Athen und den kleinasiatischen Griechen auf der einen Seite, sowie der Handel mit den skythischen und maiotischen Stämmen im Landesinneren auf der anderen Seite führten zu einer wirtschaftlichen Blüte, die schließlich auch den Eintritt in die eigene Münzprägung ermöglichte. Allerdings haben diese Münzen kaum eine Rolle im überregionalen Zahlungsverkehr gespielt, sondern wurden primär zur Versorgung der lokalen Märkte ausgegeben.

Als eine der ersten hatte Pantikapaion bereits um die Mitte des 6. Jahrhunderts begonnen, eigene kleine Silbermünzen in verschiedenen Wertstufen zu prägen. Diese dienten jedoch nur dem lokalen Zwischenhandel, während sich als überregionale Handelswährung die Elektron-Statere aus Kyzikos (Kat.-Nr. 147–151) etablierten, die bis in die Zeit Alexanders des Großen den Zahlungsverkehr im Fernhandel des Schwarzmeergebietes beherrschten und dort auch in großer Zahl gefunden wurden. Das Wappen von Kyzikos ist der Thunfisch, das auf die reichen Fischgründe im Hellespont und der Propontis verweist und auch stets im Münzbild der Kyzikener Elektron-Statere vertreten ist. Diese sind damit eindeutig von jenen aus dem benachbarten Lampsakos (Kat.-Nr. 152–153) zu unterscheiden, die gleichfalls eine Rolle im Schwarzmeerhandel gespielt haben.

Zu Beginn des 4. Jahrhunderts v. Chr. beginnt sich ein Wandel in der Münzwirtschaft von Pantikapaion zu vollziehen: Neben den Silbermünzen werden nun auch solche aus Kupfer (Kat.-Nr. 156) sowie Goldstatere (Kat.-Nr. 154–155) ausgegeben. Zu dieser Zeit waren die einzelnen Poleis des kimmerischen Bosporus mit Pantikapaion an der Spitze bereits zu einem gemeinsamen Staatengebilde, dem bosporanischen Königreich, zusammengefaßt. Während die überaus reiche Kupferprägung das Silber im lokalen Kleingeldverkehr langsam ersetzte, waren die Goldstatere dazu bestimmt, sich gemeinsam mit den wertgleichen Elektron-Stateren aus Kyzikos am überregionalen Zahlungsverkehr zu beteiligen. Gemeinsam mit diesen gelangten die Statere aus Pantikapaion auch in das Hinterland zu den skythischen und maiotischen Stämmen, wo sie – als Barren gehandelt – wohl auch zu Schmuck weiterverarbeitet wurden. Künstlerisch zählen die Goldstatere aus Pantikapaion zu den bedeutendsten Werken griechischer Stempelschneiderkunst. Das Bild des Satyrs im Avers mag auf lokale Kulte zurückzuführen sein, während im Revers der Greif auf der Kornähre als Beschützer von Wohlstand und Reichtum der Stadt aufgefaßt werden kann.

Kat.-Nr. 147

Kyzikos, Mysien.
Stater, Elektron.
5. Jh. v. Chr.
Durchmesser 21 mm.
Parutino, Obl. Nikolaev.
MIDU, Inv.-Nr. AU-1172

Avers: Seeadler auf Thunfisch links stehend.
Revers: Quadratum incusum.

Kat.-Nr. 148

Kyzikos, Mysien.
Stater, Elektron.
5. Jh. v. Chr.
Durchmesser 21 mm.
Parutino, Obl. Nikolaev.
MIDU, Inv.-Nr. AU-1173.

Avers: Ziegenkopf links, darunter Thunfisch.
Revers: Quadratum incusum.

Kat.-Nr. 149

Kyzikos, Mysien.
Stater, Elektron.
5. Jh. v. Chr.
Durchmesser 19 mm.
Parutino, Obl. Nikolaev.
MIDU, Inv.-Nr. AU-1175.

Avers: Greif auf Thunfisch links sitzend.
Revers: Quadratum incusum.

Kat.-Nr. 150

Kyzikos, Mysien.
Stater, Elektron.
5. Jh. v. Chr.
Durchmesser 19 mm.
Parutino, Obl. Nikolaev.
MIDU, Inv.-Nr. AU-1176.

Avers: Europa auf dem Stier links reitend, darunter Thunfisch.
Revers: Quadratum incusum.

Kat.-Nr. 151

Kyzikos, Mysien.
Stater, Elektron.
5. Jh. v. Chr.
Durchmesser 19 mm.
Parutino, Obl. Nikolaev.
MIDU, Inv.-Nr. AU 1177.

Avers: Löwe auf Thunfisch links stehend.
Revers: Quadratum incusum.

Kat.-Nr. 152

Lampsakos, Mysien.
Stater, Elektron.
5. Jh. v. Chr.
Durchmesser 20 mm.
Parutino, Obl. Nikolaev.
MIDU, Inv.-Nr. AU-1394.

Avers: Pegasosprotome links.
Revers: Kreuzgeteiltes Quadratum incusum.

Kat.-Nr. 153

Lampsakos, Mysien.
Stater, Elektron.
ca. 480–460 v. Chr.
Gewicht 14,15 g.
Durchmesser 19 mm.
KHM/MK, Inv.-Nr. 16.224.

Avers: Pegasosprotome links.
Revers: Kreuzgeteiltes Quadratum incusum.

Kat.-Nr. 154

Pantikapaion, Taurischer Chersones.
Stater, Gold.
ca. 375–360 v. Chr.
Gewicht 9,13 g.
Durchmesser 20 mm.
KHM/MK, Inv.-Nr. 28.550.

Avers: Bärtiger Satyrkopf links.
Revers: Löwenköpfiger Flügelgreif mit Ziegenhörnern auf Kornähre links gehend, frontal blickend; im Maul eine Lanze. ΠΑΝ (für Pantikapaion).

Kat.-Nr. 155

Pantikapaion, Taurischer Chersones.
Fingerring aus einem Stater, Gold.
310–304 v. Chr.
Durchmesser 19 mm.
Verchnjaja Tarasovka, Obl. Dnepropetrovsk.
Grabung N. N. Čeredničenko, 1975.
MIDU, Inv.-Nr. AZS-3100.

Avers: Satyrkopf mit Efeukranz links.
Revers: Wie Kat.-Nr. 154.

Kat.-Nr. 156

Pantikapaion, Taurischer Chersones.
AE-Münze.
1. Hälfte 3. Jh. v. Chr.
Gewicht 6,03 g.
Durchmesser 21 mm.
KHM/MK, Inv.-Nr. 32.597.

Avers: Satyrkopf mit Efeukranz links.
Revers: Bogen, darunter Pfeil. ΠΑΝ (für Pantikapaion).

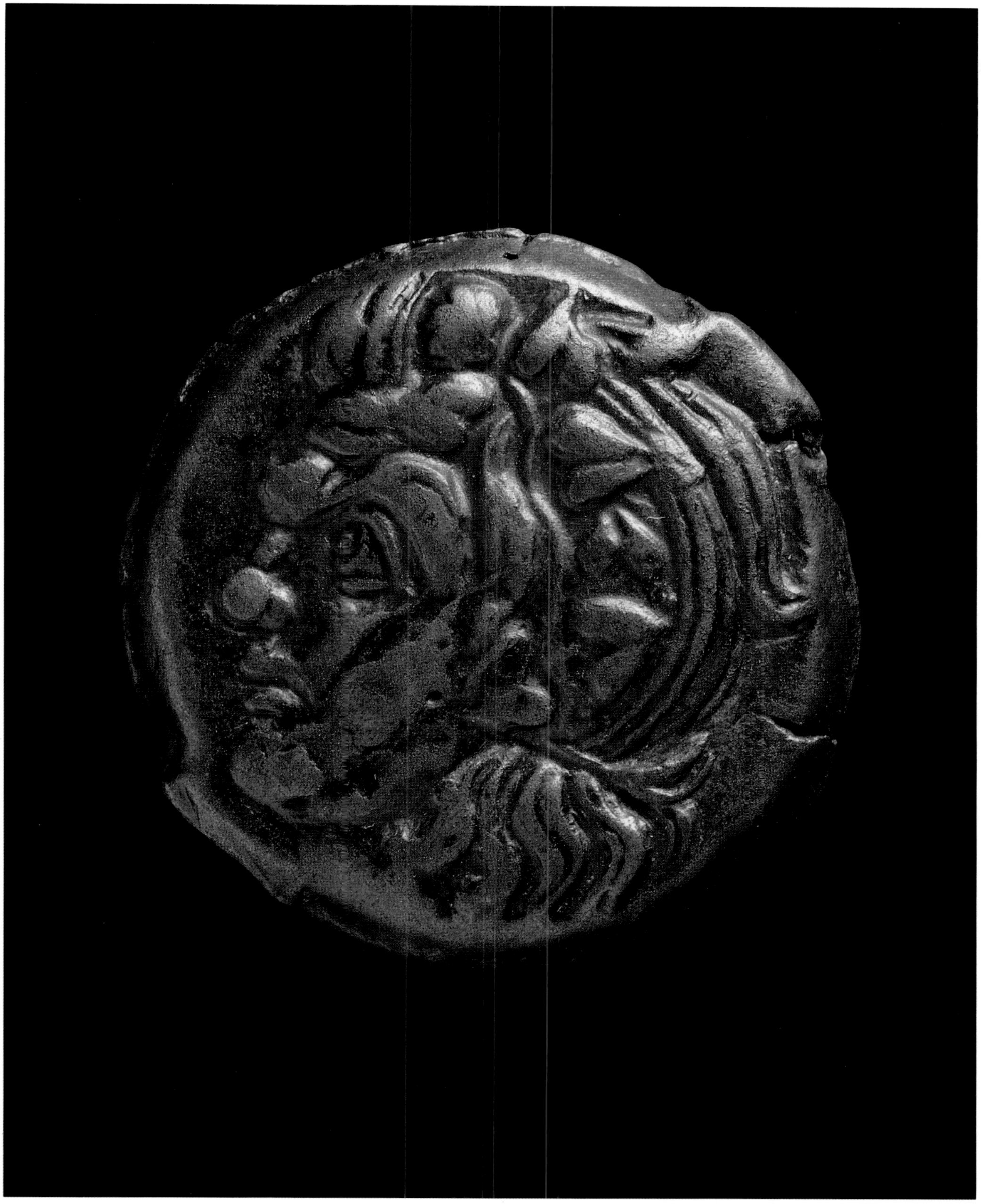

Die Münzen von Olbia

In Olbia, das seine Selbständigkeit zu dieser Zeit noch bewahrte und nicht dem bosporanischen Reich angehörte, kam es zur Ausgabe gegossener Bronzemünzen von beträchtlicher Größe und Gewicht („Aes grave", Kat.-Nr. 157, 159–161), die eine einmalige Besonderheit in der griechischen Münzlandschaft darstellen, jedoch weniger als Zahlungsmittel sondern als Opfergeld gedient haben. Im Avers ist meist der Unheil abwehrende Kopf der Gorgo-Medusa zu sehen, während im Revers ein Seeadler einen Delphin in seinen Fängen hält – ein Bild, das auch auf den Münzen des benachbarten Istros sowie in Sinope, an der Südküste des Schwarzen Meeres gelegen, begegnet. Hinzu treten gegossene Kupferbarren in Form kleiner Delphine (Kat.-Nr. 158), die auf ihrer Rückseite Magistratsnamen tragen. Auf den geprägten Bronzemünzen der Stadt erscheint der Kopf des Flußgottes Borysthenes (Kat.-Nr. 162–163), der natürlich besondere Verehrung in Olbia genoß.

Kat.-Nr. 157

Olbia.
AE-Münze („Aes grave").
5. Jh. v. Chr.
Gewicht 12,26 g
Durchmesser 29 mm.
KHM/MK, Inv.-Nr. 32.575.

Avers: Gorgoneion.
Revers: Vierspeichiges Rad. Zwischen den Speichen abgekürzter Magistratsname APIX.

Kat.-Nr. 158

Olbia.
AE-Münze in Delphinform gegossen.
5. Jh. v. Chr.
Gewicht 4,29 g.
Länge 41 mm.
KHM/MK, Inv.-Nr. 34.359.

Revers: Abgekürzter Magistratsname APIXO.

Kat.-Nr. 159

Olbia.
AE-Münze („Aes grave").
438–410 v. Chr.
Durchmesser 68 mm.
Fundort unbekannt.
MIDU, Inv.-Nr. AE-2309.

Avers: Gorgoneion.
Revers: Seeadler mit Delphin in den Fängen rechts fliegend.
Abgekürzter Magistratsname APIX.

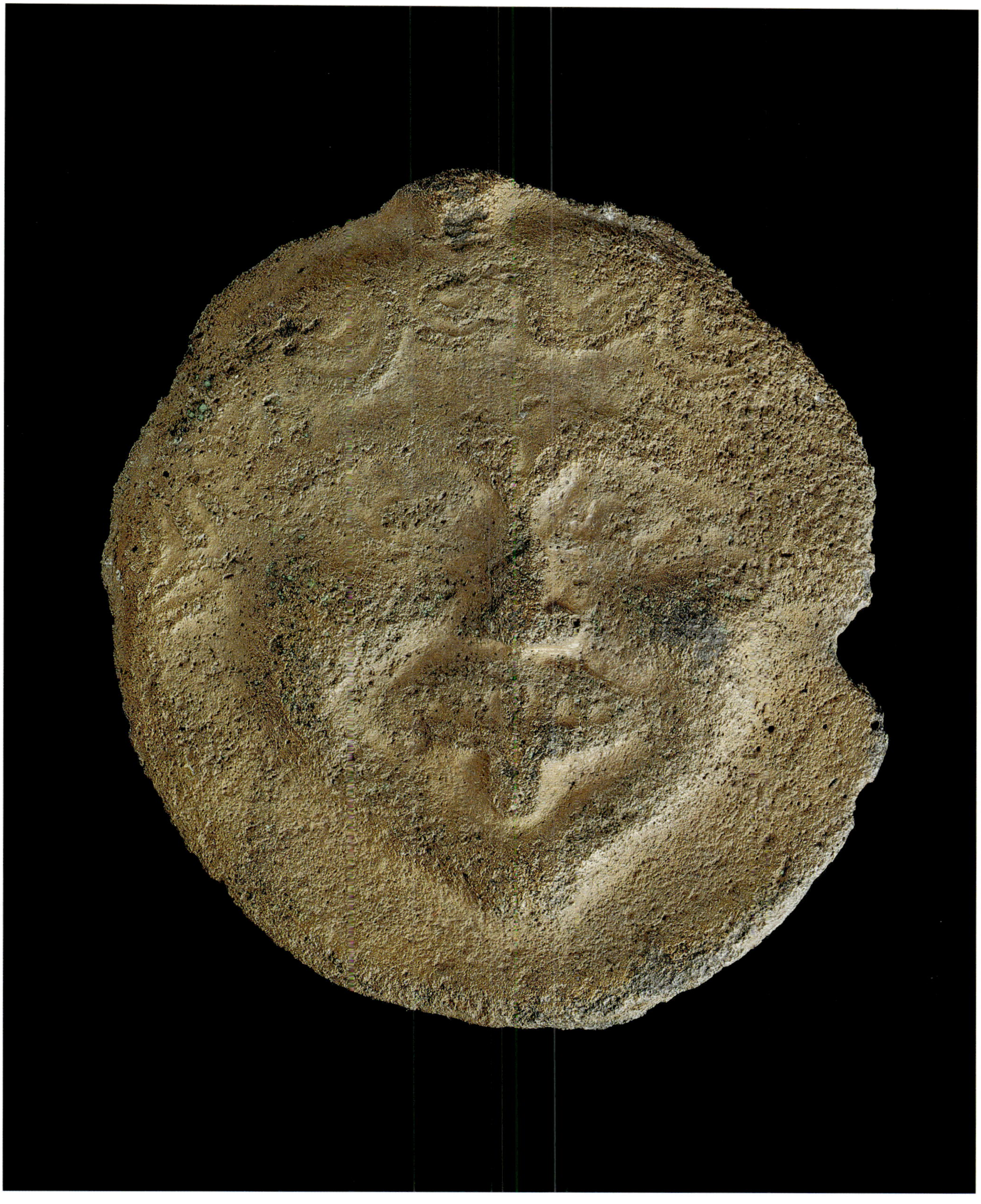

Kat.-Nr. 160

Olbia.
AE-Münze („Aes grave“).
5. Jh. v. Chr.
Gewicht 14,44 g.
Durchmesser 36 mm.
KHM/MK, Inv.-Nr. 32.574.

Avers: Gorgoneion.
Revers: Seeadler mit Delphin in den Fängen links fliegend.
Legende unkenntlich.

Kat.-Nr. 161

Olbia.
AE-Münze („Aes grave").
4. Jh. v. Chr.
Gewicht 106,48 g.
Durchmesser 68 mm.
KHM/MK, Inv.-Nr. 32.572.

Avers: Kopf der Demeter (?) frontal.
Revers: Seeadler mit geöffneten Schwingen auf Delphin rechts sitzend, Kopf rückgewendet; darunter Kornähre. ΟΛΒΙΗ (retrograd).

Kat.-Nr. 162

Olbia.
AE-Münze.
300–280 v. Chr.
Durchmesser 21 mm.
Fundort unbekannt.
MIDU, Inv.-Nr. AE-2322.

Avers: Kopf des Flußgottes Borysthenes links.
Revers: Streitaxt und Gorytos (Bogentasche). ΒΟΣ / ΟΛΒΙΟ.

Kat.-Nr. 163

Olbia.
AE-Münze.
3. Jh. v. Chr.
Gewicht 11,34 g.
Durchmesser 23 mm.
KHM/MK, Inv.-Nr. 32.581.

Avers: Kopf des Flußgottes Borysthenes links.
Revers: Streitaxt und Gorytos (Bogentasche). OΛBIO.

Das Zeitalter Alexanders des Großen und seiner Nachfolger

Mit der völligen Umgestaltung der politischen Landschaft durch Alexander den Großen (336–323), die eine weitreichende Veränderung auch der griechischen Währungssysteme zur Folge hatte, fand am Ende des 4. Jahrhunderts die eigene Goldprägung von Pantikapaion vorerst ein Ende. An die Stelle der bis zu diesem Zeitpunkt im Fernhandel des Schwarzmeergebietes dominierenden Elektron-Statere aus Kyzikos traten nun die Goldstatere Alexanders des Großen (Kat.-Nr. 164) sowie jene des thrakischen Königs Lysimachos (323–281) (Kat.-Nr. 165), die auch nach dessen Tod vor allem von Byzantion bis ins 2. Jahrhundert v. Chr. postum weitergeprägt wurden (Kat.-Nr. 166). Hinzu traten, wenn auch nur in bescheidenem Umfang, ab der 2. Hälfte des 3. Jahrhunderts die neuen Goldstatere der bosporanischen Könige, die den Lysimachos-Typ kopierten und wieder in Pantikapaion geschlagen wurden. Die wirtschaftliche Bedeutung dieser Münzen war allerdings gering, und sie dienten mehr dem Prestige ihrer königlichen Prägeherren.

Kat.-Nr. 164

Alexander III., der Große (336–323 v. Chr.).
Lampsakos, Mysien.
Stater, Gold.
ca. 310–301 v. Chr.
Gewicht 8,53 g.
Durchmesser 18 mm.
KHM/MK, Inv.-Nr. 10.450.

Avers: Kopf der Athena mit korinthischem Helm rechts.
Revers: Nike mit Kranz l. stehend. ΑΛΕΞΑΝΔΡΟΥ.

Kat.-Nr. 165

Thrakische Könige.
Lysimachos (323–281 v. Chr.).
Stater, Gold.
Gewicht 8,51 g.
Durchmesser 19 mm.
KHM/MK, Inv.-Nr. 9.332.

Avers: Kopf Alexanders mit Diadem und Ammonshorn rechts.
Revers: Athena links sitzend, in der ausgestreckten Rechten Nike, die Linke auf Schild gestützt. ΒΑΣΙΛΕΩΣ ΛΥΣΙ-ΜΑΧΟΥ.

Mithradates VI. von Pontos und Bosporus

Innere Zwistigkeiten, verbunden mit wirtschaftlichen Problemen und den immer heftiger werdenden Angriffen skythischer Stämme aus den weiten Steppengebieten Südrußlands führten im letzten Jahrzehnt des 2. Jahrhunderts v. Chr. zur Übernahme des bosporanischen Königreiches durch Mithradates VI. von Pontos (120–63 v. Chr.) (Kat.-Nr. 167), von dem sich die Bevölkerung einen wirksameren Schutz gegen die Skythengefahr versprach. Mithradates war der letzte hellenistische Herrscher, der der römischen Expansion in Kleinasien wirksam entgegenzutreten vermochte und hat mit dem grausamen „Mordbefehl von Ephesos", der zigtausend Italikern das Leben kostete, traurige Berühmtheit erlangt. Die Edelmetallprägung, die ausschließlich in der Hand des Königs lag, wurde von Mithradates in verschiedenen Städten des Schwerzmeergebietes sowie in Pergamon abgewickelt. Dagegen verblieb die Kupferprägung im autonomen Bereich der Städte (Kat.-Nr. 168).
Mithradates letzte Zufluchtsstätte nach der Niederlage gegen Pompeius war Pantikapaion, wo er seinem Leben selbst ein Ende setzte, nachdem sein eigener Sohn, Pharnakes II. (63–47) (Kat.-Nr. 169), eine Verschwörung gegen ihn angezettelt hatte.

Kat.-Nr. 166

Byzantion, Thrakien.
Postume Lysimachos-Prägung.
Stater, Gold.
1. Jh. v. Chr.
Gewicht 7,87 g.
Durchmesser 21 mm.
KHM/MK, Inv.-Nr. 9.305.

Avers: Kopf Alexanders mit Diadem und Ammonshorn rechts; das Bildnis Alexanders läßt hier die Züge Mithradates VI. von Pontos erkennen (s. Kat.-Nr. 167).
Revers: Athena l. sitzend (wie Kat.-Nr. 165); auf dem Thron BY (für Byzantion).

Kat.-Nr. 167

Königreich Pontos und Bosporus.
Mithradates VI., der Große (120–63 v. Chr.).
Tetradrachmon, Silber.
HΣ = 208 pontische Ära = 90/89 v. Chr.
Gewicht 16,90 g.
Durchmesser 32 mm.
KHM/MK, Inv.-Nr. 15.164.

Avers: Kopf des Königs mit Diadem rechts.
Revers: Pegasos links stehend, mit den Vorderhufen eine Quelle schlagend; in Efeukranz. ΒΑΣΙΛΕΩΣ ΜΙΘΡΑΔΑΤΟΥ ΕΥΠΑΤΟΡΟΣ.

ΒΑΣΙΛΕΩΣ
ΜΙΘΡΑΔΑΤΟΥ
ΕΥΠΑΤΟΡΟΣ

Kat.-Nr. 168

Pantikapaion, Taurischer Chersones.
AE-Münze.
80–70 v. Chr.
Durchmesser 23 mm.
Fundort unbekannt.
MIDU, Inv.-Nr. AE-2405.

Avers: Kopf des jugendlichen Dionysos rechts.
Revers: Gorytos (Bogentasche).

Kat.-Nr. 169

Königreich Bosporus.
Pharnakes II. (63–47 v. Chr.).
Stater, Gold.
ΕΜΣ = 245 bosporanische Ära = 53/52 v. Chr.
Gewicht 8,19 g.
Durchmesser 21 mm.
KHM/MK, Inv.-Nr. 15.166.

Avers: Kopf des Königs mit Diadem rechts.
Revers: Apollon mit Lorbeerzweig vor Dreifuß links sitzend, die Linke auf Kithara gestützt. ΒΑΣΙΛΕΩΣ ΒΑΣΙΛΕΩΝ ΜΕΓΑΛΟΥ ΦΑΡΝΑΚΟΥ.

Kat.-Nr. 170

Die späten Könige des Kimmerischen Bosporus und die Vorherrschaft Roms

In der Folge gelangte das bosporanische Königreich unter die Vorherrschaft Roms, und so ist es nicht weiter verwunderlich, daß sich auch die Münzprägung der späten Könige von Bosporus nach römischem Vorbild orientierte (Kat.-Nr. 170–177). Die Goldstatere, im Gewicht dem römischen Aureus angeglichen, zeigen im Avers stets die diademierte Büste des bosporanischen Königs, während im Revers das Bildnis des römischen Kaisers mit dem Lorbeerkranz und die Jahresangabe nach der bosporanischen Ära zu sehen ist. Dieser Typus bleibt über mehr als drei Jahrhunderte unverändert bestehen, wenngleich die Bilder der dargestellten Personen einer rasch fortschreitenden Verwilderung unterworfen sind. Parallel mit dem typologischen Verfall geht auch die Verschlechterung des Münzmetalls, und am Ende des 3. Jahrhunderts n. Chr. ist der bosporanische Goldstater zu einer reinen Kupfermünze verkommen (Kat.-Nr. 177). Die bosporanische Königsprägung endet in den 30er Jahren des 4. Jahrhunderts n. Chr., und danach wird der Geldverkehr des Schwarzmeergebietes ausschließlich von der römischen Reichswährung bestritten.

Gerade zu dieser Zeit hatten die Römer wiederholt schwere Kämpfe gegen die Sarmaten auszutragen, die ihren Siedlungsraum von den südrussischen Steppengebieten bis in die ungarische Tiefebene und an die untere Donau ausgedehnt hatten. 322 n. Chr. feierte Constantinus der Große einen Sarmatensieg, der auch in der Münzprägung entsprechenden Niederschlag gefunden hat (Kat.-Nr. 178). Aber auch seine Söhne, Constantinus II., Constans (Kat.-Nr. 181) und Constantius II. (Kat.-Nr. 180) mußten noch gegen die Sarmaten zu Felde ziehen. Schließlich gelang es Constantius II. im Jahre 358 n. Chr. die Sarmaten neuerlich zu schlagen (Kat.-Nr. 179), und als siegreicher Feldherr wurde er von seinen Truppen zum *Sarmaticus iterum* ausgerufen.

Kat.-Nr. 170

Kotys I. (46–78 n. Chr.).
Stater (Aureus), Gold.
ϚNT = 356 bosporanische Ära = 59/60 n. Chr.
Gewicht 7,94 g.
Durchmesser 21 mm.
KHM/MK, Inv.-Nr. 15.188.

Avers: Büste des Divus Claudius mit Lorbeerkranz rechts.
Revers: Büste des römischen Kaisers Nero mit Lorbeerkranz und Paludamentum rechts, dahinter Monogramm des Kotys.

Kat.-Nr. 171

Sauromates I. (93–123 n. Chr.).
Stater (Aureus), Gold.
HIY = 418 bosporanische Ära = 121/22 n. Chr.
Gewicht 7,79 g.
Durchmesser 19 mm.
KHM/MK, Inv.-Nr. 15.196.

Avers: Büste des Königs mit Diadem und Paludamentum rechts. ΒΑΣΙΛΕΩΣ ΣΑΥΡΟΜΑΤΟΥ.
Revers: Büste des römischen Kaisers Hadrianus mit Lorbeerkranz rechts.

Kat.-Nr. 172

Kotys II. (123–132 n. Chr.).
Stater (Aureus), Gold.
KY = 420 bosporanische Ära = 123/24 n. Chr.
Gewicht 7,75 g.
Durchmesser 19 mm.
KHM/MK, Inv.-Nr. 35.674.

Avers: Büste des Königs mit Diadem und Paludamentum rechts. ΒΑΣΙΛΕΩΣ ΚΟΤΥΟΣ.
Revers: Büste des römischen Kaisers Hadrianus mit Lorbeerkranz rechts.

Kat.-Nr. 173

Kotys II. (123–132 n. Chr.).
AE-Münze (Wertzahl MH = 48).
Gewicht 16,72 g.
Durchmesser 27 mm.
KHM/MK, Inv.-Nr. 15.204.

Avers: Büste des Königs mit Diadem und Paludamentum rechts. ΒΑΣΙΛΕΩΣ ΚΟΤΥΟΣ.
Revers: Im Zentrum Schild, dahinter Pferdekopf, Speer und Helm; im Feld links Streitaxt, rechts Schwert.

Kat.-Nr. 174

Eupator (154–170 n. Chr.).
Stater (Aureus), Gold.
ΖΞΥ = 467 bosporanische Ära = 170/71 n. Chr.
Gewicht 7,82 g.
Durchmesser 19 mm.
KHM/MK, Inv.-Nr. 33.526.

Avers: Büste des Königs mit Diadem und Paludamentum rechts. ΒΑΣΙΛΕΩΣ ΕΥΠΑΤΟΡΟΣ.
Revers: Büste des römischen Kaisers Marcus Aurelius mit Lorbeerkranz rechts.

B

Kat.-Nr. 175

Sauromates II. (174–210 n. Chr.).
AE-Münze (Wertzahl B = 2).
196–210 n. Chr.
Gewicht 12,96 g.
Durchmesser 27 mm.
KHM/MK, Inv.-Nr. 15.223.

Avers: Büste des Königs mit Diadem und Paludamentum rechts. ΒΑΣΙΛΕΩΣ ΣΑΥΡΟΜΑΤΟΥ.
Revers: König rechts reitend; im Feld rechts Büste des römischen Kaisers Septimius Severus.

Kat.-Nr. 176

Rheskuporis III. (211–226 n. Chr.).
Stater („Aureus“), Silber mit Resten von Gold.
θιφ = 519 bosporanische Ära = 222/23 n. Chr.
Gewicht 7,61 g.
Durchmesser 19 mm.
KHM/MK, Inv.-Nr. 33.541.

Avers: Büste des Königs mit Diadem und Paludamentum rechts. ΒΑΣΙΛΕΩΣ ΡΗΣΚΟΥΠΟΡΙΟΣ.
Revers: Büste des römischen Kaisers Elagabal oder Severus Alexander mit Lorbeerkranz und Paludamentum rechts.

BACIΛEωC PHCKOYΠOPIΔOC

Θ Ι Φ

Kat.-Nr. 177

Rheskuporis VI. (314–342 n. Chr.).
Stater („Aureus“), AE.
ϚIX = 616 bosporanische Ära = 319/20 n. Chr.
Gewicht 8,02 g.
Durchmesser 20 mm.
KHM/MK, Inv.-Nr. 36.546.

Avers: Büste des Königs mit Diadem und Paludamentum rechts. ΒΑΣΙΛΕΩΣ ΡΗΣΚΟΥΠΟΡΙΣ.
Revers: Symbolische Büste des römischen Kaisers Constantinus I. mit Lorbeerkranz und Paludamentum rechts.

Kat.-Nr. 178

Constantinus I. (306–337 n. Chr.) für Constantinus II. Caesar.
Solidus, Gold.
Trier.
322/23 n. Chr.
Gewicht 4,30 g.
Durchmesser: 20 mm.
KHM/MK, Inv.-Nr. 27.278.

Avers: Büste des Caesars mit Lorbeerkranz rechts. FL CONSTAN-TINVS IVN N C.
Revers: Trauernde Sarmatia vor Tropaeum links sitzend, Kopf rückgewendet.
GAVDIVM RO-MANORVM / SARMATIA.

Kat.-Nr. 179

Constantius II. (337–361 n. Chr.).
Multiplum, Gold.
Aquileia
358 n. Chr.
Durchmesser 55 mm.
Fundort: Verchivnja, Obl. Žitomir, 1976.
MIDU, Inv.-Nr. AU-1345.

Avers: Büste des Kaisers mit Juwelendiadem, Paludamentum und Panzer rechts. DN CONSTANTIVS ....
Revers: Der Kaiser ist in voller Rüstung mit Umhang nach rechts schreitend dargestellt. Sein Haupt ist zurückgewendet. Mit der rechten Hand zieht er einen gefangenen Barbaren an den Haaren, dessen Hände am Rücken gefesselt sind. Mit der Linken hält er eine Kreuzfahne mit Christogramm über die Schulter. Darüber ist die Göttin Victoria mit krönendem Palmzweig abgebildet. Unter der Standlinie sind Waffen gehäuft; links der Ansatz des Buchstabens A (für Aquileia). VICTORIA AVGVS...T...

Kat.-Nr. 180

Constantius II. (337–361 n. Chr.).
Multiplum, Gold.
Antiochia.
347–355 n. Chr.
Gewicht 19,82 g.
Durchmesser 37 mm.
KHM/MK, Inv.-Nr. 32.405.

Avers: Büste des Kaisers mit Perlendiadem, Paludamentum und Panzer links. FL IVL CONSTANT-IVS PERP AVG.
Revers: Constantinopolis links thronend, zu ihren Füßen Schiffsbug; in der Rechten Globus mit Victoria, in der Linken Szepter. GLORIA RO-MANORVM.

ΒΑΣΙΛΕΩΣ
ΛΥΣΙΜΑΧΟΥ
ΒΥ

FL IVL CONSTAN
TIVS PERP AVG

Kat.-Nr. 181

Constans (337–350 n. Chr.).
Multiplum, Silber.
Thessalonica.
340–350 n. Chr.
Gewicht 14,22 g.
Durchmesser 39 mm.
KHM/MK, Inv.-Nr. 37.369.

Avers: Büste des Kaisers mit Perlendiadem, Paludamentum und Panzer rechts. FL IVL CONSTANS PIVS FELIX AVG.
Revers: Der Kaiser als siegreicher Feldherr frontal stehend, Kopf links; in der Rechten Standarte, die Linke auf Schild gestützt. TRIVMFATOR GENTIVM BARBARVM.

ABKÜRZUNGEN

AO	archäologische Funde
ASGE	Archäologische Sammlung der Staatlichen Eremitage
ZOOID	Aufzeichnungen der Gesellschaft für Geschichte und Altertum in Odessa
IA AN UKRAINY	Archäologisches Institut der Akademie der Wissenschaften der Ukraine
MIA	archäologisches Material und Forschungen der Sowjetunion
MIDU	Museum für Historische Kostbarkeiten der Ukraine
NMIU	Historisches Nationalmuseum der Ukraine
SA	Sowjetische Archäologie
SAI	Archäologische Quellen
Obl.	Oblast' (territoriale Verwaltungseinheit)
R.	Rajon (territoriale Verwaltungseinheit)

GLOSSAR

AGRAFFE - als Schmuckstück für die Paradekleidung dienende Spange oder Schnalle.

ASTERISKOS (ZVEZDICA) – Altargerät aus zwei sich kreuzenden Metallbögen, in deren Scheitelpunkt meist ein kleiner Stern aufgehängt ist; wird auf den Diskos (Patene) gestellt, damit das Velum (Seiden-oder Leinentuch) das für die Eucharistie bereitete Brot nicht berührt.

BARMEN – großfürstlicher Brustschmuck mit runden Hängemedaillons.

BORYSTHENES – wissenschaftliche Bezeichnung für zwischen 330-240 v.Chr. in der altgriechischen Polis Olbia geprägte Kupfer- bzw. Bronzemünzen; der Avers des „Borysthenes" zeigt eine Darstellung des bärtigen Hauptes des Flußgottes „Borysthenes" (Dnepr).

BUKRANION – Darstellung eines Ochsenschädels.

CĔRN' – Legierung aus Silber, Kupfer, Blei und schwarzem Schwefel, die auf gravierte oder geätzte Vertiefungen von Metalldekor aufgetragen und gebrannt wird.

CLOISONNÉ-EMAIL – Technik in der Emailkunst, bei der auf eine Platte schmale Metallstege hochkant aufgelötet werden, sodaß kleine Zellen entstehen, die mit pulverisiertem Email gefüllt, danach gebrannt und glattgeschliffen werden.

DIADEM – Sammelbegriff für einen reifartigen Kopfschmuck.

DROBNICA – kleine, verschiedenartig gestaltete Platte, die mit Gravierungen oder Email- bzw. Niellodarstellungen besetzt ist und als Verzierung für Kirchengewänder und Kirchengeräte diente.

DROT – Draht, der durch Schmieden entsteht.

ELEKTRON – natürlich vorkommende Legierung von Gold und Silber.

EMAIL – leicht schmelzbares Bleiglas, das durch Metalloxydation verschiedene, meist nichttransparente Färbung aufweist.

FIBEL – am Obergewand befestigte Metallschließe.

FILIGRAN – in Goldschmiedearbeiten verwendete Dekorationstechnik, bei der gewundene oder leicht plattgedrückte Metallfäden auf die Oberfläche eines Gegenstandes aufgelötet werden

GORODIŠČĔ – befestigte Anlage.

GORYT – Pfeil- und Bogenfutteral aus Leder oder Holz.

GREIF – Sagentier mit dem Leib eines Löwen und dem Kopf und den Flügeln eines Adlers.

GRIVNA (Münzen-) – Barren aus Edelmetall (ungefähr 200g), der vom 12. bis zum 13. Jahrhundert in der Kiever Rus' als Zahlungsmittel diente.

HETMAN – dt.: „Hauptmann" – Oberhaupt; in der Ukraine des 16. Jahrhunderts bis zur ersten Hälfte des 18.Jahrhunderts Bezeichnung für den Heerführer des Zaporoger Kosakenheeres. Von 1654 an wurde der Hetman vom Generalkriegsrat gewählt und in der Folge von der zaristischen Regierung in seinem Amt bestätigt. Von 1663 an gab es einen Hetman für die Ukraine rechts des Dnepr (bis 1704) und einen Hetman für die Ukraine links des Dnepr (bis 1722 und von 1750 bis 1764).

INKRUSTATION – Verzierung eines Gegenstandes mit Einlagen, die meist einen ornamentalen Charakter aufweisen und aus Metall, Perlmutter, Elfenbein, Edelsteinen und anderen Materialien gefertigt sind.

INTAGLIO – Gemme mit einer vertieft gearbeiteten Darstellung.

KOLT – weiblicher Schmuck in Form eines innen hohlen halbkreisförmigen Anhängers; er wurde am Rande der Kopfbedeckung befestigt und mit wohlriechenden Kräutern und einem mit aromatischen Ölen durchtränkten Stoff gefüllt.

KRIN – lilienartiger Anhänger aus Edelmetallen mit ornamentalem Charakter.

KRONE – Teil des kostbaren Kopfschmuckes einer Ikone anstelle des Nimbus (Heiligenschein).

KYLIX – griechisches Trinkgefäß.

MITRA – Kopfbedeckung der hohen Geistlichkeit, aus Stoff, Gold und Silber, reich mit Edelsteinen besetzt.
OBOLUS – altgriechische Kupfermünze.
PANAGIA – (griechisch: die „Allheilige"). Bezeichnung für eine von der höheren Geistlichkeit auf der Brust getragene kleine Ikone in kostbarem Rahmen.
PEKTORALE – prunkvoller Brustschmuck.
POLYCHROMIE – (wörtlich: Vielfarbigkeit). Dekorationstechnik, bei der Gegenstände mit Edelsteinen, Halbedelsteinen, farbigem Email und Glas versehen werden.
RHYTON – Trinkgefäß in Form eines Horns
RIEMENZYLINDER (VORVARKA) – ein Metallbügel zur Gestaltung eines Riemens.
RJASNY – Ketten in Form von kleinen Quadern, die am weiblichen Kopfschmuck befestigt wurden; daran konnten Kolty gehängt werden.
SKARABÄUS – bei den alten Ägyptern verehrterr Blatthornkäfer, der Symbol der Sonnenbewegung war
STATER – altgriechische Münze, die aus Elektron, Gold und Silber geprägt war.
STEPHANOS – kranzartige Kopfbedeckung.
STLEGGIS – griechische Kopfbedeckung.

GÖTTER, HELDEN, MYTHOLOGISCHE FIGUREN

ACHILLEUS – Held des Trojanischen Krieges, Sohn des griechischen Königs Peleus und der Meergöttin Thetis.
API – skythische Göttin und Urahnin; tritt auch als Fruchtbarkeitsgottheit auf.
APOLLON – eine der wichtigsten Gottheiten der griechischen Mythologie. Gott der Sonne, des Lichts, Schutzherr der Kunst, hatte außerdem andere Hypostasen
ATHENE – griechische Göttin der Weisheit, Schutzherrin der Krieger.
DEIDAMEIA – Tochter des Königs der Insel Skyros, Lykomedes, bei welchem Thetis ihren Sohn Achill versteckte, indem sie ihm Frauenkleider anlegte.
DEMETER – griechische Göttin der Fruchtbarkeit
DIOMEDES – Held aus Argos, Sohn des Königs Tydeus, nahm am Trojanischen Krieg teil. In seinen kriegerischen Heldentaten stand nur Achilles nach.
DIONYSOS – griechischer Gott der Vegetation, Schutzherr des Weinbaus
DIOSKUREN – in der griechischen Mythologie „Söhne des Zeus", Beiname der Zwillinge Kastor und Polydeukes, der Söhne des Tyndareus und der Leda.
Einigen Mythen zufolge verwandelte sie Zeus als Belohnung für ihre Bruderliebe in das Sternbild der Zwillinge.
ECHIDNE – dämonisches Ungeheuer, halb Frau, halb Schlange, Tochter des Tartaros und der Gaia. Laut einem späteren Mythos hatte Echidne von Herakles drei Söhne, einer von ihnen, Skythos, wurde zum Ahnherrn des skythischen Volkes.
EUROPA – in der griechischen Mythologie auch Tochter des Phönizierkönigs Agenor, Schwester des Kadmos; war für ihre außerordentliche Schönheit berühmt. Zeus entführte in Gestalt eines Stiers Europa auf die Insel Kreta, wo sie drei Söhne gebar.
GORGO – weibliches Ungeheuer aus der griechischen Mythologie, dessen Blick in Stein verwandelte. In der alten Kunst wird meist eine Gorgo namens Medusa dargestellt, auf deren Kopf anstelle des Haars Schlangen wuchsen.
HERAKLES – griechischer Held, verkörperte Kraft und Mut. Bei den Skythen wurde er als Urahne und Mann der Göttin Api verehrt.
HERMES – griechischer Gott, Schutzherr der Reisenden und des Handels.
KALCHAS – legendärer Prophet, Enkel des Apollon, von dem er die Gabe erhielt, die Zukunft vorauszusehen.
KOLAXAÏS – mythischer Ahnherr der Skythen.
KORE – griechische jungfräuliche Göttin, wurde als Göttin der Fruchtbarkeit verehrt.
LYKOMEDES – König der Insel Skyros, zu dem der von Menestheus gestürzte Theseus floh.
MITHRAS – indoiranische Gottheit des Lichts und der Sonne, wird in altindischen Schriftdenkmälern („Veda") erwähnt.

NEOPTOLEMOS – Sohn des Achill und der Deidameia, der Tochter des Königs Lykomedes. Beim Sturm Trojas befand er sich unter jenen Kriegern, welche im hölzernen Pferd versteckt waren.

ODYSSEUS – König der Insel Ithaka, Sohn des Laertes und der Antikleia, Held der homerschen Epen „Ilias" und „Odyssee".
Odysseus verkörpert praktisches Denken, Voraussicht und List.

PAN – aus Arkadien stammender griechischer Gott der Wälder und Haine; Sohn des Hermes und der Nymphe Dryope. Pan war behaart, hatte Hörner, Bocksbeine, eine schiefe Nase, Bart und Schwanz.

PARIS – trojanischer Prinz aus der griechischen Mythologie, zweiter Sohn des Priamos und der Hekabe. Der Paris-Mythos ist eine Variation der im Altertum weit verbreiteten Legende über das ausgesetzte Kind, welches vom Schicksal auf wunderbare Weise gerettet wird, da es berufen ist, seine verhängnisvolle Bestimmung zu erfüllen.

PEGASUS – Flügelroß, entsprang dem Blut der Gorgo Medusa, als ihr Perseus den Kopf abschlug.

POSEIDON – griechischer Meeresgott

PRIAMOS – letzter König Trojas, jüngster Sohn des Laomedon. Während der Eroberung und Zerstörung Trojas durch Herakles wurden Laomedon und seine Söhne erschlagen.

PYTHON – Drachenungeheuer, hervorgebracht von Gaia.

SATYR – Waldgottheit niedrigen Rangs aus der griechischen Mythologie, verkörpert die ursprüngliche, rohe Kraft. Fruchtbarkeitsdämon, ständiger Begleiter des Dionysos.

THETIS – Nereide, Tochter des Nereus und der Doris, Mutter des Achill. Um der Ehe mit Peleus zu entgehen, verwandelte sie sich in Feuer, in Wasser und in Tiere, einen Löwen, eine Schlange u.a.

TYPHON – jüngster Sohn der Gaia und des Tartaros, geboren nach dem Sieg der Götter über die Titanen, Ungeheuer mit hunderten Drachenköpfen, einem Menschenkörper bis zu den Hüften und sich windenden Schlangen anstelle der Beine.

ZEUS – oberster Gott der Griechen, König und Vater der Götter und Menschen.

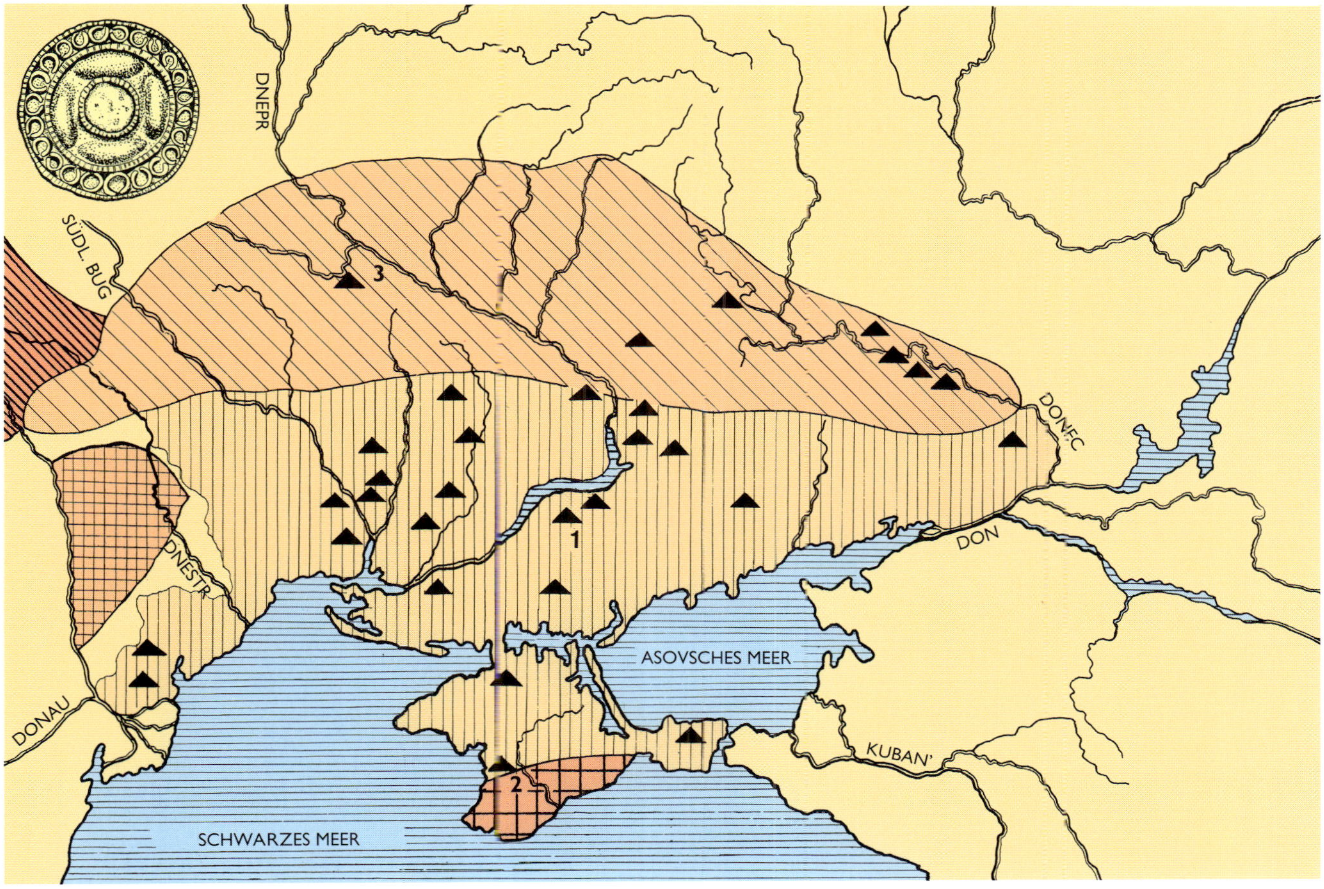

Karte 1:

Das nördliche Schwarzmeergebiet
im 1. Jahrtausend vor Christus

Denkmäler der kimmerischen Kultur in der Ukraine

Kurgane:

1. Balki
2. Zol'noe
3. Ol'stany

1. Denkmäler der Kimmerier
2. Denkmäler der Kultur von Černyj les
3. Denkmäler der moldawischen Gruppe des thrakischen Hallstatt?
4. Denkmäler der Kultur von Kizil-Koba
5. Denkmäler des thrakischen Hallstatt?

Karte 2:

Das nördliche Schwarzmeergebiet
im 1. Jahrtausend vor Christus

Verbreitungsgebiet der skythischen Denkmäler und die Ansiedlungen der skythischen Stämme nach Herodot

Kurgane:

1. Aleksandrovka
2. Archangel'skaja Sloboda, Vol'naja Ukraina
3. Balki (Kurgan Gajmanova Mogila)
4. Berdjansk-Kurgan
5. Velikaja Belozerka
6. Velikaja Znamenka
7. Gusarka
8. Kul'-Oba
9. Mobil'ovka
10. L'vovo
11. Melitopol'-Kurgan
12. Mel'gunov (Litoj)
13. Kurgan Oguz bei Nižnie Serogozy
14. Aleksandropal'skij
15. Solocha
16. Kurgan Tolstaja Mogila bei Ordžonikidze
17. Čertomlyk-Kurgan
18. Volkovcy
19. Popovka
20. Novoselki
21. Sachnovka
22. Elizavetovskaja
23. Ul'skij-Kurgan
24. Sieben-Brüder-Kurgan
25. Karagodeuašch
26. Bol'šâja bliznica
27. Elizavetinskaja
28. Kostromskaja

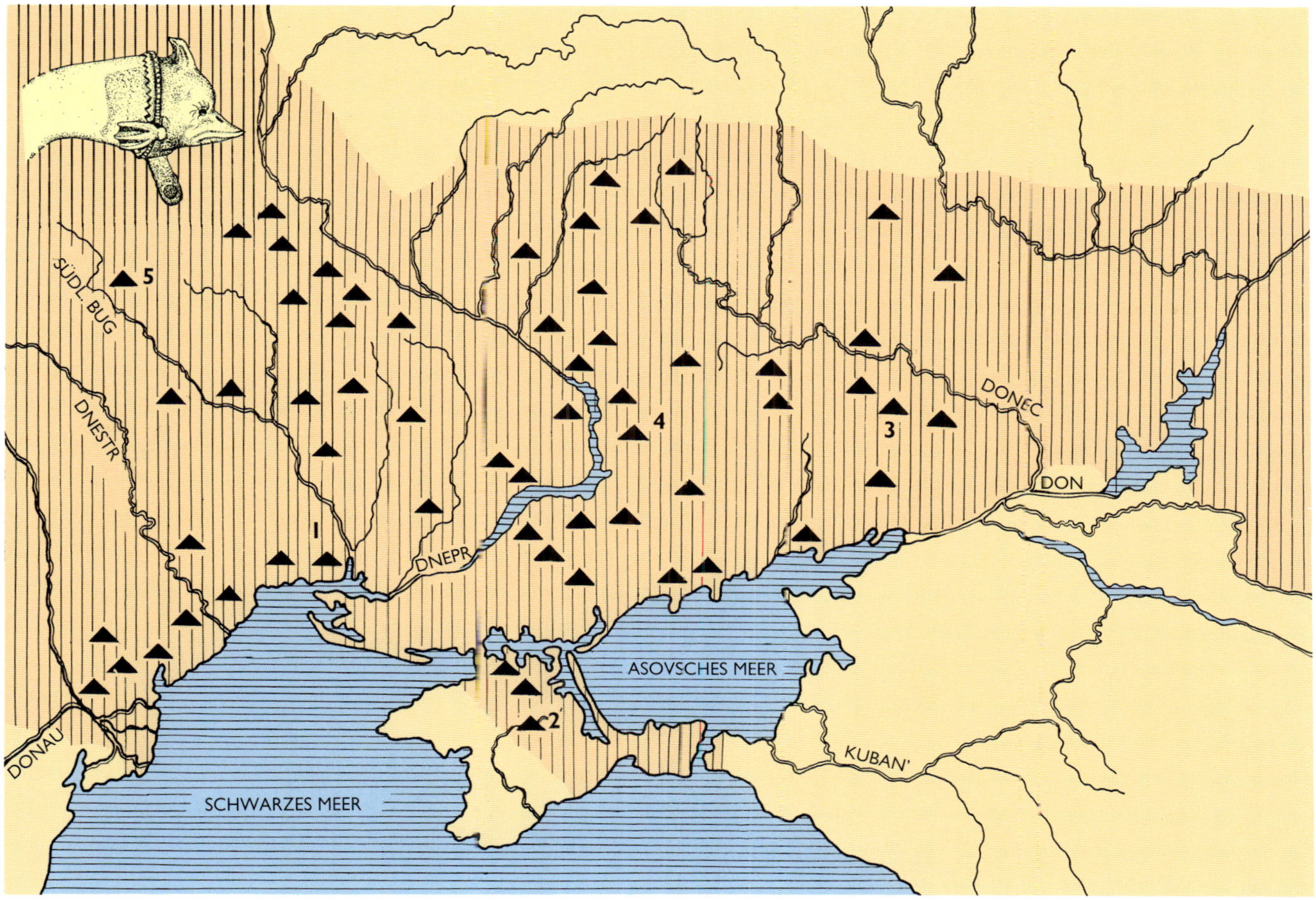

Karte 3:

Das nördliche Schwarzmeergebiet
im 1. Jahrtausend vor Christus

Verbreitungsgebiet der sarmatischen Denkmäler in der Ukraine

Kurgane:

1. Kovalevka
2. Červonoe
3. Kurgan bei Čugunno-Krepinka, R. Šachtersk, Obl. Doneck
4. Kurgan bei Zaporož'e
5. Kurgan bei Porogi, R. Jampol', Obl. Vinnica

Karte 4:

Übersichtskarte der Denkmäler der Goldschmiedekunst in der Ukraine, 4.–14. Jahrhundert nach Christus

△ 1. Hunnische Denkmäler:

1. Kalinin-Sowchose
2. Dorf (Anwesen) Čikarenko
3. Dorf Kapulovka

▲ 2. Awarische Denkmäler:

4. Dorf Vasilevka
5. Dorf Sivašovka
6. Dorf Černomorskoe
7. Siedlung Razdal'noe

△ 3. Chazarische Denkmäler:

8. Dorf Glodosy
9. Dorf Gladkovka (Kelegei)

● 4. Denkmäler der Pečenegen und Polovzer:

10. Dorf Novo-Kamenka
11. Dorf Zamožnoe

■ 5. Denkmäler der Goldenen Horde:

12. Kiev
13. Dorf Kovalevka

▲ 6. Frühslawische Denkmäler:

14. Dorf Martynovka
15. Dorf Charevka

◪ 7. Altrussische Denkmäler:

16. Kiev
17. Knjaža Gora
18. Dorf Sachnovka

◆ 8. Byzantinische Denkmäler:

19. Černigov

• 9. Regionale Zentren in der Ukraine

Karte 5:

Denkmäler der Goldschmiedekunst des Mittelalters

Das Reich der Hunnen, 4.–5. Jahrhundert nach Christus

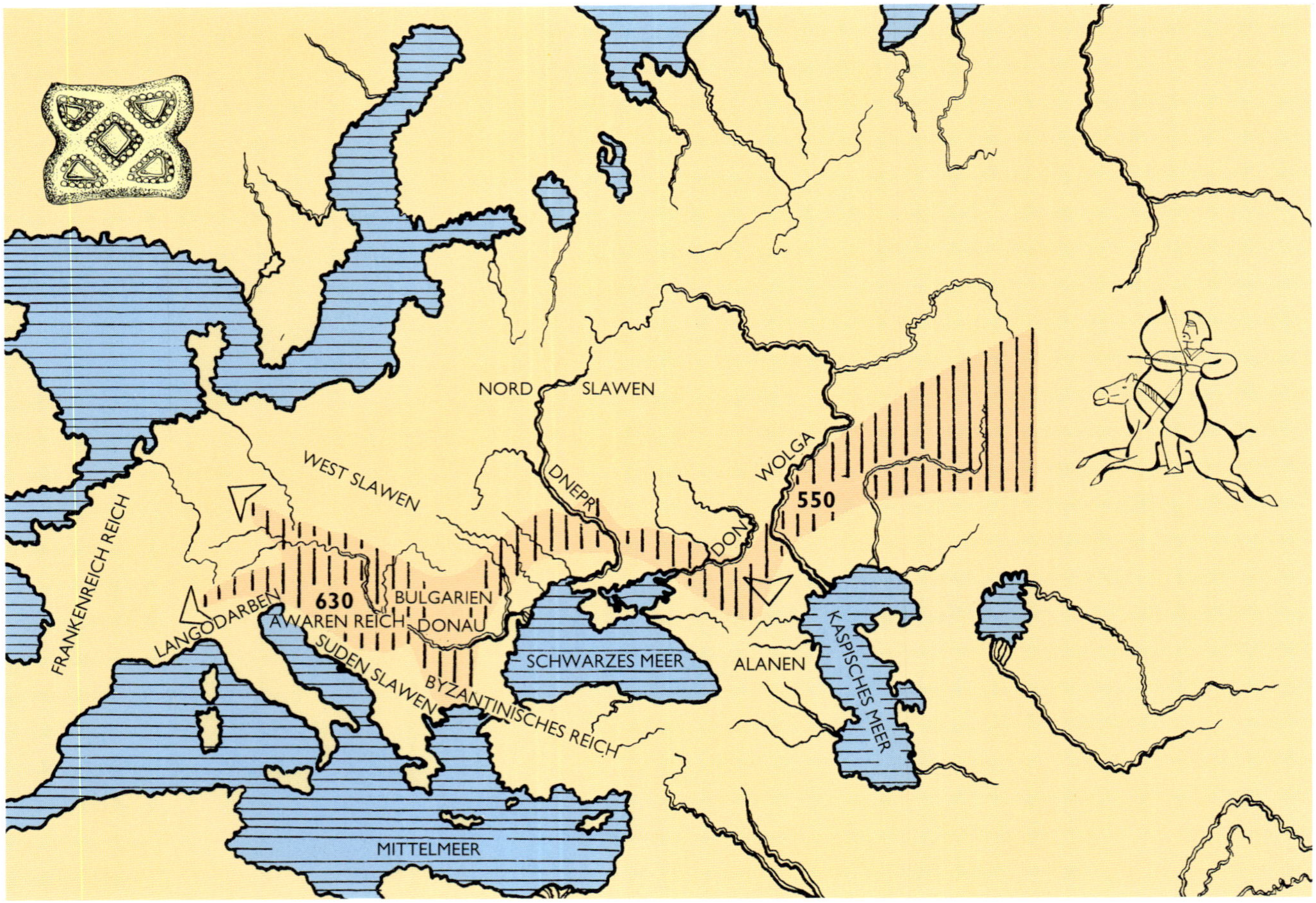

Karte 6:

Denkmäler der Goldschmiedekunst des Mittelalters

Das Reich der Awaren, 6.–7. Jahrhundert nach Christus

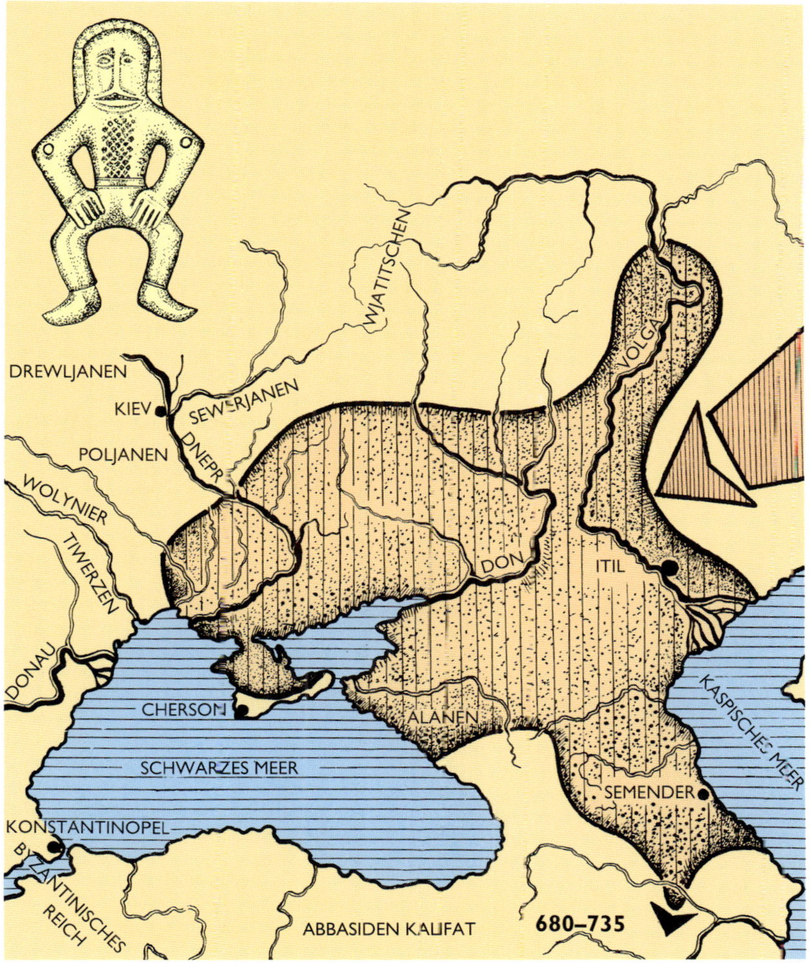

Karte 7:

Denkmäler der Goldschmiedekunst des Mittelalters

Chazaren und Slawen, 7.–8. Jahrhundert nach Christus

Reich der Chazaren

Reich der Pečenegen

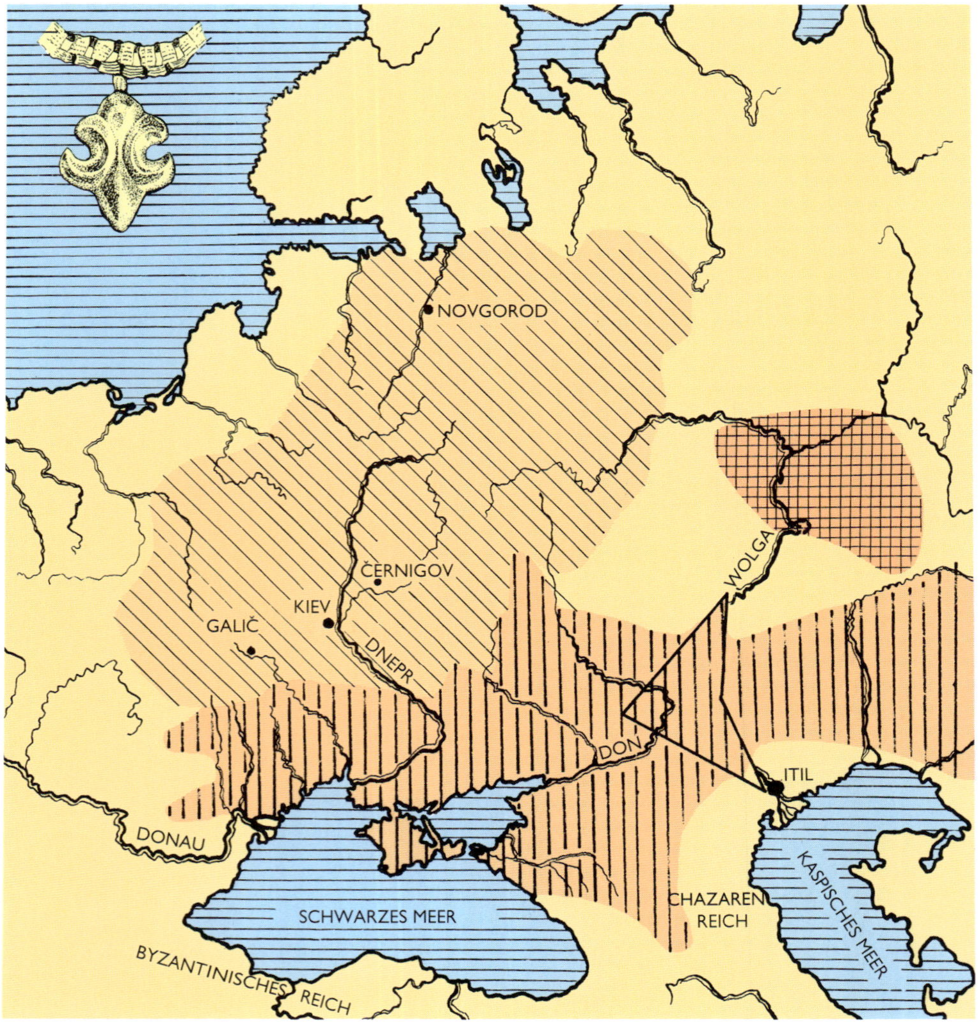

Karte 8:

Denkmäler der Goldschmiedekunst des Mittelalters

Verbreitung der Polovzer und benachbarter Stämme, 10.–13. Jahrhundert nach Christus

1. Russische Fürstentümer
2. Reich der Kumanen
3. Wolgabulgaren

Karte 9:

Denkmäler der Goldschmiedekunst des Mittelalters

Goldene Horde, 14. Jahrhundert nach Christus